U0816317

“十二五”职业教育国家规划教材

高等职业教育财经大类专业基础课程教材

管理学基础

（第三版）　GUANLIXUE JICHU

主　编　席　波　李　强　李国彩
副主编　李晓勤　曾玉玲　孙　凯　陈霏霏　朱荟中

本书另配：教学课件
教　　案
试卷及习题库

新形态
教材

中国教育出版传媒集团
高等教育出版社·北京

内容提要

本书是“十二五”职业教育国家规划教材。

本书以管理的四大职能为线索，由七个项目和两个补充阅读构成：管理认知、决策与计划、组织与人力资源、领导、激励与沟通、控制与危机管理、组织文化与社会责任、管理创新与组织变革。本书整体框架设置为项目任务式，适应理学一体的教学需要，内容涵盖了传统管理理论体系、当代管理学的新概念与新思想、国内外企业先进的管理理念与方法。为利教便学，部分学习资源以二维码的形式提供在相关内容旁，可扫描获取。此外，本书另配有教学课件等资源，可供教师教学使用。

本书既可作为高等职业教育财经大类课程的教学用书，也可作为在职管理人员培训及自学用书。

图书在版编目（CIP）数据

管理学基础 / 席波，李强，李国彩主编. -- 3 版.
北京：高等教育出版社，2024. 8（2025.7 重印）. -- ISBN 978-7-04-062501-1

Ⅰ. C93

中国国家版本馆CIP数据核字第 2024BV7913 号

策划编辑 宋 浩 毕颖娟 **责任编辑** 宋 浩 **封面设计** 张文豪 **责任印制** 高忠富

出版发行	高等教育出版社	**网　　址**	http://www.hep.edu.cn
社　　址	北京市西城区德外大街4号		http://www.hep.com.cn
邮政编码	100120	**网上订购**	http://www.hepmall.com.cn
印　　刷	上海新艺印刷有限公司		http://www.hepmall.com
开　　本	787 mm × 1092 mm 1/16		http://www.hepmall.cn
印　　张	19	**版　　次**	2014年8月第1版
字　　数	404千字		2024年8月第3版
购书热线	010-58581118	**印　　次**	2025年7月第2次印刷
咨询电话	400-810-0598	**定　　价**	42.00元

本书如有缺页、倒页、脱页等质量问题，请到所购图书销售部门联系调换

版权所有 侵权必究

物 料 号 62501-00

第三版前言

本书是“十二五”职业教育国家规划教材。

本书一方面贯彻落实党的二十大提出的“增强中华文明传播力影响力。坚守中华文化立场，提炼展示中华文明的精神标识和文化精髓……，展示可信、可爱、可敬的中国形象”，大力挖掘中国传统文化中管理思想的精华、全面引入真实的中国社会组织和企业案例来分析管理要义；另一方面通过内容和体系的创新设计为读者学习本课程提供轻松的学习环境和内容丰富的学习资源，培养其管理思维、管理实务能力和良好的职业道德操守，增强其职业胜任能力。

本书按照管理学计划、组织、领导和控制的基本框架构建教材内容体系，并设置专门的项目来介绍组织文化与社会责任、创新与管理变革领域的内容；补充了管理思想的演变和发展、管理能力测试等内容，作为读者的阅读学习材料。

本书的主要特点如下：

1. 理论够用，注重实用

本书编写团队坚持“理论够用为度、知识运用为重”的原则，将抽象的理论通俗化、复杂的理论简洁化，并进行分类整合，以更好地满足学习和教学上的需要；通过与企业管理专家进行沟通交流，对任务内容进行精简提炼，根据企业的管理实际来设计典型工作任务。

2. 校企合作，工学结合

本书编写主要体现两大理念：一是坚持校企合作开发，充分体现职业性、实践性和开放性；二是从学做分离转向工学结合，注重综合素质的培养，尤其是学习能力、实践能力、创新能力和就业能力的培养。

3. 与时俱进，内容新颖

本书在上一版的基础上，吸收最新的社会动态、经管热点，确保案例及素材的新颖性，使读者学到的知识和训练的技能更能贴合社会实际。

4. 体例新颖，形式活泼

本书编写体例新颖，在文中插入“引例”“小案例”“管理故事”“管理人物”“引例解析”“知识拓展”等栏目，增强可读性，激发学生的学习兴趣，使其更好地学习相关知识。

5. 资源丰富，利教便学

为了利教便学，部分学习资源（如微课视频）以二维码形式提供在相关内容旁，可扫码体验立体化阅读。此外，本书另配有教学课件、教案、试卷及习题库等教学资源，供教师教学使用。

本书由武汉职业技术学院席波、安徽审计职业学院李强、襄阳汽车职业技术学院李国彩任主编；武汉职业技术学院李晓勤、曾玉玲，黄冈职业技术学院孙凯，扬州工业职业技术学院陈霏霏，江苏经贸职业技术学院朱荟中任副主编。本书具体编写分工为：项目一、项目二、项目四、项目五、项目七及补充阅读由席波编写，项目三、项目六由曾玉玲编写；李晓勤负责全书案例、练习等内容更新与编辑，李国彩、孙凯、陈霏霏负责配套教学课件等教学资源制作；李强、朱荟中负责教案编写、教学设计等内容。全书由席波总纂。

本书建议学时为 60 学时，具体如表 1 所示。

表 1　课时分配表

内　　容	参考学时	备　　注
项目一　管理认知	4	
项目二　决策与计划	8	
项目三　组织与人力资源	10	
项目四　领导、激励与沟通	10	
项目五　控制与危机管理	8	
项目六　组织文化与社会责任	8	
项目七　管理创新与组织变革	8	
补充阅读一　管理思想的演变和发展	2	以学生自学为主，课堂上复习检查
补充阅读二　管理能力测试	2	学生自我测试后在课堂上互动交流
合计学时	60	

本书在编写过程中，参考了有关专家发表的论文和著作，武汉惠赠你网络科技有限公司总经理游文超先生及其团队提供了部分行业数据和案例素材，在此一并表示感谢！

鉴于编者水平有限，书中疏漏与不足之处在所难免，祈请同行专家和读者不吝赐教，以便我们今后进一步修订完善。

编　者

2024 年 7 月

目录

CONTENTS

资源导航

项目一

管理认知

知识目标

1. 掌握管理的概念和职能。
2. 理解管理者角色。

能力目标

1. 能分析企业管理活动的内容。
2. 会分析职业经理人的管理思路及特点。
3. 能运用 PEST、五力模型、SWOT 进行组织环境分析。

素养目标

1. 提升个人管理思维、沟通意识。
2. 明确时代对管理的要求，明晰职业方向。
3. 加深对中华传统文化和管理思想的认识，增强文化自信。

典型工作任务

1. 分析企业活动。
2. 分析企业家。
3. 分析职业经理人。
4. 进行环境和企业分析。

任务一

认识管理活动

引例

我们需要怎样的新一代企业家

谁能接任鲁冠球、张瑞敏、吴亚军、任正非等优秀企业家衣钵，通过个人声望、个人价值、经营实践哲学，以此鼓励、影响当今的企业创业者群体？

疾病、死亡、退休、退出——随着前代企业家们用这四种方式，离开由他们打造的企业帝国之后，中国企业家群体的换代，成为一个严峻且焦虑的课题。

我们突然失去了“偶像”。我们为什么需要新一代具有声望的企业家呢？

企业家是推动经济发展的主体。按照“创新理论”和“商业史研究”的奠基人约瑟夫·熊彼特的创新理论，企业家从事“创新性破坏”有利于保障经济周期的积极循环。

从两个维度来理解企业家的现实作用：第一是经济层面，第二是个人价值实现。

（1）经济层面。熊彼特认为，创新（企业家驱动技术、管理、商业等方面的创新）引起模仿，而模仿又打破垄断，并刺激了社会大规模的投资，由此引发经济繁荣，其后，当创新扩展到规模企业群体之后，盈利机会则会趋于消失，经济开始衰退，此时期待新的创新行为出现。

这就意味着，企业家在整个经济体系的繁荣、衰退、萧条和复苏四个阶段构成的周期性运动过程中一直在扮演重要的力量。在整个过程中，也许要一代企业家完成，也可能要两代企业家完成。

从目前阶段来看，中国第一代企业家已经完成了一次经济周期中的重大创新、推动使命，现在的问题是，在进入第二次经济周期的后半段，有没有新的“声望型”企业家出现。

（2）个人价值实现。对于真正的企业家而言，个人致富充其量仅是其部分目的，而最突出的动机来自“个人实现”的心理，即“企业家精神”。

自1912年发表德文版《经济发展理论》算起，熊彼特在100多年前，就已经对所谓的“企业家精神”提出了三个能力课题：① 预测能力；② 组织能力；③ 说服能力。

这三种能力和我们今天所说的企业家领导力非常相似。

以上述三种能力，我们再来比对任正非、张瑞敏、鲁冠球等一批前代企业家。在预测能力方面，均具有“能抓住眼前机会，挖掘市场中存在的潜在利润”的能力；在组织能力方面，均具有“善于动员和组织社会资源进行并实现生产要素新组合”的能力；在说服能力方面，均具有“让团队心悦诚服，使团队相信执行其个人计划的可能性，同时能够促使资本机构提供资金，实现生产方式新组合”的能力。

在当下“无科技，不企业”的营商环境之下，大量科技型企业迭出，而且相比前代企业更有机会获得成长空间，但是回到企业的经营本质，首先需要的是自身企业盈利，其次是给行业带来贡献，再次是能够影响企业家环境，当今的创业者需要向前代企业家学习，并超越前代企业家，尽快产生出一批中国经济急需的新一代企业家。

小思考

互联网时代的管理活动，与传统的管理有哪些差别？

一、管理的含义

中国古代的管理思想极为丰富。最具有代表性的儒、法、道三家，其管理思想研究的主要内容是治国之道、为君之方、做吏之规。

儒家提出人性本善的基本假设，进而提出仁政、德治、礼制的管理方法，最后提出要实现齐家治国平天下的管理目标。

法家基于人性本恶的假设，进而提出法制、刑治的管理方法，最后提出要达到崇君权和富国强兵的管理目标。

道家提出人性自然的基本假设，进而提出无为而治的管理方法，最后指出要实现的管理目标是至德之世。

当代管理理论主要是在西方管理思想基础上发展起来的。因此本书沿用通行的“管理”定义，即“管理是指管理者在一定的环境条件下，通过实施计划、组织、领导和控制等职能，以人为中心来协调各种资源，以便有效率和有效果地实现组织目标的过程。”而后续内容会结合中国的社会文化和管理实际进行展开。

二、管理的特征

有关管理的特征，专家学者有各种不同的表述。周三多教授的观点如下：

（一）管理的二重性

管理的二重性是指管理具有自然属性和社会属性。

管理的自然属性，是指管理所具有的有效指挥共同劳动，组织社会生产力的特性。它反映了社会化大生产过程中协作劳动本身的要求。

管理的社会属性，是指管理所具有的监督劳动，维护生产关系的特性。它反映了一定社会形态中生产资料占有者的意志，是为一定的经济基础服务的，受一定的社会制度和生产关系的影响和制约。

（二）管理的科学性和艺术性

管理既是一门科学，也是一门艺术，管理的科学性表现在管理活动的过程可以通过管理活动的结果来衡量，同时它具有行之有效的研究方法和研究步骤来分析问题、解决问题。管理的艺术性表现在管理的实践性上，在实践中发挥管理人员的创造性，并因地制宜地采取措施，为有效地进行管理创造条件。

管理的科学性和艺术性是相辅相成的，对管理中可预测可衡量的内容，可用科学的方法去测量；而对管理中某些只能感知的问题，某些内在特性的反映，则无法用理论分析或逻辑推理来估计，但可通过管理艺术来评估。最富有成效的管理艺术来源于对它所依据的管理原理的理解和丰富的实践经验。

（三）管理的普遍性

管理的普遍性表现为管理活动是协作活动，涉及人类每一个社会角落，它与人们的社会活动、家庭活动，以及各种组织活动都是息息相关的。从人类为了生存而进行集体活动的分工和协作开始，管理便随之产生。管理的普遍性决定它所涉及的范围。

（四）管理或管理人员任务的共同性

管理任务就是要设计和维持一种系统，使在这一系统中共同工作的人们，能用尽可能少的支出（包括人力、物力、财力、时间以及信息），去实现他们预定的目标。管理和管理人员的基本职能是相同的，包括计划、组织、人员配备、指导与领导，以及控制。管理人员所处的层次不同，则在执行这些职能时各有侧重。例如，上层主管（如医院护理部主任）比基层主管（如病房护士长）更侧重于计划职能，但他们都需要为集体创造一种环境，使人们在其中可以通过努力去实现他们的目标，这便是他们共同的任务。

三、管理的主要职能

管理职能是回答管理究竟在一个组织中负责哪些方面的工作。对于这个问题，管理学界颇有争议。最早提出且较有影响力的是 20 世纪早期管理学家亨利·法约尔（Henri Fayol）的论述，他将管理工作分成计划、组织、指挥、协调和控制五大职能。到了 20

世纪 50 年代中期，人们开始使用计划、组织、人员配备、指导和控制职能作为框架。20 世纪 70 年代以后，国内外较为流行的看法是将管理职能压缩为四个基本职能，即计划、组织、领导和控制。在本书中，我们将按这四个职能来组织内容，如图 1-1 所示。

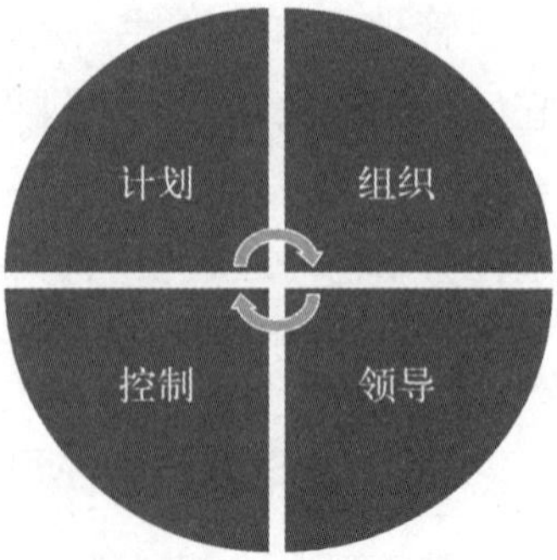

图 1-1 管理的职能

（一）计划职能

必须规定组织的目标以及如何实现目标。计划职能包含制定组织目标，制定整体战略以实现这些目标，以及将计划逐层展开，以便协调和整合各种不同类型的活动。

（二）组织职能

管理者承担着设计组织结构的职责，包括决定组织要完成的任务是什么；谁去完成这些任务；这些任务怎样分类组合；谁向谁报告；以及各种决策应由哪一层级制定。

（三）领导职能

每一个组织都是由人组成的，管理的任务是指导和协调组织中的人。当管理者激励下属，指导他们的活动，选择最有效的沟通渠道，解决组织成员之间的冲突时，他就是在进行领导。

（四）控制职能

当设定了目标之后，就开始制定计划，向各部门分派任务，雇佣人员，对人员进行培训和激励。尽管如此，有些事情还可能出问题。为了保证事情按既定的计划进行，必须监控组织的绩效，必须将实际的表现与预定的目标进行比较。如果出现任何显著的偏差，管理的任务就是使组织回到正确的轨道上来。这种监控、比较和纠正就是控制职能的含义。

在上述各项职能中，计划职能着眼于有限资源的合理配置，组织职能致力于合理的分工协作关系的建立，领导职能着眼于激发和鼓励人的积极性，控制职能的重心在于纠正偏差。它们相互配合，共同致力于管理的效率与效果。

管理的四大职能是相互联系、相互制约的。计划是管理的首要职能，根据计划的要求和安排，确定组织的机构、部门的设置，然后确定有效的领导方式和恰当的激励方式，最后根据计划的要求，设置控制的标准，进行控制。

管理人物

胡雪岩

胡雪岩（1823—1885），本名胡光墉，幼名顺官，字雪岩，出生于安徽徽州绩溪，13 岁起移居浙江杭州。中国近代著名红顶商人，政治家，徽商代表人物。

清光绪四年（1878 年），胡雪岩亲笔跋文“戒欺”一匾。它高悬于厅堂，被奉为店训。

胡雪岩商道已经成为一种经营理念浸渍在胡庆余堂品牌内涵中形成一个完备的人文体系，核心就是“戒欺”。其“是乃仁术”“真不二价”“顾客乃养命之源”等经营理念，已超越了中医药范畴，将为打造“诚信”社会作出最明确的历史诠释。

“戒欺”匾曰：“凡百贸易均着不得欺字，药业关系性命尤为万不可欺。余存心济世，誓不以劣品弋取厚利，惟愿诸君心余之心。采办务真，修制务精，不至欺予以欺世人……”上述文字是胡雪岩留给后人的最有价值的品牌遗产。

“戒欺”反映在生产上就是“采办务真，修制务精”。“采办务真”的“真”，指入药的药材一定要“真”，力求“道地”，从源头上就优选药材质地；“修制务精”的“精”是精益求精，其意是员工要敬业，制药要精细。

在经营上，“戒欺”的体现是“真不二价”，向顾客正言胡庆余堂的药童叟无欺，只卖一个价。胡雪岩还把“顾客乃养命之源”写入店规，教育员工把顾客当作衣食父母。

引例解析

企业管理是管理之道运用的重要领域，我国正处于推进中华民族伟大复兴的关键阶段，需要大量的优秀企业家、管理者来贯彻国家意志，带领广大劳动者在经济社会发展、文明进步各方面取得更大的成就，需要这些优秀管理者充分发挥创新思维，有效运用管理的计划、组织、领导和控制职能，主动改革、发掘自身优势、速度领先、挖掘员工潜力、加强沟通、设定明确的价值观、严把质量关、不断创新。

工作任务 1-1

分析企业管理活动

观察你所熟悉的一个企业或其他组织机构，分析这个组织在运行过程当中，属于计划、组织、领导、控制职能的活动分别是什么。

任务分析：

组织运行过程中的各种活动，有些是常规性的，有些是非常规性的。所以观察和分析需要一段时间周期，才能对企业有真实的了解。

操作步骤：

1. 选择一个感兴趣的、适当的企业/组织，如超市、便利店、学生社团等，注意规模不要太大。

2. 观察并记录相关活动信息（网络信息搜集与实地观察相结合）。

3. 列表归纳信息要点。

任务二

了解管理者

引例

刘生昆是苏州一家电子消费产品企业的策划部经理，农村出身的大学生。由于工作颇有成就，深得领导赏识，从一线摸爬滚打直到现在这个位置。他对工作要求特别严格，经常废寝忘食地全身心投入工作中，甚至从来没有时间去谈恋爱。他希望他的员工也像他一样，全身心投入公司事务上，一心为公，敬业奉献。口头禅就是“公司事再小也是大事，个人的事再大也是小事”。

他要求下属员工上班时间不得闲聊、不得接打私人电话、不得做与岗位工作无关的事情，所有时间都得用在工作上。要求下属员工养成“早到晚归”的习惯，让下属员工每天陪自己加班到十一二点，即使下属员工真的无事可做，也不能随便回去。假如下属员工没有养成这种习惯，那么加薪晋职的机会就很渺茫，而且很可能被他“冷藏”，再无出头之日，要么就是莫名接到调职或解雇的通知。另外，无论什么节假日，他都会为下属员工重新规划，以满足他工作的需要，根本没有什么周末、国家法定节假日的概念。

在他的领导下，下属员工总有做不完的工作，即便有些工作没有任何意义。他的举措引起了下属员工的怨言，他们抱怨自己完全没有私人的空间，随时都被经理管理和监督，身心受到严重的限制，他们简直快要疯了。一次其中一个下属在内部网站的网络论坛牵头讨论加班要给加班费、工作应该劳逸结合的问题，被刘生昆得知后，没几天这位员工就在绩效考评中被合理规范地“处理”了。随后一个深夜召开的部门会议上，下属员工终于爆发了自己的情绪，很显然下属员工被尊重的需求没有得到满足，刘生昆的工作也因此陷入了被动，出现士气低落、工作效率下降、人员流失、管理混乱等情况，不久他就被撤职调离。

小思考

管理者如何在贯彻自己的管理理念中寻求下属的认可？

一、管理者的特征

管理者是指通过协调其他人的活动与别人一起或者通过别人以实现组织目标的人。管理者的工作可能意味着协调一个部门的工作，也可能意味着监督几个人，还可能包含协调一个团队的工作。

根据在组织中的地位和作用的不同，组织成员可以大致分为两类：操作者和管理者。

操作者称为非管理雇员，是指在组织中直接从事具体的业务，且不承担对他人工作监督职责的人。如工厂的工人、医院的护士、商店的售货员、学校的教师等。他们的任务就是做好组织所分派的具体的操作性工作。

管理者或称管理人员、主管人员，是指那些在组织中行使管理职能、指挥或协调他人完成具体任务的人。如工厂的厂长、医院的院长、商店的经理、银行的行长等。他们虽然有时也做一些具体的操作性事务，但其主要职责是指挥或协调下属开展工作。管理者是组织的心脏，其工作绩效的好坏直接关系着组织的成败兴衰。

管理者一般具有以下基本特征：一是组织中的一种领导角色；二是履行管理的四大职能；三是拥有直接下属，负有直接指挥和协调他人工作的职责。

管理者与操作者的根本区别在于：管理者具有指挥和协调他人的职责，且拥有直接下属，而操作者则不具有这样的职责，且没有下属。

然而，随着组织与工作性质的变化，管理者与操作者之间的界线越来越模糊，许多传统的职位现在也可能包括了管理性的活动，特别是在团队中。如在一个团队中，成员们通常也要制定计划，作决策，监督自己的绩效，而这些过去都属于管理者的职责。

• 职场攻略 •

职场成功必备好习惯

一个好的习惯无论是在工作中还是在生活中都能为我们带来益处，相反则会使得生活一团糟，那么，在职场中都有哪些习惯是好的习惯呢？

（1）及时。收到的邮件，24 小时内一定回复，网络信号不好不是借口。约好了会议，要及时赶到，交通拥堵、闹钟没响都不是借口。

（2）阅读。尽管信息爆炸，要学会不走马观花。长期阅读两种以上财经期刊，知道最新财经时事。长期阅读两种以上专业期刊，了解新的信息。

（3）学习。一年至少要读四本严肃书籍。严肃书籍的定义是有思想且内涵深刻的书籍。

（4）动笔。如今能想明白、写清楚的年轻人越来越少，眼高手低的年轻人越来越多。一年至少应该写四篇文章，每篇至少两千字。写作的过程，也是沉静、思考和凝练的过程，仿佛躲开人群、屏息敛气、抬头看到明月当头。

（5）强身。每天至少慢运动半小时，比如肢体伸展、瑜伽、站桩、静坐。每周争取专门锻炼一次，每次两个小时以上，有氧兼无氧。保持身体健康、不经常请病假，也是职业管理者的基本素养。

（6）爱好。争取培养一个你能长期享受的爱好，不见得很复杂，比如冥想、健身，甚至不需要你能做得比其他人更好。能使双方冷静下来想一想，去做自己爱好的事情，就能避免冲突。

（7）保持联系。除了睡觉的时候，手机要开机，要让你的同事能找到你。如果和上级出差，你的手机要时刻攥在手上。要能时刻保持联系。

（8）执行。万事开头难，所以见到事儿就着手行动，马上执行。不启动，对于这件事的思绪要占据你的头脑很久。

（9）服从。接到一项似乎很不合理的工作，切忌马上拒绝或抱怨。第一，和上级充分沟通，从他的角度理解任务。可能你心中对此项工作的要求会远远高于上级的要求。第二，降低对自己的要求，也要有自信，不必每件事都做到一百分。第三，如果上述两条还不能缓解心头不快，尽量不再纠结，选择服从上级命令。

（10）分享。把学到的有用的知识、经验、技能和体会等及时总结分享给同伴，“台上一分钟，台下十年功”，分享有助于巩固自己的收获成果。

（11）礼貌。懂得尊敬领导和长辈、满怀感恩之心，是第一时间要做的功课。对其他人，在其他场合，也能如此。由不礼貌的“你”改为称呼“您”；由直呼其名改为称呼其职位。

二、管理者的分类及职责

（一）管理者的分类

管理者按其在组织中所处层次的不同，可分为高层管理者、中层管理者和基层管理者，如图 1-2 所示。

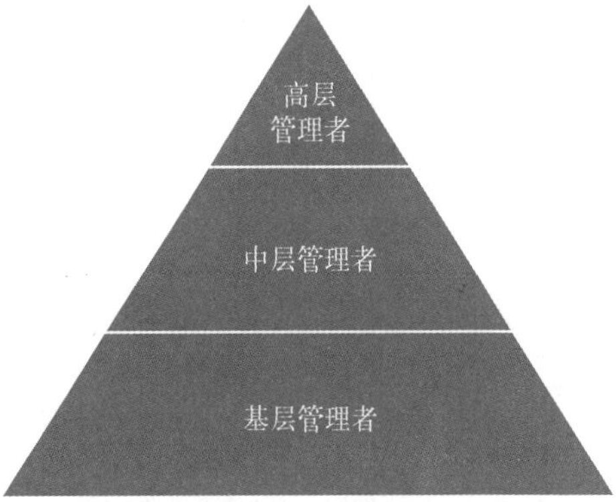

图 1-2　管理者的层次

（二）管理者的职责

1. 高层管理者

高层管理者对整个组织的管理负有全面责任，并侧重于制定组织的大政方针，沟通组织与外界的交往联系等。高层管理者的决策是否正确、职权的运用是否得当，直接关系到整个组织的成败。如学校的校长、医院的院长、工厂的厂长、公司的总经理、总裁等都是高层管理者。

2. 中层管理者

中层管理者贯彻执行高层管理者所制定的重大决策，并监督和协调基层管理者的工作。中层管理者在组织中起到承上启下的作用，对上下信息沟通、政令通行等均负有重要责任。如学校的系主任、工厂的车间主任、公司的部门经理、机关的处长等都是中层管理者。

3. 基层管理者

基层管理者直接指挥和监督现场作业人员，保证上级下达的各项计划和任务的完成。基层管理者是整个管理系统的基础。如学校的教研室主任、工厂的班组长、公司的科长等都是基层管理者。

随着管理者在组织中所处层次的不同，其职责的侧重点也有所不同。但就管理者工作的本质而言，没有什么不同，所有的管理者不管处在哪一级管理层次上，都要履行计划、组织、领导和控制四大职能，只不过他们从事四项职能的内容与所花的时间有所不同而已。

三、管理者的角色

通过考察管理者在工作中所扮演的角色可以恰当地描述管理者做什么。管理者实际上在扮演十种不同的但高度相关的角色。管理者的角色是指特定的管理行为类型。这些管理行为可分为三个方面十种角色（见表 1-1），这就是亨利 · 明茨伯格的管理者角色理论。

表 1-1 管理者的角色划分

类 型	角 色	描 述	特征活动
人际关系方面	1. 挂名首脑	象征性的首脑，必须履行许多法律性的或社会性的例行义务	迎接来访者，签署法律文件
	2. 领导者	负责激励和动员下属，负责人员配备、培训和交往的职责	实际上从事所有的有下级参与的活动
	3. 联络者	维护自行发展起来的外部接触和联系网络，向人们提供恩惠和信息	发感谢信，从事外部委员会工作，从事其他有外部人员参加的活动
信息传递方面	4. 监听者	寻求和获取各种特定的信息（其中许多是限时的），以便透彻地了解组织与环境	阅读期刊和报告，保持私人接触作为组织内部接收外部信息的神经中枢
	5. 传播者	将从外部人员和下级那里获得的信息传递给组织的其他成员——有些是关于事实的信息，有些是解释和综合组织的有影响的人物的各种价值观点	举行信息交流会，用打电话的方式传递信息

续 表

类 型	角 色	描 述	特征活动
信息传递方面	6. 发言人	向外界发布有关组织的计划、政策、行动结果等信息；作为组织所在产业方面的专家	举行董事会，向媒体发布信息
决策制定方面	7. 企业家	寻求组织和环境中的机会，制定“改进方案”以发起变革，方案的策划和监督	制定战略，检查会议决策执行情况开发新项目
	8. 混乱驾驭者	当组织面临重大的、意外的动乱时，负责采取补救行动	制定战略，检查陷入混乱和危机的时期
	9. 资源分配者	负责分配组织的各种资源——事实上是批准所有重要的组织决策	调度、询问、授权，从事涉及预算的各种活动和安排下级的工作
	10. 谈判者	在主要的谈判中作为组织的代表	参与工会进行合同谈判

人际关系角色包含了人与人（下级和组织外的人）以及其他具有礼节性和象征性的职责，人际关系角色具体包括：挂名首脑、领导者和联络者。信息传递角色的职责为接受、收集和传播信息。具体包括监听者、传播者和发言人三种角色。决策制定角色的职责是做出抉择，包括企业家、混乱驾驭者、资源分配者和谈判者。

无论是在什么类型组织中或者组织的哪一个层次上，管理者都在扮演着类似的角色，只不过管理者角色的强调重点会随组织的层次不同而变化。比如：组织的高层管理者更多地扮演着信息传播者、挂名首脑、谈判者、联络者和发言人的角色，而领导者的角色在低层管理者身上表现得更多。

四、管理者的素质与能力

人的素质包括品德、知识水平和能力三个方面。管理者应具备怎样的素质才能扮演好管理者的角色，一直是管理学家们关注的重点。科学管理之父泰勒认为，管理者应具备脑力、良好的健康状况等九种品德。现代经营管理之父法约尔从身体、智力、道德、一般文化、专业知识和经验等方面提出了管理者应具备的素质。概括地讲，他们认为管理者应具备一般文化和专业知识、体力、智力与经验；坚强、毅力、责任心和首创精神。

管理是否有效，在很大程度上取决于管理人员是否真正具备了管理者所必须具备的管理技能。美国管理学家卡特兹提出了技术技能、人际技能和概念技能的概念。

技术技能是指使用技术完成组织任务的能力。它与一个人所从事的工作有关。对于管理者，应掌握决策、计划、组织设计、评价等管理技术。

人际技能是指在组织目标的实现过程中与人共事的能力，即与人打交道的能力。对

管理者的能力要求

于管理者，应具备与人共事、激励或指导组织中的各类员工或群体的能力。

概念技能是指一种洞察既定环境复杂程度的能力和减少这种复杂性的能力。对于管理者，需要快速敏捷地从混乱而复杂的环境中辨清各种因素之间的相互关系，抓住问题的实质，并根据形势和问题果断地作出正确的决策。

上述三种技能是所有管理者都必须具备的。只是三种技能对不同管理层次上的管理者的重要程度不同。一般来讲，概念技能对高层管理者最重要，因为由高层管理者所作的计划、决策等都需要概念技能。技术技能对基层管理者特别重要，因为其最接近现场作业。由于管理工作的工作对象是人，因此人际技能是所有层次上的管理者必须具备的，如图 1-3 所示。

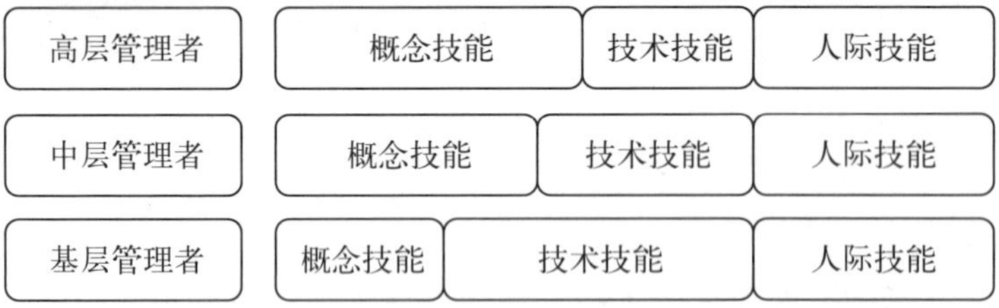

图 1-3　管理者的技能要求

管理游戏

灵感的阅读法

1. 形式：集体参与。

2. 时间：10 分钟时间用于书籍的选择；20 分钟时间用于汇报。（还需要课外阅读书籍的时间）

3. 材料：精选的书籍。

4. 场地：不限。

5. 应用：创造力培养。

一、目的

让参与者了解有关创新的话题。

二、程序

1. 要求参与者花十分钟的时间选出一本书，为下次活动做准备。选择书的唯一要求是：选一本从未阅读过的书。让他们在借阅签名册上写下自己的名字，这样书籍就不至于丢失。告诉他们下一节课的时间，由他们自己决定是快速浏览、跳阅还是仔细品读。可供选择的书籍如表 1-2 所示。

表 1-2　可供选择的书籍

人与神的对话	占星术 /UFO
星系探险	科幻小说
哲学	量子物理
超感知觉	超自然的
创造发明	激发动机的
神话学	积极上进的思维方式
诗歌集	光学原理
心理学	光谱原理
传记	艺术，绘画
大脑	检测机敏的难题
怪兽	故事书（比如，一千零一夜）
混沌理论	思维 / 身体的结合
人工智能	量子计算
互联网	深空探测

2. 让参与者知道，下一堂课他们要上台讲一讲自己的读后感。可以问他们以下问题：

（1）你为什么要选择那本书？

（2）你是用何种阅读方式来了解此书内容的？（比如，是浏览一遍还是有选择性地读了几段）

（3）你学到了新的东西吗？如果有，那是什么？

（4）你觉得这次经历如何？

（5）你还会不会读更多的类似书？

三、讨论

1. 为什么会选择这本书？

2. 书的名字带给你怎样的感觉？

引例解析

刘生昆的管理实践，就是以对待“劳动模范”的要求，来管理基层员工。而一个组织中不是每个成员都愿意或者能够成为“劳动模范”的。结果是众叛亲离。所以一名管理者必须了解管理者和被管理者的角色、诉求、工作内容及特点的差别，提高自身管理素质修养，才有可能胜任管理者角色。

工作任务 1-2

分析企业家

分析一名当代国内外知名的企业家。通过查找网络、图书、媒体报道等资源，分析其具备的素质和技能特点。

任务分析：

此任务涉及信息搜索（特别是互联网的使用）和人物分析两个方面的内容。读者可以通过对知名企业家的信息跟踪，深入了解其经营思想、素质和能力特点。此任务对自身的学习和职业发展能产生良好的启发作用。

操作步骤：

1. 搜索你感兴趣的企业家；
2. 信息跟踪、归纳整理；
3. 撰写一份系统性、有条理的人物分析报告，描述该企业家的经营思想、管理素质和管理能力特点。

任务三

走近职业经理人

引例

职业经理人的困惑

英杰32岁时，已是一家中型民营企业的副总经理。一年后，他被一家外商独资企业聘用，任副总经理，全权负责公司的营销工作。第一年，市场业绩比以前提升了近三成，第二年，业绩上升近一成。总的来说已取得了不错的业绩，但他对以后的市场不太看好。

“市场竞争越来越激烈，公司的技术投入少，产品更新换代慢，跟不上快速变化的市场需要，市场业绩再也很难提升；同时，外籍总经理在有些方面不太信任别人，包括自己，这些都促使我想走。但走到哪去呢？这几年的职业经理人生涯，总感觉在原地踏步，没有大的发展。自己创业开公司——我行不行？”他在这种迟疑不定的情况下来找职业规划师陈功咨询。

英杰大学毕业后，分配到机关做公务员，几年后升任副科长，然后在几家公司担任过总经理助理、副总经理，一直到最近担任的一家中型外商独资企业的副总经理，总的来说职业发展应该算是不错的。初一见面，他侃侃而谈，从形象到谈吐，都表现出很高的素养。

这样一个优秀的职业经理人，他的职业会遇到什么难以解决的问题呢？又怎样才能为他解决呢？

通过性格测试，发现英杰是主导型性格，习惯主导别人；有自己的主见和对事物独特的见解。

英杰职业问题的症结很简单，就是他一直是做助理、做副职，而作为一个主导型性格的人，习惯自己主导事情，习惯发挥自己的主观能动性，而不是被别人主导；加上他很有主见和有自己处理事情的一套方法，所以很渴望能按照自己的想法处理事情、能充分发挥自己的智慧和才干。而他做助理、副职，感觉很受制约，自己对事关全局的大事情、关键问题没有发言权。这种状况和感觉也影响了他工作的积极性和干劲，同时也经常在处理事情上与上司产生分歧，甚至冲突，影响与上司的关系。

与英杰的问题相类似，许多人一直想不通——明明自己的能力比别人强，为什么老板不提拔我、不重用我，却把一个能力一般的人放在很重要的岗位？

其实，老板不重用你，有时不是看不到你的能力，也不是没有看到你的成绩，而是觉得你不好管，不好用。

主导型性格的人，职业发展的一个最大的障碍就是——缺乏服从性，潜意识里有一种抗拒别人指挥自己的倾向。他们很有自己的想法和主见，所以容易与上司产生意见的分歧，经常难以做到完全地服从上司的决定。

难以服从，就难以提升，难以得到上司的提拔和重用。这就是中国有太多的人感叹“英雄无用武之地”的主要原因之一。

英杰职业发展的关键是要做正职，有较大的决策权，做公司的第一把手或一个集团的事业部总经理，也可以自己开公司做老板。

一个月后的一次跟踪服务中，他告诉陈功先生：“你说得对！我的主要问题是一直做副职。我现在打算自己开公司，正在谈一个项目。”三个月后，英杰拿下了一个日用品品牌的地区代理。现在他已是这个著名品牌的广东省的代理。

小思考

主导型性格的管理者开展工作时应如何扬长避短？

一、认识职业经理人

（一）职业经理人的定义

我国社会对职业经理人的定义还不统一。一般认为，将经营管理工作作为长期职业，具备一定职业素质和职业能力，并掌握企业经营权的人士。

学术界对于职业经理人的定义也有多种，一个有代表性的说法是，职业经理人虽然是受薪阶层，但作为企业重要的管理者，所获薪酬相当高，一些大企业高级职业经理人的平均收入已经达到了普通员工平均水平的几十甚至上百倍，因而有“金领”之称。

现代人力资本理论将职业经理人与技术创新者共同称为人力资本，也就是说，职业经理人属于人力资本范畴。

综上所述，职业经理人是指在一个所有权、法人财产权和经营权分离的企业中承担法人财产的保值增值责任，全面负责企业经营管理，对法人财产拥有绝对经营权和管理权，由企业在职业经理人市场（包括社会职业经理人市场和企业内部职业经理人市场）中聘任，而其自身以受薪、股票期权等为获得报酬主要方式的职业化企业经营管理专家。

在中国企业发展史上，随着中国企业的强大，职业经理人队伍一直处于快速增长之中。本土职业经理人的群体规模越来越大，优秀职业经理人对组织、对社会的影响也越来越大。

（二）职业经理人担当的角色

作为企业的中坚力量，承受着来自社会、市场、企业、股东、员工等的多重压力，职业经理人要应对瞬息万变的市场竞争，面对自己的工作交际圈，必须以良好的心态和最佳角色在充满竞争与挑战的现代职场生涯中获益。通常，职业经理人必须扮演五种角色。

1. 管理者

作为公司的职业经理人，首先是管理者。管理者，就是“通过他人达成目标”的人。公司对于职业经理的要求，就在于需要通过他去管理员工。假如一个职业经理人不能通过他管辖的部门来达成工作的目标，那么，他就是失职，或者说是角色错位。管理七八人的关键是带头干；管理二三十人是走着干，早上问问任务，下班看看完成情况；管理七八十人是找几个能管人的部门经理。

“全球第一 CEO”杰克·韦尔奇说：“领导者的工作，就是每天把全世界各地最优秀的人才招揽过来。他们必须热爱自己的员工，激励自己的员工。”因此，作为管理者，职业经理人的首要任务就是如何让下属员工去高效地工作。

2. 领导者

通常人们将上司称为“领导”，最好把领导理解为行为方式，而不只是职位概念。

设备、材料、产品、信息、时间需要管理，也可以管理，而人却需要领导。小企业做事，大企业做人。职业经理人的角色不只是对所拥有的资源进行计划、组织、控制、协调，而关键在于发挥影响力，俗话说“兵熊熊一个，将熊熊一窝”，领导者的气质决定了整个团队的气质，经理人要把下属凝聚成一支有战斗力的团队，激励和指导下属选择最有效的沟通渠道，处理成员之间的冲突，帮助下属提升能力。这是职业经理人十分重要的角色。

3. 教练

如果把组织、企业比作运动场，那员工就是运动员，职业经理人就是教练，决策者就是裁判。这就要求职业经理人必须扮演好教练的角色，既做事又做人，努力带出高水平的运动员。

提升下属员工的工作能力不仅是人力资源部的事情。当你感到下属员工的能力不足以应付工作的挑战时，你可能会责备公司的人力资源部没有招聘到合格的人才，可能会责备公司没有安排专门的培训。其实有研究表明：下属员工的工作能力很大强度是在直接上司的训练中得到的。如果想让下属员工取得较好的工作绩效，你就必须成为教练，在工作当中不断地训练他们。

4. 游戏规则的制定者和维护者

职业经理人在本部门游戏规则的制定和执行中，发挥着非常重要的作用。例如，下属员工对公司的某些规章制度感到不太满意，如果职业经理人也有这样的感觉，他也不能在下属员工面前表露出来，而是通过正常的渠道向公司提出建议。当下属员工在私下议论公司的规章制度时，职业经理人要告诉他们遵守公司规章制度的重要性，或者告诉他们要通过正常的渠道向公司的高层反映。假如职业经理人当着下属员工的面发牢骚，评论公司的规章制度如何不合理，就会导致下属员工不遵守规章制度，或者对公司的规章制度指手画脚或私下议论。

在现实中，存在类似这样的破坏公司游戏规则的事情。例如，下属员工用公司的电话聊私事，职业经理人假装没看见，甚至他自己本身也可能有类似的行为。这种情况就属于不维护公司规章制度的现象，由于职业经理人起的是带头作用，如果你首先破坏了规则，你的下属员工就会持有错误的认识，带着这种错误的认识去执行任务，必然会带来极大的负面效应。

规章制度只是一种规定，是否见效的关键就在于执行，职业经理人与基层的管理人员及普通员工的关系最为密切，对于公司规章制度的维护起着极大的作用。

5. 绩效伙伴

绩效伙伴的概念，是当代企业界较流行的一个概念。可以说，职业经理人是下属员工的绩效伙伴，双方通过共同的努力，实现下属员工的工作目标，进而实现职业经理人的目标，最终实现公司的目标。

绩效伙伴的内容包括：

（1）绩效共同体。职业经理人的绩效依赖下属员工，下属员工的绩效依赖于职业经理人。互相依存，谁也离不开谁。

（2）双方平等。既然是伙伴，就是一种平等的、协商的关系，而不是一种居高临下地发号施令的关系。通过平等对话指导和帮助下属员工，而不是通过指责、批评帮助下属员工。

（3）从下属员工的角度考虑问题。从对方的角度出发，考虑下属员工面临的挑战，及时帮助下属员工制订绩效改进计划，提升能力。

二、职业经理人能力与素质

（一）职业经理人的能力要求

职业经理人的执行能力主要体现在两个方面：业务能力和管理能力。不同的行业、职位的业务能力存在着很大的差异，以下主要介绍职业经理人的管理能力。

1. 决策能力

职业经理人能准确诠释董事会各项决策的内涵，并具备对高层决策可行性与科学性的判断能力。一个没有决策远见的职业经理人，很可能只追求企业的短期效益而忽略了企业长远发展，诸如并购、长期投资、技术开发等重大战略问题。

2. 执行能力

职业经理人是实干家或实力派，执行是职业经理人的“重头戏”，决策出台后，职业经理人要集中精力进行实施，对所需人、财、物、技术等资源进行合理配置与优化组合，根据市场变化不断调整战术和策略，还要在管理执行中具备相当强的抗风险意识和能力。

3. 组织能力

组织能力是指为完成某项任务而编制、管理、指挥、调整、教育有关人员的能力，是职业经理人必备的重要能力之一。在丰富多样的业务活动中，工作量最大的就是组织工作。不仅各项工作和各项活动需要组织，而且为组织创造良好的人事环境，培养组织成员的“凝聚力”和“向心力”，提高组织成员的素质，也离不开组织工作。作为职业经理人，需要统筹全局，安排得当，人尽其用，各显其能。

4. 协调能力

管理中的最高境界是实现和谐，协调就是实现这种和谐美。职业经理人要与董事会进行协调，要与其他领导成员协调，要与下级沟通协调好，还要与企业外部的有关单位、人员搞好关系，如果没有这诸多协调，职业经理人就无法取得方方面面的支持，导致工作难以开展下去。

（二）职业经理人的素质要求

职业经理人的素质要求，表现在以下三个方面：

1. 道德素质

道德素质是职业经理人最基础、最必要的素质。职业经理人如果具备高尚的品质，会衍生出许多有利于企业发展的举措或影响力。

2. 文化素质

文化素质是职业经理人通过长期艰辛的学习和反复实践的结晶。使职业经理人能够顺利执行决策，具备开拓进取精神的根本。有相当的文化涵养是具备合格职业经理人的重要硬件。

3. 个性化因素

经理人还要具备个性化的素质。因为企业文化、团队精神的形成都与职业经理人的个人风格密切相关。职业经理人的有个性并不是固执，而是区别于他人的办事作风，比如要强、魄力、独具匠心、逆向思维等。所谓“强将手下无弱兵”，职业经理人的个性化因素，会影响到团队，从而为企业发展带来无穷的动力。

三、如何成为优秀的职业经理人

职业经理人的定位，是以担任管理职务为职业的专业人才。职业经理人是以其专业管理能力，协助企业拥有者执行经营管理职责的人，其对于现代企业的运作能力，必须使委托他的股东们能够获得高度的信赖感与应有的回报。

职业经理人需要具备以下的职业化能力，称为 KAS。其中 K 是指拥有充足的专业知识，例如商业知识、政府法规、产品行业知识、科技知识、管理知识等。A 是指敬业的态度，例如积极热情的工作态度，负责守法、保守业务机密、不从事与公司利益相违背的工作，能与他人合作，愿意栽培部属等。S 是指成熟的工作技能，包含四个方面，思维能力、组织能力、绩效管理能力以及专业风采。培养职业经理人的思维能力是最重要的事，也是最抽象、最难培养的。思维能力表现在三个方面，分别是：拟定计划、制定决策和解决问题。

（一）思维能力

1. 拟定计划

管理工作的第一步便是拟定计划，孙子兵法第一篇“始计篇”，说明所有的作战开始于计算与计划。质量管理大师戴明博士的管理循环 PDCA，也是从计划开始，因此作为职业经理人的首要任务便是能制定清晰有效的工作计划。无论是长期的战略规划，如年度营销策划、年度预算、质量改善计划等，还是短期的战略规划，如人员招聘计划、新产品上市计划、筹办公司运动会等，都需要应用到计划的能力。其中的关键技巧是分辨三种不同类型的计划，即有特定目标非例行性的项目管理计划，例行工作的日常管理计划与处理问题的处置计划。另外，要能辨别目的与目标的差异，能够制定合理的目标，而非只应用过去的数字作基础。具体工具有：目标树、SMART 法则、优先顺序排列法、心理图像法、甘特图、PERT 图等。

2. 制定决策

职业经理人的职责便是制定决策与领导执行，计划与执行的过程有许多的变量，必须慎重地进行决策。错误决策的后果是导致失败。正确的决策则是奠定成功的基础。例如战略上该进攻还是防守？人才要从内部培养还是外部聘任？产品要定多少价格？预算如何分配？该选择哪个媒体做广告？处处都需要决策，决策时有竞争者的变量，时间与资源的限制，信息不足或错误的可能，道德上的压力、人情的包袱，要制定正确的决策是重要的能力，英特尔曾经的总裁葛洛夫曾说：“我们并不特别聪明，只不过在竞争中比对手做出更多正确的决策。”决策的技能包含前提假设、推论的能力，逻辑收集、整理、分析、归纳的能力，逻辑判断、博弈竞局理论、面对压力的心理素质、如何避开心智模式与错误的系统思考等。具体工具有：矩阵法、决策树、电脑模拟、沙盘推演、加权指数、逻辑原理、潜意识原理以及系统模型等。

3. 解决问题

解决问题是职业经理人重要的任务，也是考验一个人能力的最佳方式。没有一个企业是没有问题的，无论是质量不佳、产能不足、交期不准、人力不足、士气不振、还是财务困窘、设备老旧、工艺落后、市场占有率下滑……，只要谁能解决这些问题，谁便能受到重用。解决问题需要的技能是界定问题、收集资料、分析问题、找出问题根源，以及运用创造能力找出解决方案。具体工具有：问题树、鱼骨图、帕累托图、脑力激励法、创意思维法等。

（二）绩效管理能力

从绩效管理能力来看，职业经理人领取薪资与享受福利，回报给企业的是绩效。无法产生绩效的职业经理人，就像不能拍出清晰相片的照相机一般，期望很高，结果是绩效很差。所以职业经理人必须面对的现实是创造一流绩效，否则只有下岗。企业的竞争极为现实，每一分没有产出的投入都会降低竞争力，因此作为职业经理人如何协助企业提高绩效，是最为核心的技能，其中制定标准、成果管制与绩效考核是三种关键技能。

1. 制定标准

无规矩不能成方圆，缺乏标准的企业运作起来特别困难。企业中的事情，可以分为两大类：一种是周期性、经常性、例行性的，例如员工招聘、生产计划、质量检验等；另外一种是特殊性、非例行性的，例如新建厂房、电脑化等。职业经理人必须先把前一种任务，尽量标准化，以利于组织正常运作；之后集中精力处理特殊性的任务。许多企业未能将例行性任务进行规范化、标准化，变相占用管理人员大量的精力，不仅下属员工无所适从，大小事情都要报告，而且效率不佳。制定标准的具体技能是判别需要标准化的项目，工作分析，作业研究，评估与制定合理标准，形成书面材料，以及培训等，用到的工具有流程图、管制图、检查表、分类法、动作研究等。

2. 成果管制

组织为了呈现有效的结果，组织不仅需要做出良好的决策，也需要具备强大的执行能力，在此期间，如何有效地管控质量、成本、进度与服务水平，这有赖于职业经理人的专业技能。管制太多，处处绊手绊脚，士气低落，效率不高；管制不足，容易出现漏洞，成本提高，质量不保，管制能力的考验主要有几个方面：分辨该管与不该管的事，将事后处置提前为事前管理与事中管理，促进部署自主管理的意愿与能力，由外部控制逐渐演变为自我管理，工具方面需要运用质量控制七大手法、任务交叉法、看板管理等。

3. 绩效考核

下属员工期待自己的努力得到应有的鼓励与报酬，组织中的士气也受到考核公正与否的影响，要让员工短期有好的表现，有持续的绩效，需要有公正合理的考核办法与激励机制，才能促使员工愿意为未来而努力。绩效考核牵涉企业文化——要奖励哪种类型的人？组织形态——生产事业？服务事业？创新型？成本型？以及组织的能力——管理成熟度、财务能力、股东支持度等，更要注意员工的需求满足层次，例如加薪初期很有效，但最后会失去兴奋度与激励性。绩效考核技能包含从战略的高度打出关键绩效指标，将绩效指标转换成为员工行为标准，制定绩效标准与评价成果的面谈沟通技巧，绩效检讨与指导修正的能力，以及不同类型性格员工的激励策略，工具方面需要应用平衡考绩法、加权指数法、倾听技巧、观察法、咨询技巧等。

以上的三种技能是提高组织绩效的重要技能，也是确保组织成员持续进步的动力来源，更是组织将过去经验转换成未来竞争力的基础。

（三）组织能力

从组织能力来看，现代企业的组织日益复杂，成员来自四面八方，国际级的企业更面临多种族、多文化的高度差异化团队。面对这样的环境，如何使一群人快速组织起来，集中力量于共同的目标，和谐地相互信赖相互支持地工作，并能确保一致的工作方法或维持相同的工作目标。这时职业经理人的组织能力将成为决定性的因素，组织能力主要包含团队建设、领导能力与培育部属的能力。

1. 团队建设

一个组织要有三方面的要素才能称得上是团队：一是目标要集中；二是关系要和谐互动；三是工作方法要保持一致与适当弹性。

团队建设的技能主要有建立共同愿景与目标的能力、调和与应用成员差异的能力、制定共同规范、整合新进人员、从经验学习、引导团队找寻正面方向、促进健康竞争的能力等。具体工具有：深度会谈、探询与辩护、团队动力、问卷调查以及内部营销等。

2. 领导能力

当今社会最缺乏的资源是优秀的领导型人才，即那些能够不断自我超越、严于律己、顾全大局、能使下属信服且能产生正面结果的人才。

如何使组织中形形色色的人有效地一起工作？如何促使下属员工从表面服从到真心奉献？如何使士气低落的人重振士气？如何使成功的人不因志得意满而停滞不前？如何使粗心的人不致酿成大祸？如何使利益不同的人相互支持？这些都有赖于职业经理人的领导技能。领导技能主要是分辨下属员工的特性与现况、选择适当的领导风格、情绪的认知、控制与调节、激励能力、塑造共识、坚定的信念与意志力。具体方法有部属准备度分辨法、关系行为、指示行为、EQ 调节、压力缓解、新年重塑等。

3. 培养部属

企业要成功，便需要吸纳人才。但是人才不是天生的，所受教育也具有局限性，每个企业的差异性也很大，因此能否有效培育部属便成为重要的关键能力。所以在未来学家约翰·奈斯比特的书中提及："未来经理人将从监督者转变成教练与指导者。"如今的信息资源流通快速，即使职业经理人不教部属，部属在不久的将来也会学到，但是职业经理人却会丧失专业的领导能力，即会缺乏一份尊敬与信服。宏碁电脑公司在组织中便强力建立了这种不留一手的文化。评鉴职业经理人的能力，不单单是他的工作成效，对于部属能力是否提高，也成为职业经理人重要的职责。培育部属的能力包含评鉴培训需求、制定培训目标、编写培训教材、各种教学方法、应用教学工具以及评鉴培训成果的能力。工具上则有各样的调查法、目标树、心理图像法、教学技法、教学器材、破冰技巧等。

团队建设、领导技能以及培育部属是极具挑战，也是令人感到极为欣慰的工作。特别值得注意的是——如果职业经理人只是想表现自己，只把以上的技巧当作工具，而对部属与团队成员并不具有真诚的关怀之心，在不久的将来一定会尝到恶果。自古以来中国人的修身之道便是“诚意、正心、修身、齐家、治国、平天下”由内而外的，因此真诚的心意是成功运用组织技能的关键。

（四）职业风范

做人做事要有模有样，作为职业经理人也要有职业经理人的样子。这种专业人士的模样表现在专业风采上。当英特尔曾经的总裁葛洛夫先生到中国来访时，联想的高级主管说道：“国际级的企业家就是不一样，无论是私下的言谈举止，或是出席记者会发言，都表现出专业人士泱泱的风范。”要赢得尊敬不仅需要成功经验，更要有专业风采，这样的能力呈现在主持会议、沟通表达与个人管理方面。

1. 主持会议

会议是组织中互相沟通信息、交换意见以及形成决策的重要活动，既然会议如此频繁，如何把会开好，便是一件重要的事情。会议主要有三种类型。一种是沟通意见、交流信息的讨论型会议、例如产销协调会；一种是传达信息、发布信息的传达型会议，例如记者发布会；另外一种是产生共识以及激励为主的共识型会议，例如员工年度表扬大会。会议的类型不同、目的不同、对象不同、场地布置方式、主持方式也有不同。如何分辨会议的类型、会前的准备工作、议题的选定、参与会议人的确认、场地的布置、座位安排，以及主持人如何控制场地与时间、如何做会议记录、如何处理争议、如何引导发言、如何形成结论、会后如何跟进及未尽事宜的协调等，都是职业经理人应有的技能。

2. 沟通表达

人类文明的进展与沟通方式直接有关。孔子授徒三千，建立儒家思想；马可·波罗到中国将中国文化传到欧洲；唐僧玄奘法师到天竺取经，引进了佛教思想文化。这是早期人类传递思想文化的方式。有了印刷术之后，大量印制的图书进一步扩大影响力与传播速度。近代电传、电话、广播、电视、传真，甚至是因特网的发明，让信息的交流达到全球化、即时性的地步。因此信息传播的质量与速度，决定了文明进步的程度。公司内部也是如此，擅长沟通的组织，进步速度较快，防范问题的能力也较高，文化的统一性较强。

沟通方式分为书面方式以及口语表达两种。书面方式例如营运计划书、备忘录、工作记录、调查报告、往来公文、广告文案、电子邮件、产品说明书等，口语表达例如发表演说、主持会议、记者采访、培训员工、销售说明、采购协议、商业谈判等。可以说职业经理人的主要任务便是不断的沟通。所以培养清晰、精准有效的沟通表达能力，是每一位职业经理人的必备能力。表达技能主要在于目的的确认、了解接受对象、清晰的逻辑、修辞能力，以及声调、肢体语言和表情的搭配。

3. 个人管理

职业经理人更要这种能力的修炼，愿意从自己出发，不断超越自我，突破自我，以身作则，成为部属的表率。在运动领域中职业选手也远比业余选手对自己的要求更高，这不仅是为了赢得比赛，而是一种人生的态度。个人管理应从时间管理着手。生命中所有事情的完成，都要占用或长或短的时间，而时间恰好是最公平的，每个人每一天只有24个小时。因此人生成败、绩效好坏、公司兴衰都决定在每一位职业经理人的每一天上班时间中。当您做这件事时，便无法从事其他事情，所以如何有效运用时间，是个人管理的首要任务。其次是终身学习。职业经理人如果半年内没有学习新东西，便会面临被淘汰的危险。另外一项重要的个人管理任务便是保持健康与活力。职业经理人应具备的特质，第一项便是健康。工作压力、生活紧张、饮食不规律、运动不足都会摧毁职业经理人宝贵的健康。而现代人的慢性病，都非一朝一夕形成的。而一旦有了这些毛病，几乎整个职业生涯都会受制于它。

（五）情商

最后一项需要加强个人管理的便是EQ，即所谓的情商：如何保持快乐的心情，如何维持高昂的斗志，如何自我激励，并且不受外在环境的干扰与影响等。只有职业经理人能做好个人管理，才能确保在漫长的人生旅途中，无论遇到何种情况，都能保持最佳状态。

引例解析

作为一名职业经理人，引例中的英杰是个非常典型的“性格决定命运”的人物。一个人职业生涯的发展空间，不仅取决于自身的努力，还取决是否能找到最适合自己发展的社会或企业平台。

工作任务1-3

职业经理人分析

在知名的职业经理人中选择一位，了解其所服务的主要企业的背景信息，分析职业经理人的管理思想是如何影响企业战略和发展的。

任务分析：

职业经理人在当今社会上是一个热门话题，也是大家非常感兴趣的话题。通过对知名企业、著名职业经理人的分析和了解，可以加深读者对企业管理的感性认识。

操作步骤：

1. 选定职业经理人和企业；
2. 分析企业背景；
3. 分析职业经理人如何影响企业发展。

任务四

分析管理环境

引例

喜茶的会员体系演变

喜茶成立于2012年5月，起源于广东省江门一条名叫江边里的小巷。最早名为皇茶，前五年基本上是无人问津的，直到2016年下半年才更名为喜茶，并在上海开了第一家店，因其独特的口味和品牌文化，在互联网的推动下迅速成了网红奶茶品牌。如今喜茶已经在全国开设了数百家门店，注册会员有2 000多万人，付费会员超过36万人。

一个餐饮品类的研发，同样需要经过上百次甚至上千次的尝试与打磨。所以，喜茶的制作工序比普通奶茶要更加繁琐，平均制作一杯喜茶要3～5分钟，加上其网红口碑效应，最火爆的时期，想要买一杯喜茶，平均要1个小时来排队点单，然后再等1个小时的制作，长长的队伍也是喜茶一个特有的标志。

在这一杯难求的市场供需下，也因此诞生出了很多专业的喜茶黄牛，提供代买、代排队的服务，据说一个专职的喜茶黄牛，可以月入万元。这也反映喜茶的市场欢迎程度和用户对于排队等待的痛点需求。

如今喜茶的会员体系是：179元全年星球会员，开卡后可以马上得到2张优先券，2张免运费券，2张买二赠一券和1张买一赠一券，且根据用户的经验值，划分成了六个等级，分别是：白银、黄金、铂金、钻石、黑金、黑钻，每个等级各自享有不同的权益。

一、喜茶的会员体系历程

喜茶最早的会员产品是在2017年推出的。为了更好地服务自己的忠实客户，也为了解决线下的排队问题，当时的会员产品有三种，分别是：59元的季度卡、99元的半年卡、179元的全年卡。

会员权益包括：买一赠一券、优先券、代金券和免运费券。之后在2018年6月，喜茶曾因为“会员积分满一年自动扣除”的规则，引起了很多高等级用户的不满和投诉，随即又取消了该规则。

喜茶为了全面开启线上会员的管理，于2019年1月1日，在小程序喜茶GO上推出了 9.9 元为期 15 天的星球会员体验卡。

消费者在这 15 天可以享受会员的积分权益，开卡后赠送三张优惠券（买二赠一和指定商品九折券），同时还有一张“会员开通纪念日赠饮券”和“5. 28 会员日赠饮券”，这两张优惠券的使用限制分别显示为 2020 年 2 月 12 日和 2019 年 5 月 28 日可用。在这之外，喜茶还引入了拼多多式的电商裂变手段：用户通过分享的页面，当好友购买会员数量达到 5 名以上时，便可获得特定的奖励（如亲友邀请券、帆布袋等）。且在体验期内，用户可以按两倍速累积积分。

据喜茶方面提供的数据，喜茶“星球计划”上线十天内便新增 16 万名星球会员，复购率提升了 20%。喜茶的这波拉新会员体验活动，截至 2019 年 2 月 28 日，随后大概维持了几个月的原星球会员体系（59 元季卡、99 元半年卡和 179 元全年卡）后，便取消了季卡和半年卡，只剩下目前唯一的 179 元年卡会员。

二、不同发展阶段中的企业需要不同的会员体系战略

从喜茶的会员体系历程可以看出，餐饮企业初期的核心竞争力还是在于产品。好的产品带来好的口碑，好的口碑自然会带来更多的客户。但复购率和同质化竞争，永远都是餐饮品牌不可逃避的问题。当产品差异带来的红利逐渐消失后，就需要寻找下一个增长点，因此会员体系作为连接用户、激活复购的有效工具，就必然会成为企业在一定阶段的战略方向。

在激烈竞争的市场环境下，抢夺用户的时间与眼球，就是在抢夺流量。积分是消费行为结果，而不是消费行为本身的主要目的。积分表面上看是在培养用户的消费习惯，与用户建立一个长期利益绑定关系，但实际上是在将用户的权益和价值无限期地延后。当用户想起来自己在你这还有积分没用时，可能你的店也早已经倒闭了。所以，会员权益的刺激不能再完全依托于积分，而是要尽可能将会员权益放在眼前，提高刺激用户的频率，从被动消费变为主动引导。

小思考

喜茶的会员体系战略迎合了顾客消费心理的哪些特征？

任何组织都不是独立存在的，而是存在于一定的环境之中的。环境是指对组织绩效起着潜在影响的外部机构或力量。环境可分为一般环境和具体环境。

一、一般环境

一般环境是指可能对组织的活动产生影响，但与组织的相关性尚不清楚的各种因素。它包括政治、社会文化、经济、技术、自然环境等五个方面。有时候把自然环境与社会文化环境放在一起分析，称为 PEST 环境分析法。如图 1-4 所示。

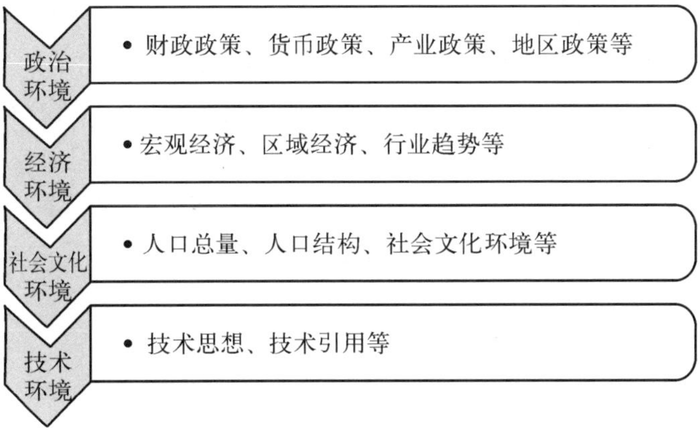

图 1-4　PEST 环境分析法

（一）政治环境

政治环境包括一个国家的社会制度，执政党的性质，政府的方针、政策、法令等。不同的国家有着不同的社会制度，不同的社会制度对组织活动有着不同的限制和要求。即使社会制度不变的同一个国家，在不同时期，由于执政党不同，其政府的方针特点、政策倾向对组织活动的态度和影响也是在不断变化的。对于这些变化，组织可能无法预测，但一旦变化产生后，他们对组织活动可能产生何种影响，组织却是可以分析的。组织必须通过政治环境研究，了解国家和政府目前禁止组织干什么，允许组织干什么，鼓励组织干什么，从而使组织活动符合社会利益，受到政府的保护和支持。

（二）社会文化环境

社会文化环境包括一个国家或地区的居民教育程度和文化水平、宗教信仰、风俗习惯、审美观点、价值观念等。文化水平会影响居民的需求层次；宗教信仰和风俗习惯会禁止或抵制某些活动的进行；价值观念会影响居民对组织目标、组织活动以及组织存在本身的认可与否；审美观点则会影响人们对组织活动内容、活动方式以及活动成功的态度。

管理故事

所长无用

有个鲁国人擅长编草鞋，他的妻子擅长织白绢。他们考虑迁到越国去。有人告诫他们说：“你到越国去，一定会贫穷的。”“为什么？”“草鞋，是用来穿着走路的，但越国人习惯赤足走路；白绢，是用来做帽子的，但越国人习惯披头散发。凭着你的长处，却去用不到这些长处的地方，这样，要想不贫穷，难道可能吗？”

这个故事告诉人们：一个人要发挥其专长，就必须适合社会环境的需要。如果脱离社会环境的需要，其专长也就失去了价值。因此，我们要根据社会环境的需要，决定自己的行动，更好地去发挥自己的专长。

（三）经济环境

经济环境是影响组织，特别是作为经济组织的企业活动的重要环境因素，它主要包括宏观和微观两个方面的内容：

（1）宏观经济环境。主要是指一个国家的人口数量及其增长趋势，国民收入、国民生产总值及其变化情况以及通过这些指标能够反映的国民经济发展水平和发展速度。人口数量众多一方面为企业经营提供丰富的劳动力资源，使得总的市场规模庞大，另一方面又可能因其基本生活需求难以充分满足，从而构成经济发展的障碍；经济背景的繁荣显然为企业等经济组织的发展提供了机会，而宏观的衰退则可能给所有经济组织带来生存的困难。

（2）微观经济环境。主要是指企业所在地区或所需服务地区的消费者的收入水平、消费偏好、储蓄情况、就业程度等因素。这些因素直接决定着企业目前及未来的市场大小。假定其他条件不变，一个地区的就业越充分，收入越高，那么该地区的购买能力就越高，对某种活动及其产品的需求就越大。一个地区的经济收入水平对其他非经济组织的活动也是有重要影响的。

（四）技术环境

任何组织的活动都需要利用一定的物质条件，这些物质条件反映着一定的技术水平。社会的进步会影响这些物质条件的技术水平的先进程度，从而影响利用这些条件的组织活动的效率。技术环境的研究，除了要考察与其所处领域的活动直接相关的技术手段的发展变化外，还应及时了解国家对科技开发的投资和支持重点；该领域技术发展动态和研究开发经费总额；技术转移和技术商品化速度；专利及其保护情况等。

（五）自然环境

自古以来，我们就强调“天时和地利”。如果说“天时”主要是与国家政策有关的话，那么“地利”则主要取决于地理位置、气候条件以及资源状况等自然禀赋因素。

二、具体环境

组织不仅在一般环境中生存，而且在特定领域内活动。一般环境对不同类型的组织均产生某种程度的影响，而与具体领域有关的具体环境则直接、具体地影响着组织的活动。所谓具体环境是指对组织的目标实现有着直接影响的外部因素。美国学者波特的五力分析模型认为，影响行业内竞争结构及其强度的主要有现有竞争对手、潜在竞争者、替代品制造者、供应商和产品用户等五种环境因素，如图 1-5 所示。

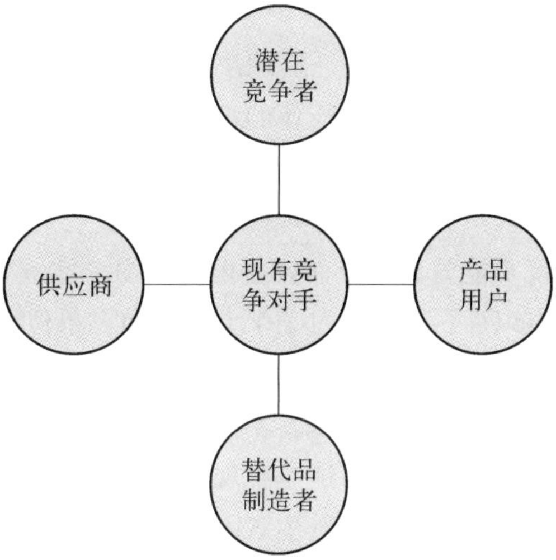

图 1-5　五力分析模型

（一）现有竞争对手研究

（1）基本情况的研究。竞争对手的数量有多少；分布在什么地方；它们在哪些市场上活动；各自的规模、资金、技术力量如何；其中哪些竞争对手威胁特别大；基本情况研究的目的是要找到主要竞争对手。为了在众多的同种产品的生产厂家中找到主要竞争对手，必须对这些竞争对手的竞争实力及其变化情况进行分析和判断。反映企业竞争实力的指标主要有三类。

① 销售增长率。是指企业当年销售额与上年相比的增长幅度。销售增长率为正且大，反映了相关企业的竞争能力的提高。反之，则表明企业竞争能力的下降。

② 市场占有率，是指市场总容量中企业所占领的份额，或指在已被满足的市场需求中有多大比例是本企业占领的。市场占有率的高低可以反映不同企业竞争能力的强弱。

③ 产品的获利能力。这是反映企业竞争能力能否持续的支持性指标，可用销售利润率表示。如果市场占有率高，销售利润也高，那么表明销售大量产品可给企业带来高额利润，从而使企业有足够的财力去彻底改善生产条件，因此这种较高的竞争能力才能得以维持下去；相反，如果市场占有率很高，而销售利润率很低，则表明企业卖出去的产品数量越多，得到的收入也少，补偿了生产消耗后利润很少，甚至没有剩余，较高的市场占有率是以较高的成本为代价换取的，长此以往，企业的市场竞争能力是无法维持的。

（2）主要竞争对手的研究。比较不同企业的竞争实力，找出主要竞争对手后，还要研究其对本企业构成威胁的主要原因，是技术力量雄厚、资金多、规模大，还是其他原因。主要竞争对手的研究是找出对手的竞争实力的决定因素，以帮助企业制定相应的竞争策略。

（二）潜在竞争者研究

一种产品的开发成功，会引来许多企业的加入，这些新进入者既可给企业注入新的活力，促进市场竞争，也会给原有企业造成压力，威胁他们的市场地位。新企业进入行业的可能性大小，既取决于由行业特点决定的难易程度，又取决于现有企业可能做出的反应。进入某个行业的难易程度通常受到下列因素的影响：

（1）规模经济。这个概念实际上描述了两个相互联系的经济现象。① 它表明企业经营只有达到一定规模，才能收回经营过程中的各种耗费。低于此种规模，企业经营不仅不能盈利，反而容易出现亏损。② 这个概念还表明，企业生产和经营达到盈亏平衡点以后，在未超过某个上限之前，单位产品的生产成本随产量的增加而下降。在这种情况下，生产规模越大，企业就越具有规模优势。

（2）产品差别。不同企业提供的产品并不是完全同质的，必然存在着某种程度的差异。这种差异可能是客观存在的，既可能是由产品的材料性质、功能特点或外观形状决定的，也可能是其主观因素形成的。如果原来生产这种产品的企业，其市场地位已经确定，其品牌已经获得了用户的广泛认可，甚至产生了一定感情，那么新进入者要想把他们吸引过去，则需要付出更大的代价。

（3）在位优势。是指原有企业相对于新进入者而言所具有的综合优势。这种优势表现在多个方面。比如，原有企业已经拥有某种专利，从而限制他人生产相关产品；原有企业已经建立了自己的进货渠道，从而不仅能保证自己扩大生产的需要，甚至能控制整个行业的原材料供应，进而限制新企业的进入；原有企业已经建立的分销渠道对新竞争者进入销售渠道也可能形成某种障碍。

（三）替代品制造者研究

不同的产品，其外观、物理特性可能不同，但完全可能具有相同的功能，生产这些东西的企业之间可能形成竞争。

替代品生产厂家的分析主要包括两方面的内容：第一，确定哪些产品可以替代本企业提供的产品。这是确认具有相同功能产品的过程；第二，判断哪些类型的替代品可能对本企业经营造成威胁。为此，需要比较这些产品的功能实现能够给使用者带来的满足程度与获取这种满足所需要支付的费用。对于两种相互可以替代的产品，则低价格产品可能对高价格产品的生产和销售造成较大的威胁。

（四）产品用户研究

产品用户在两个方面影响着行业内企业的经营。一是用户对产品的总需求决定着行业的市场潜力，从而影响行业内所有企业的发展边界；二是不同用户的价格谈判能力会诱发企业间的价格竞争，从而影响企业的获利能力。因此用户研究的内容应包括：用户的需求研究以及用户的价格谈判能力研究。

（1）用户需求的研究一般包括以下内容：① 总需求研究。问题包括分析市场容量有多大；总需求中有支付能力的需求有多大；暂时没有支付能力的潜在需求有多少。② 需求结构研究。问题包括需求的类别和构成情况如何；用户属于何种类型，机关团体，还是个人；主要分布在哪些地区；各地区比重如何。③ 用户购买力研究。问题包括需要分析用户的购买力水平如何；购买力是怎样变化的；由哪些因素影响购买力的变化；这些因素本身是如何变化的；通过分析影响因素的变化，从而可以预测购买力、市场需求的变化。

（2）用户的价格谈判能力研究一般考虑以下几个因素：① 购买量的大小。如果用户的购买量与企业销售量比较相对较大，企业的主要顾客则会意识到其购买对企业销售的重要性，因而拥有较强的价格谈判能力。② 企业产品的性质。如果企业提供的是一种无差异产品或标准产品，则用户坚信可以很容易找到其他供货渠道，因此也会在购买中要求尽可能优惠的价格。③ 用户后向一体化的可能性。后向一体化是指企业将其经营范围扩展到原材料、半成品或零部件的生产。如果用户是生产性企业，购买企业产品的目的在于再加工或其他零部件组合，又具备自制的能力，则会经常以此为手段迫使供应者压价。④ 企业产品在用户产品形成中的重要性。如果企业产品是用户自己加工制造的产品的主要构成部分，或对自己产品的质量或功能形成有重大影响，则可能对价格不甚敏感，他所关注的首先是企业产品的质量和可靠性。相反，如果企业产品在用户产品形成中没有重要影响，用户在采购时则会努力寻求价格优惠。

（五）供应商研究

企业生产所需的许多生产要素是从外部获取的。提供这些生产要素的经济组织，从两方面制约着企业的经营：一方面是这些经济组织能否根据企业的要求按时、按量、按质地提供所需生产要素，这影响着企业生产规模的进一步扩大；另一方面是这些组织提供货物时所要求的价格决定着企业的生产成本，也影响着企业的利润水平。因此供应商的研究内容包括：供应商的供货能力，企业寻找其他供货渠道的可能性，以及供应商的价格谈判能力。综合来看，需要分析以下因素：

（1）是否存在其他资源。企业如果长期仅从一个渠道进货，则其生产和发展必然在很大程度上受制于后者。因此，应分析与其他供应商建立关系的可能性，以分散进货，或在必要时启用后备进货渠道，这样便可以在一定程度上遏制供应商提高价格的倾向。

（2）供应商所处行业的集中程度。如果该行业集中程度较高，由一家或少数几家集中控制，而与此相对应，购买此种货物的客户数量众多，力量分散，则该行业供应商将拥有较强的价格谈判能力。

（3）寻找替代品的可能性。如果行业集中程度较高，分散进货的可能性也较小，则应寻找替代品。如果替代品不易找到，那么供应商的价格谈判能力也将是较高的。

（4）企业后向一体化的可能性。如果供应商垄断控制了供货渠道，替代品又不存在，而企业对这种货物的需求量又很大，则应考虑自己掌握或自己加工制作的可能性。这种可能性如果不存在，或者企业对这种货物的需求量不大，那么这时企业只能对具有价格谈判优势的供应商屈服。

知识拓展

SWOT 分析

SWOT 分析是指分析企业优势（strengths）、劣势（weaknesses）、机会（opportunities）和威胁（threats）。因此，SWOT 分析实际上是将对企业内外部条件各方面内容进行综合和概括，进而分析组织的优劣势、面临的机会和威胁的一种方法。其中，优劣势分析主要是着眼于企业自身的实力及其与竞争对手的比较，而机会和威胁分析将注意力放在外部环境的变化及其对企业的可能影响上，但是，外部环境的同一变化给具有不同资源和能力的企业带来的机会和威胁却可能完全不同，因此，两者之间又有紧密的联系。

SWOT
分析范例

外部环境 \ 内部环境	优势(S)	劣势(W)
机会(O)	SO战略 依靠内部优势 利用外部机会	WO战略 克服内部劣势 利用外部机会
威胁(T)	ST战略 依靠内部优势 回避外部威胁	WT战略 克服内部劣势 回避外部威胁

图 1-6　SWOT 分析法

1. 优势与劣势分析（SW）

当两个企业处在同一市场或者说它们都有能力向同一顾客群体提供产品和服务时，如果其中一个企业有更高的盈利率或盈利潜力，那么，我们就认为这个企业比另外一个企业更具有竞争优势。换句话说，所谓竞争优势是指一个企业超越其竞争对手的能力，这种能力有助于实现企业的主要目标——盈利。但值得注意的是：竞争优势并不一定完全体现在较高的盈利率上，因为有时候企业更希望增加市场份额，或者多奖励管理人员或雇员。

竞争优势可以指消费者眼中一个企业或它的产品有别于其竞争对手的任何优越的东西，它可以是产品线的宽度、产品的大小、质量、可靠性、适用性、风格和形象以及服务的及时、态度的热情等。虽然竞争优势实际上指的是一个企业比其他竞争对手有较强的综合优势，但是需要明确企业究竟在哪一个方面更具有优势、更有意义，因为只有这样，才可以扬长避短，或者说以实击虚。

由于企业是一个整体，并且由于竞争优势来源的广泛性，所以，在做优劣势分析时必须从整个价值链的每个环节上，将企业与竞争对手作详细的对比。如产品是否新颖，制造工艺是否复杂，销售渠道是否畅通，以及价格是否具有竞争性等。如果一个企业在某一方面或几个方面的优势正是该行业企业应具备的关键成功要素，那么，该企业的综合竞争优势也许就强一些。需要指出的是，衡量一个企业及其产品是否具有竞争优势，只能站在现有潜在用户的角度上，而不是站在企业的角度上。

企业在维持竞争优势过程中，必须深刻认识自身的资源和能力，采取适当的措施。因为一个企业一旦在某一方面具有了竞争优势，势必会吸引竞争对手的注意。一般来说，企业经过一段时期的努力，建立起某种竞争优势；然后就处于维持这种竞争优势的态势，竞争对手开始逐渐作出反应；而后，如果竞争对手直接进攻企业的优势所在，或采取其他更为有力的策略，就会使这种优势受到削弱。

而影响企业竞争优势的持续时间，主要体现在三个关键因素：

（1）建立这种优势要多长时间。

（2）能够获得的优势有多大。

（3）竞争对手作出有力反应需要多长时间。如果企业分析清楚了这三个因素，就会明确自己在建立和维持竞争优势中的地位了。

2. 机会与威胁分析（OT）

随着经济、社会、科技等诸多方面的迅速发展，特别是世界经济全球化、一体化过程的加快，全球信息网络的建立和消费需求的多样化，企业所处的环境更为开放和动荡。这种变化几乎对所有企业都产生了深刻的影响。正因为如此，环境分析成为一种日益重要的企业职能。

环境发展趋势分为两大类：一类表示环境威胁，另一类表示环境机会。环境威胁指的是环境中一种不利的发展趋势所形成的挑战，如果不采取果断的战略行为，这种不利趋势将导致公司的竞争地位受到削弱。环境机会就是对公司富有吸引力的领域，在这一领域中，该公司将拥有竞争优势。

引例解析

企业之间的恶性竞争，有政治、经济、社会及技术等方方面面的原因。也是经济社会发展到一定阶段会产生的现象。

工作任务 1-4

进行环境和企业分析

查阅相关报道和文献资料，以中国商用飞机有限责任公司（以下简称中国商飞）、波音公司或空中客车公司为分析对象，运用一般环境分析和具体环境分析技术，结合 SWOT 分析工具，分析客机市场的现状和未来，特别是中国商飞的市场机会和发展方向。

任务分析：

本任务可以帮助读者系统了解环境分析以及企业分析工具，熟练掌握 PEST 分析、五力分析和 SWOT 分析。

操作步骤：

1. 选定一家企业，进行一般环境的分析。
2. 进行行业内竞争对手的分析。
3. 运用 SWOT 分析企业的市场机会和威胁，未来的发展方向。

项目二

决策与计划

知识目标

1. 掌握决策的基本原理和过程。
2. 掌握计划的原理和基本过程。

能力目标

1. 能制定工作计划。
2. 能利用多种决策方法进行决策。
3. 运用目标管理原理开展工作。

素养目标

1. 提升管理思维和系统思维。
2. 在技能训练中提升沟通能力。
3. 了解国家经济社会发展成就，强化爱国意识。

典型工作任务

1. 掌握决策原理。
2. 运用决策方法。
3. 运用计划方法。
4. 开展目标管理。

任务一

掌握决策原理

引例

云南白药创可贴的成功

美国品牌邦迪是创可贴市场的开山鼻祖。20世纪初，美国强生公司的一名员工埃尔·迪克森将粗硬纱布和绷带黏合在一起，发明了一种外科轻微创伤用快速止血产品，公司将它命名为“Band-Aid ”(邦迪)。邦迪创可贴实际上是由具有弹性的纺织物与橡皮膏胶黏剂组成的长条形胶布。

中国人在肢体受到轻微创伤时有一个习惯，就是喜欢用嘴将伤口一吸或者干脆扯一根布条将伤口简单包扎一下。强生公司从中嗅到商机，随即将邦迪创可贴投放中国市场，这个方便实用的小发明，由于符合中国人对小伤口的护理习惯，一举占据了中国小创伤护理市场的半壁江山。

事实上，在邦迪来到中国之前，中国的小创伤护理市场一直由云南白药散剂占据着，白药散剂虽然不能为云南白药带来巨额利润，但这个有着近百年历史的名牌产品足以让云南白药日子过得滋润而富足，而这种惬意的好日子在遭遇强生公司后便不复往日。经过邦迪连续多年的精心布局，此时的云南白药散剂，一度在各大城市的药店中鲜见其踪影。

邦迪的成功意味着“小胶布”止血市场有着巨大的空间，这也是市场上不断有新的创可贴产品纷至沓来的原因所在。

遗憾的是，在传统观念里创可贴始终被看作一种同质化消费品，是被认定为“不可能做出花样来”的商品。认知高度决定了竞争的高度，在邦迪垄断中国市场的同时，绝大多数中国创可贴品牌都在追逐模仿邦迪的产品形式，只是为了在邦迪做大的市场蛋糕上获得一点分食的机会，无厘头式的价格战毫无悬念地成为各个品牌争夺市场的唯一选择。于是在中国市场上，创可贴品牌芜杂，产品雷同而缺乏个性，仅有的一点差异，无非是多了几个消费者根本记不住的生产企业名称而已。

低层次、无差异、缺乏个性的竞争导致的后果是，众多本土创可贴品牌成为邦迪这个行业大佬阴影遮掩下的市场侏儒，勉强求生，没有一个品牌能够成长起来与邦迪分庭抗礼。正是在这种大的市场背景下，云南白药于21世纪初强行进入创可贴市场。

差异定位：白药颠覆创可贴市场

实际上，在以邦迪为主导的创可贴市场竞争中，邦迪和创可贴几乎成了一个捆绑，在消费者的心目中，创可贴就是邦迪，邦迪和创可贴紧密联系在一起。既然在这个行业里有这么强的认知，在这样的形势下，显然，简单地模仿，云南白药创可贴不可能摆脱失利的命运。

云南白药发现，在消费者的认知领域中邦迪创可贴实际上等于一条胶布，那就好办了，云南白药就可以由此进行认知的切割，进行概念再造。云南白药创可贴是“含药”的创可贴，这样就在整个行业里，建立了一种新的认知规范。当这种认知范式建立之后，云南白药创可贴的产品定位马上就可以提炼出来。

邦迪创可贴的确有其致命“死穴”，严格说来，它不是药，仅仅是一块应急的小胶布。而白药是药，胶布和药的界限相当清晰，泾渭分明，这恰恰为云南白药抗衡邦迪提供了一个机会：为“胶布加点白药”“从无药到有药”，将“含药”作为市场突破点，对产品进行差异化定位，云南白药创可贴与邦迪的核心差异立刻显现出来。

一、开辟新战线，迅速分割市场

云南白药创可贴以“含药”作为与邦迪相区别的产品差异点，这就使得白药创可贴以极短的时间在消费者心目中获得了一个据点，在毫无竞争优势的情况下，凭借“含药”概念迅速占据既能止血又能消炎、止痛这块凭空分割出来的战略高地。

二、借势成名，以强治强

在产品竞争中，一种产品的优劣是用另一种产品来进行对比衡量的。创可贴是种实用性产品，虽然邦迪的诉求是快速止血，站在了第一需求的层面。但从严格意义上讲，邦迪创可贴并不是一种治疗外科创伤的药品。

云南白药恰恰找到了邦迪的最薄弱环节，“给邦迪加点白药”，这无疑是告诉消费者，白药创可贴是“含药”的创可贴，不是普通胶布，仅凭这一点云南白药创可贴就站在了邦迪的肩膀上，邦迪在小创伤市场多年来殚精竭虑地打拼，瞬间变成了为“含药”创可贴“打工”。云南白药借助强生公司奠定的市场基础，结合白药更明显的疗效，轻而易举地实现了“借势成名，以强制强”的竞争目的。

三、替代效应

在云南白药提出“含药”概念之前，因为没有参照物作对比，消费者并未意识到邦迪只是一块临时救急的小胶布。云南白药推出“含药”概念的创可贴，让消费者恍然大悟：原来能止血不等于能治疗伤口。顷刻间邦迪的优势就变成了短处。

事实上，云南白药的止血、消炎功能早已为中国消费者所熟悉。“含药”概念一经提出，云南白药创可贴的优势、特色、风格马上就凸显出来了，在不含药占了绝对优势的小创伤护理产品中，它卓尔不群，一说起治疗小伤口就离不开它，而且以天下第一的形象呈现在世人面前。云南白药创可贴毫不费力地取代了不含药创可贴的市场主导地位。

四、市场第一效应

差异化定位使得云南白药实现了产品品牌之间类的区别，创造出独一无二的第一优势。这种所谓的第一优势可谓与生俱来、得天独厚，形成了营销学上难得一见的现象。

虽然邦迪和云南白药的竞争胜负盖棺定论为时尚早，但市场江湖历来是长江后浪推前浪，无论情愿还是不情愿，在风云变幻的竞争中邦迪将无法摆脱云南白药创可贴的成长威胁。作为以弱胜强的成功典范，云南白药创可贴运用的差异化定位策略值得管理决策者学习和借鉴。

小思考

云南白药市场策略的成功，对我国企业强化决策能力，直面外国企业竞争有何启示？

一、决策和决策过程

对于一个组织而言，其目前的所作所为将影响到组织的未来。组织的成长、兴盛抑或失败，是一系列管理行为的结果。其中，管理者的决策行为是决定性的。

管理者，尤其是高层管理者又被称为决策者。管理决策的范围极其广泛，包括组织的发展战略、组织结构、控制系统、资源分配等。管理者扫描组织内外部环境，识别问题和机会，从而做出相应的决策，并监视其产生的结果，判断是否应再做出追加决策。良好的决策是保持组织良性运行的关键，因为决策决定着组织如何解决问题，决定着资源的有效分配以及组织目标的实现。

（一）决策的含义

关于决策的含义，目前较为典型看法的有两种。

一是认为，决策是为了达到某一特定的目标而从若干个可行方案中选择一个满意方案的分析判断和选择的过程。该定义侧重于决策的基本过程，其内涵有：第一，要有明确的目标，这是决策的前提条件；第二，要有多个可行的备选方案，这是科学决策的根本，从理论上讲，达成任何一项目标的途径通常都有若干条，而这若干条途径就是我们这里所说的备选方案；第三，决策的重点在于科学地分析、判断与选择，这是决策质量的保证；第四，决策的结果在于选择“满意”方案，而非“最优”方案。为什么没有最佳方案，只有满意方案？这是因为我们所处的环境总是不断变化的，今天的最优选择到了明天可能就不是最优选择，而且由于人的能力有限，对外界信息的了解不可能是完全的，因此所选的备选方案也不可能“穷尽”其各种可能，那么基于不完全的信息所做出的决策也就谈不上是最优的。

二是认为，决策是组织或个人为了实现某种目标而对未来一定时期内有关活动的内容、方向和方式的选择与调整过程，该定义较全面地涵盖了决策的类型。其内涵包括：

第一，要有明确的目标，这是决策的前提；第二，决策的范围既包括了活动的内容、方向，这是明确组织未来一段时期要“干什么”的战略性问题，也包括了活动方式的确定，这是明确组织未来一段时期要“怎么干”的战术性问题；第三，决策的结果既可能是全新的零起点方案，也可能是基于原来已有方案基础上的适当调整，是一种追踪决策。

（二）决策的基本过程

决策是一项复杂的活动，需要遵循科学的决策程序。在现实经济活动中，导致决策失败的最主要的原因是没有严格按照科学的程序进行决策。一般而言，决策过程大致包括七个基本的步骤。

1. 识别机会，发现问题

决策是为了解决现实中存在的需要解决的问题或是为了达到你想要的目标，所以决策的前提条件一定是对问题的发现，决策的质量取决于对问题了解的准确程度。如果没有问题，则不需要决策，如果问题不明确，则难以做出正确的决策。所以认识并分析问题是最为重要也是最为困难的环节。

问题通常产生于“应然”与“实然”的差距。所谓“应然”，就是理论上讲应该达到的状态，“实然”则是实际出现的状态，这二者之间没有差别，则没有问题，有差别则说明出现了问题。而“实然”与“应然”均来自于大量的信息的收集。一旦问题出现，则要从两个方面来进一步分析。首先，明确理想中应该出现的目标状态是什么，达到该状态必须具备哪些条件；然后，分析实际工作中出现问题的症状有哪些，为什么会出现这些症状，哪些症状需要解决，哪些症状是可以容忍的，需要解决的这些症状可不可以解决，哪些是企业自身可以解决的，哪些必须借助于外部才可以解决。厘清了这些问题，才会有下一步该怎么办的思考。

2. 明确决策目标

决策目标是组织根据找出的所要解决的问题，在进一步明确解决了该问题之后的结果应该是在什么样的基础上而设定的。目标的明确十分重要，因为同样的问题，目标不同，采取的决策方案可能就会不同。比如，若把目标分为长期目标、中期目标和短期目标，那么长期目标的决策通常采用战略决策方法，中期目标的决策常用战术性决策方法，而短期目标的决策则惯用业务决策方法。

管理故事

秦国的养兵策略

秦国在统一战争期间的总人口不过500多万人，但是却长期负担着一支超过60万人常规军的存在（史书上称秦“带甲百万”），在当时的生产条件下，秦军后勤供应的压力之巨大是难以想象的，然而秦国还是完成了这一任务。

墓葬中记载法律的竹简上说：播种的时候，水稻种子每亩用二又三分之二斗；谷子和麦子用一斗；小豆三分之二斗；大豆半斗。如果土地肥沃，每亩撒的种子可以适当减少一些。

各县对牛的数量要严加登记。如果由于饲养不当，一年死三头牛以上，养牛的人有罪，主管牛的官吏要惩罚，县丞和县令也有罪。

如果一个人负责喂养十头成年母牛，其中的六头不生小牛的话，饲养牛的人就有罪。相关人员也要受到不同程度的惩处。

农户归还官府的铁农具，因为使用时间太长而破旧不堪的，可以不用赔偿，但原物得收下。

由此可见，秦国是采用国家权威来对耕作进行到如此细致的管理。秦法已经深入秦国人民生产生活的各个角落。正是通过这样细致的管理和严格的责任制，秦军带来的看似不可完成的后勤重任才得以完成。

3. 拟定备选方案

为了解决问题，实现既定的目标，管理者必须积极地寻找各种切实可行的方案，一般而言，找到的备选方案越多，决策的风险越小，决策的质量和正确率会越高。但是方案一般都不是显而易见的，需要决策者付出大量的努力和劳动才可能获得，而且为了提出更多更好的方案，仅凭决策者个人或少数人的经验与智慧远远不够，要充分调动他人的积极性和创造力，善于征询他人的意见。

4. 分析比较备选方案

这一步需要对前面拟定的所有方案逐一地进行评价，通常采用定量分析与定性分析相结合的评价方法。为了充分体现决策的科学性，降低经验主义的作用，应提倡通过多种定量化的分析手段的运用，实事求是，尊重数据，当然，定性分析方法在很多情况下也是必要的。为了做好该阶段工作，第一，要明确决策的准则，体现决策者最关心的是哪些指标，如成本、收益、风险、可行性等。第二，运用一致的分析方法来分析每一个方案，所选择的分析方法要与决策者关心的指标体系相关。第三，比较每个方案的优劣程度，如每个方案满足指标要求的情况、达成目标的程度、存在的风险、得到的回报大小以及为得到此回报需要付出的代价大小等。

5. 选择满意方案

在对所有方案的优劣信息都清楚以后，决策者最终要从其中选择一个相对满意的方案作为实施方案。这时往往经验和决策者对待风险的态度会起到较大的作用。因为理论上讲通过计算选择一个满意化程度最高的方案是非常简单的，但实践中往往这若干个方案的差别可能不是特别明显，或者说每个方案均有各自的优劣势，这个方案在某一方面较有竞争力，但在另一方面又显得欠缺，而另个一方案可能正好相反。因此，到底如何取舍，有时取决于决策者的价值观、风险意识、审时度势的能力等。

6. 实施方案

一旦做出了最终决策，就要付诸实施。实施决策，应当首先制定实施方案，包括在组织内部向全体成员宣布决策、解释决策、分配决策任务等，以取得大家的理解与支持，这是任何决策得以顺利实施的关键。因为尽管决策由决策者作出，但决策的实施是由广大组织成员共同完成的。

7. 实施情况的监督与信息反馈

决策结果的正确与否是通过实践检验出来的，同时，在实践过程中，随着环境的变化有时需要对决策进行调整。因此建立完善的监督与信息反馈渠道对决策的顺利执行非常必要。通过有效的监督机制，可以保证决策执行的高效率和质量，通过信息反馈，可以及时纠正决策执行中的偏差，同时对已有的决策进行不断的修正和完善。决策流程如图 2-1 所示。

图 2-1 决策流程

管理人物

曹德旺

曹德旺，汉族，1946 年 5 月出生于上海，福建省福州市福清人。福耀玻璃工业集团股份有限公司创始人、董事长。

从商 30 多年，曹德旺的成就足以令中国所有企业家侧目。福耀玻璃占据国内市场 70% 以上份额，全球市场 30% 份额，给宾利、宝马、奔驰、奥迪、通用、丰田等世界八大汽车厂供货。

曹德旺是中国企业家中的异类。30 多年来，他专心在汽车玻璃一个领域，没有做过房地产、互联网、矿山，没有做过股票二级市场投资。临近退休，也没有用自己庞大的资金，以及修炼成精的眼光和判断力去做眼下最热门的私募股权投资（PE），为自己的百亿元身价继续添砖加瓦。

企业家是当下社会镁光灯追逐的真正明星，他们出席各种论坛、颁奖典礼、发布言论，倾倒众生；他们参加各种俱乐部，呼朋唤友，互通有无。这里面从来看不到曹德旺，他甚至不和这些企业家、经济学家深度结交，坦言“没意思”。

曹德旺本人乃是多种复杂对立气质并存的雄浑之人。

他暴躁刚烈，宁折不弯，却又不乏圆通机智，善于保护自己；他力争犯上，决不妥协，却又谨小慎微，处处留心；他跟政府吵架十几年，又坚持做人不要太计较，吵完就忘；他作风独裁，极其自信，有“曹特勒”之称，却又平和豁达，从善如流、广开言路；他奋斗进取，开拓事业，却又时常想要“放下”；他一手赚钱聚财，一手散财布施。

他早年因为生活困窘，初一没读完就开始讨生活，读书情结只好在讨生活之余继续保持：四五十年中，他无论多忙，每天必抽两个小时读书看报。他的成功也是他将社会的“无字书”和纸上的“有字书”紧密结合的产物。在老板当中，他出口成章，学识过人，具有商人的敏锐眼光和灵活头脑，同时也具有知识分子的那一丝傲气，甚至有时因个性倔强而显得不太合群。

曹德旺的身上，其实仍保留着一股商界人士身上罕见的率真之气。本色的个性，容易令人遵循内心真实的考虑，洞悉问题的真正根源，一切从实际出发。这也让曹德旺练就了讲求实际的习惯，很多复杂的问题因而变得简单。

他农民的外表，掩盖不住由奇崛个性、家教、佛学、大量书籍、广泛阅历、少时艰难岁月、峥嵘商业生涯所合力打造的强大个人气场。

与成功经验相比，曹德旺可以让我们反思一些更本质的东西：人之为人，当怎样活。

二、决策类型

根据决策所要解决的问题的实质，可以将决策分为若干种类型。决策者首先必须弄清楚面临的决策属于什么类型，才可能做到有的放矢，寻找适合该类型的决策方法。

（一）按照决策的重要性程度划分

1. 战略决策

对组织而言，战略决策是最重要的，直接关系到组织的发展，其涉及的大多为全局性、长期性的问题。通俗地讲，战略决策最终要解决组织在未来一段时期活动的内容和方向，即回答“干什么”，如组织目标的确定、机构的设置与调整、产品的更新换代等，一般而言，由于战略性决策所要解决的问题牵涉范围较广、内容较复杂、思维较抽象、可借鉴性资料不多，需要管理者有高度的敏感力、抽象思维的能力、创造能力和丰富的经验，因而对管理者的素质要求非常高，因而这类决策一般由高层管理者做出。

2. 战术决策

战术决策是指在战略思想指导下的具体方法的选择和运用，要解决如何执行战略决策问题，也就是解决怎么干的问题。如具体方案的选择、资源的分配、绩效评估、产品的定价、资金的筹措等。一般战术决策涉及的问题比战略决策更具体，更局部化，多数问题的解决方案可以定量化且有借鉴性资料。这类决策一般常由中层管理者来做出。

3. 业务决策

业务决策是指在日常的生产和服务活动中为了提高劳动效率所作的决策。如一周生产任务 的安排、进度安排、车间班组、科室岗位责任的落实等，一般业务决策要解决的问题非常明确且带有较强的程序化，属于常见的问题，决策者通常也非常清楚决策要达到的具体目标是什么、可以利用的资源有哪些、实现的途径有多少、实施的结果是什么。这类决策一般由基层管理者做出。

（二）按决策的重复性程度划分

1. 程序化决策

程序化决策是指所面临的问题一般会经常性地重复出现，如常见的产品质量缺陷、设备故障等，解决这类问题的方法有先例可循，所以决策者只要碰到此类问题，就可沿用以往的解决方法，因而该类决策又被称为例行性决策或常规性决策。

2. 非程序化决策

非程序化决策是指所面临的问题常是例外发生或偶然发生的，如重大的人事变动、大的投资开发项目等，这类问题没有现成的解决问题的办法，需要管理者根据具体情况寻找出解决问题的具体途径。

（三）按决策的状态划分

1. 确定型决策

确定型决策是指个人完全知道所面对的问题，替代方案也很明确，且每个方案的结果是唯一的且可以预见的。由于各方案的条件、结果均已知，所以只要比较一下各方案，就可做出最终决策。这类方案通常可利用净现值、投资回报率、投资回收期等定量化计算方法来进行。

2. 风险型决策

风险型决策是指对某事件出现的结果不能确定其唯一性，但可能出现的几种状态是可以预见的，且每种状态出现的概率和经济效果是可以估算到的，可以通过比较各方案的期望值来进行决策。但这类决策过程定量化程度不高，决策时需要冒一定的风险。比如股票投资业务，国家或企业出现重大事件或政策倾向有所调整时，都可能会引起股市的波动。股票投资的结果只有几种可能性，要么赚钱，要么亏损，要么不盈不亏，且可根据历史资料和对未来股票动向的估计大概估算出几种可能性出现的概率，再计算出每种状态下的期望值，根据三种情况下期望值的结果进行分析选择，确定是否值得投资股票。

小案例

阿斯旺水坝

阿斯旺水坝位于埃及开罗以南900千米的尼罗河畔。水坝的建设自1960年开始，历时10年，耗资9亿美元。这座世界第二大人工湖吞下尼罗河的全年径流，实现河水多年调节，使埃及的粮食基本自给自足。但是，阿斯旺水坝的建设却产生了一系列无法挽回的影响：

严重威胁到岸边的历史文物，有不少古迹神殿沉入湖中。联合国教科文组织为此发动了一连串救援活动，虽然抢救回部分古迹，但仍有非常珍贵的文化遗产惨遭灭顶之灾。

由于大坝设计的时候对环境保护的认识不足，大坝建成后在对埃及的经济起了推动作用的同时也对生态环境造成了破坏。

大坝使下游丧失了大量富有养料的泥沙沃土。由于失去了泥沙沃土，尼罗河河谷和三角洲的土地开始盐碱化，肥力也丧失殆尽。现在，埃及是世界上最依赖化肥的国家。

大坝严重扰乱了尼罗河的水文。原先富有营养的泥沙沃土沿着尼罗河冲进地中海，养活了在尼罗河入海处产卵的沙丁鱼。现在沙丁鱼已经绝迹了。

建坝以后下游地区开始蔓延血吸虫病，变成了血吸虫病的高发区。

阿斯旺水坝已经成为世界上最失败的水利工程之一，这对此后一些国家和地区的大型水坝建设的决策起到了警示作用。

【请思考】阿斯旺水坝建设违反了管理决策的哪些基本原则，例如，科学预测原则、信息原则、可行性原则、满意原则、成本效益原则以及实现公共利益的原则。

3. 不确定型决策

不确定型决策是指所遇到的问题因为信息不明朗，或无历史资料可借鉴，既不知道结果，也不知道结果出现的概率，所以解决的办法通常只能依靠经验和胆识。

（四）按决策主体的多少划分

个人决策是指决策由一个人独立做出，群体决策是指由多人共同参与做出的决策。

群体决策和个人决策各有其优缺点。

相对于个人决策而言，群体决策可以借助更多人的经验与智慧，提供更多更完整的信息，因此可以提出更多的替代方案，特别是当群体的组成成员来自不同专业不同学科的专家时，该优点会更加凸显。所谓“三个臭皮匠胜过一个诸葛亮”即说明了群体决策的优势。

群体决策由于是群体成员共同参与的结果，可增加对解决方案的认同和承诺程度，实施起来会更加容易接受。

群体决策通常较费时，且容易增加成本。群体的组成本身需要耗费时间，且群体间为了达成共识，也相当费时，效率较个人决策差。

群体决策有时会产生责任的含糊。在个人决策中，谁应该对决策的结果负责是非常明确的，但在群体决策中，由于群体成员共同分担决策的责任，往往会造成责任的模糊与逃避。

决策失误
投资打水漂

三、决策模式

（一）理性决策

日常生活中，我们常会评价一个人“很理性”，其中含有“讲理、冷静”的意思。而这里讨论的决策的“理性”是指经济理性，经济学上所说的理性决策，是指一个人会在特定的限制因素下进行价值最大化的选择，即决策的目的是为组织获取最大的经济效益。因此，理性决策模式有其基本的假设条件：第一，决策者理性，即决策者充分了解决策目标，全面掌握信息情报，找到所有的备选方案，始终保证决策的目的是经济利益最大化。第二，决策程序理性，即整个决策过程完全符合理性决策的全部步骤，这些步骤包括界定问题、明确决策准则、赋予决策权重、提出所有可行方案、评估方案和选定最佳方案。第三，决策信息理性，即与决策相关的信息充分、正确。只有决策信息理性，才能保证决策者理性和决策程序理性，才能保证决策者选择的方案是最佳方案。

理性决策的最显著特点是选择的方案一定要“最佳”，而非“满意”。但实际上完全理性的假设在现实经济生活中几乎不存在，因为人都是在不完全信息基础上做出的决策，而且决策者自身的能力也有限，因此面对复杂问题时，完全理性是不可能的。

（二）有限理性

有限理性决策的主要观点有：第一，管理者所拥有的信息是不完整且不完美的。第二，决策是在有限理性下达成的。因为在高度不确定和极其复杂的现实环境中，人的知识、时间、经验和能力是有限的。第三，决策是追求满意解，而非最佳解。

在绝大多数情况下，当问题被确定以后，决策者会寻找决策准则和替代方案，但所能找到的准则和方案是有限的，而决策者也会只注重那些容易找到和界定的替代方案，且决策者对这些方案的评估也只注重找到一个“够好”的方案，而不是去找一个“最好”的方案。有限决策的观点并不意味着要我们要放弃完全理性，事实上，它只是告诉我们，完全理性是可遇不可求的，决策越接近完全理性，效果会越好。对管理者而言，有限理性给我们的最大启示是：完全理性只是告诉我们决策“应该”怎么去做，有限理性则说明了“实际上”如何去做。在完全理性很难被满足的情况下，决策会受到决策者本身的价值观、组织的文化、过去的决策、职权等的影响。

（三）直觉决策

每个人每天都在利用直觉进行日常问题的决策，比如，大多数人在挑选一件衣服时就常依赖于自己的直觉。直觉决策有时会起到重要的作用，比如，当客观事实很少且不相干，而我们又必须做出决策时；尽管事实摆在面前，但仍然不知道应当怎么做时；时间紧迫，不允许广泛收集信息时；几种方案均可行，且各自的优劣势不明显时。直觉不是理性的反义词，更不应是随意的猜测或主观臆测，它应该建立在广泛的实践经验基础之上，是对理性分析的补充，二者相辅相成。常见的几种情况有：

1. 决策者倾向于基于印象鲜明的信息作为判断的基础

一般而言，凡是引起强烈情绪、深刻印象、或新近发生的事件等都会导致高估该事件发生的概率。比如，许多人不敢乘飞机，宁愿乘车，就是因为人们高估了飞机失事的概率。因为每次飞机失事留给人们的印象太深刻了。事实上从失事的历史数据来看，火车、汽车失事的频率远远高于飞机。

2. 决策者倾向于依据相似的信息作为决策的基础

决策者在评估某一事件的发生概率时，常会依据该事件发生的状况与类似事件的相似性程度而定。

3. 决策者倾向于以过去的资料作为现在调整决策的基础

比如消费者在购买特价商品时，关注的不仅是商品降价之后的价格，还关注原来的价格，根据二者之差来判断该商品是否值得购买。

但由于决策者的知识、能力、经验及性格的影响，直觉决策经常会犯一些错误，从而增大决策的风险。比如股市中的追涨现象，明知随着股票价格的上涨，投资的风险会加大，但仍有人追涨；比如当你倾向于购买某一品牌的商品时，你会对该品牌商品的正面信息更为关注，当你不倾向于购买某品牌的商品时，你会对该商品的负面信息更加关注。

一个优秀的管理者应努力学会正确运用自己的直觉，在普通管理者尚未发觉之前就能感知到问题的存在，在最终决策时能够运用直觉对理性分析的结果进行检查，从而协助其做出正确的抉择。

引例解析

云南白药与强生在创可贴产品上的竞争，体现了中国企业面对瞬息万变的市场，其具有较强的应变能力和迅捷质优的决策能力，是典型的“从学生到老师”，后来者居上的获取企业竞争优势的范例。

工作任务 2-1

总结分析决策原理

1. 回顾学习、生活中决策的情景，举例说明直觉决策、理性决策和有限理性决策各有何优缺点。

2. 如何将直觉决策、理性决策和有限理性决策相结合，提升决策质量？

任务分析：

不同决策模式各有利弊，这就要求我们分析问题必须客观全面，才能找到问题的答案。

操作步骤：

1. 列举决策案例或事件；
2. 记录决策过程及结果；
3. 决策模式归类；
4. 优缺点分析。

任务二

运用决策方法

引例

娃哈哈的一步险棋

宗庆后的故事

1994 年，长江三峡开始施工，但也同时产生了一个难题，就是百万移民如何安置，这是全国瞩目乃至举世瞩目的难题。

1994 年 8 月的一天，娃哈哈集团的老总宗庆后随一支由浙江省副省长带队的浙江省政府及企业对口支援代表团来到了三峡库区——有着 2 000 多年历史的重庆市涪陵区。在三天考察时间里，宗庆后天天忙碌于考察涪陵工厂，调查了解涪陵的交通、工业生产能力等。三天后，宗庆后提出了一份计划：娃哈哈同意在重庆市涪陵区合并三家当地特困企业，投资 4 000 万元组建娃哈哈涪陵分公司，初步决定上矿泉水、果奶、罐头食品、保健酒等 4 个项目。

为增加杭州干部对涪陵公司的感性认识，宗庆后回杭州后组织了有近 20 名中层干部参加的队伍考察了涪陵。涪陵自然条件恶劣，崎岖的公路，湿漉漉的空气，生产条件艰苦，配套生产落后，而且当地人的思想观念也很落后，还停留在计划经济阶段，所有这些都令前往考察的干部们大为踌躇。回到杭州后，大部分干部都反对这个项目，“到穷地方来背个大包袱，风险太大”“弄不好前功尽弃，也拖累整个集团的发展”。反对意见充斥在宗庆后的耳边。

宗庆后知道干部们的反对有一定道理：涪陵境内的运输不畅；劳动力虽然便宜，但是就业观念、纪律观念淡薄，对现代企业的快节奏、高效率还不适应；三家特困企业厂房破旧，恢复生产代价很大。更大的问题在于杭州与涪陵相隔千里，指挥协调极其不便，而公司干部还没有在外独立工作的经验。总的来说，风险确实很大。

然而，宗庆后认为实施涪陵项目有很多有利条件，主要理由有四点：一是政策优势。对口支援，对口扶贫，是我国的国策，政府一定会给予有力支持，贫困地区发展经济的愿望比发达地区更强烈，国家也会给予贫困地区十分优惠的政策扶持，涪陵政府尤其有合作的诚意。二是市场拓展需要。根据企业发展的需要在涪陵建厂，可以实现销地产，进一步占领西南大市场，实现跨省经营，为将来形成跨国集团公司打好基础。三是人才培养需要。可以培养出一支能够独当一面的干部队伍。四是公关效应。可以树立良好的企业形象。

权衡利弊后，宗庆后最终决定实施涪陵公司这个项目。

小思考

宗庆后在涪陵项目决策中面临的机会和风险分别有哪些？

企业经营决策的科学性必须以科学的经营决策方法作为保证。科学经营决策方法一般分为定性决策方法和定量决策方法。

一、定性决策方法

定性决策方法，也称主观决策法，是指在决策中主要依靠决策者或有关专家的智慧来进行决策的方法。定性决策方法主要有：头脑风暴法、德尔菲法、名义小组技术和淘汰法。

（一）头脑风暴法

头脑风暴法又称为思维共振法。在典型的头脑风暴法会议中，决策者以一种明确的方式向所有参与者阐明问题，使参与者在完全不受约束的条件下，敞开思路，畅所欲言，在提出方案的过程中，不允许任何批评。

头脑风暴法的目的在于创造一种畅所欲言、自由思考的氛围，产生更多的创造性思维。

头脑风暴法对预测有很高的价值。其缺点和弊端在于受心理因素影响较大，易屈服于权威或大多数人的意见，而忽视少数派的意见。

（二）德尔菲法

德尔菲法由美国著名的兰德公司首创并用于预测和决策的方法。该法采用匿名方式征询专家意见，进行决策。

运用德尔菲法的关键在于：第一，选择好专家；第二，决定适当的专家人数，一般10～50人较好；第三，拟订好意见征询表。

（三）名义小组技术

在集体决策中，如果对问题的性质不完全了解并且意见分歧严重，可采用名义小组技术。

在决策小组中，小组的成员互不通气，也不在一起讨论、协商，从而小组只是名义上的。名义小组可以有效地激发个人的创造力和想象力。

由小组成员对提出的全部备选方案进行投票，根据投票结果，赞成人数最多的备选方案即为决定的方案。但企业决策者最后仍有权决定是接受还是拒绝这一方案。

（四）淘汰法

淘汰法是指先根据一定条件和标准，把全部备选方法筛选一遍，把达不到要求的方案淘汰掉，以达到缩小选择范围的目的。淘汰的方法有：

（1）规定最低满意度，达不到满意度的方案予以淘汰。

（2）规定约束条件。

（3）根据目标主次筛选方案。

二、定量决策方法

定量决策方法是利用数学模型进行优选决策方案的决策方法。定量决策方法主要包括确定型决策、风险型决策和非确定型决策三类。

（一）确定型决策

确定型决策方法是指在稳定可控的条件下进行决策，只要满足数学模型的前提条件，模型就给出确定的结果。

确定型决策方法很多，主要介绍线性规划法和盈亏平衡点法。

1. 线性规划法

线性规划法是指在线性等式或不等式的约束条件下，求解线性目标函数的最大值或最小值的方法，如表 2-1 所示。

运用线性规划法建立数学模型的步骤是：① 确定影响目标的变量；② 列出目标函数方程；③ 找出实现目标的约束条件；④ 找出使目标函数达到最优的可行解，即为该线性规划的最优解。

例如，某企业生产两种产品，A 产品每台利润 100 元，B 产品每台利润 180 元，有关生产资料如表 2-1 所示，试求该企业利润最大时两种产品的产量。

表 2-1　A、B 产品生产用料

资源名称	单位产品消耗总额		可利用资源
	A 产品	B 产品	
原材料（千克）	120	80	2 400
设备（台时）	900	300	13 500
劳动力（工时）	200	400	5 000

具体的计算方法如下：

确定影响目标的变量：企业利润最大时两种产品的产量，设：X_1 为 A 产品的生产数量；X_2 为 B 产品的生产数量。

列出目标函数方程：

$$P_{max}(X_i)=100X_1+180X_2$$

找出实现目标的约束条件：

$$\begin{cases}120X_1+80X_2 \leqslant 2\,400\\900X_1+300X_2 \leqslant 13\,500\\200X_1+400X_2 \leqslant 5\,000\\X_1 \geqslant 0,\ X_2 \geqslant 0\end{cases}$$

找出使目标函数达到最优的可行解，即为该线性规划的最优解。

分别以 X_1、X_2 为横纵坐标，将约束方程绘制于表中，由于有三个约束方程，因此有三条直线。三条直线共同构成的区域为可行解的区域。目标函数的最大值一定在由约束方程构成的可行解区域的凸点上。

通过计算三个凸点 A（0，12.5）、B（13，6）、C（15，0）所对应的目标函数值，则满足使目标函数最大值的点为 B 点。即当生产 A 产品 13 台、B 产品 6 台时企业获得的利润最大，为 2 380 元。

2. 盈亏平衡点法

盈亏平衡点法又称本量利分析法或保本分析法，是进行产量决策常用的方法。

该方法基本特点是把成本分为固定成本和可变成本两部分，然后与总收益进行对比，以确定盈亏平衡时的产量或某一盈利水平的产量。

设 P 为单位产品价格，V 为单位产品变动成本，F 为固定成本，Q 为销售量，P_f 为利润，则有：

$$P_f=PQ-(F+VQ)$$

盈亏平衡点又称为保本点，或盈亏临界点，是指在一定销售量下，企业的销售收入等于总成本，即利润为零。即，当 $P_f=0$，则 $Q=Q_0$（保本产量），则有：

$$Q_0=\frac{F}{P-V}$$

销售额减去变动总成本后的余额，补偿了固定成本后剩余的部分即为利润。这个余额为边际贡献。因此边际贡献是对固定成本和利润的贡献。当总的边际贡献与固定成本相当时，恰好盈亏平衡。

企业盈亏相抵时的业务量即为保本业务量。

例：某公司生产某产品的固定成本为 50 万元，单位可变成本为 10 元，产品单位售价为 15 元，其盈亏平衡点的产量为多少？

解析：$Q_0=\frac{F}{P-V}=\frac{500\,000}{15-10}=100\,000$（件）

（二）风险型决策

在实际工作中，如果未来情况不确定，但知道每种情况发生的概率，则需要用风险型决策方法来比较和选择活动方案。风险型决策是最常见的。由于风险型决策问题大多复杂且凌乱，因此为了避免出错，常用一种简明的图示形式来辅助决策，即决策树法。决策树法简便明了，容易掌握，尤其是在方案众多或需要作多级决策的情况下，决策树方法更能显出其优点。

决策树是决策过程中的一种有序的概率图解表示，决策者根据决策树所构造出来的决策过程的有序图示，不但能纵观决策过程的全局，而且能系统地对决策过程进行合理的分析，从而得到较好的决策结果。

知识拓展

决策树法

决策树由节点和分枝组成，表现为一个树状图示，如图 2-2 所示，节点有两种，一种叫决策结点，用□表示，从决策结点引出的分枝称为方案分枝，另一种节点叫状态结点，用○表示，从状态结点引出的分枝叫概率分枝。每一概率分支表示一种自然发生的状态，在概率分支的末端标明相应方案在该状态下的损益值，在概率分支上注明不同状态可能发生的概率大小，在状态结点上注明该方案计算所得的期望值。

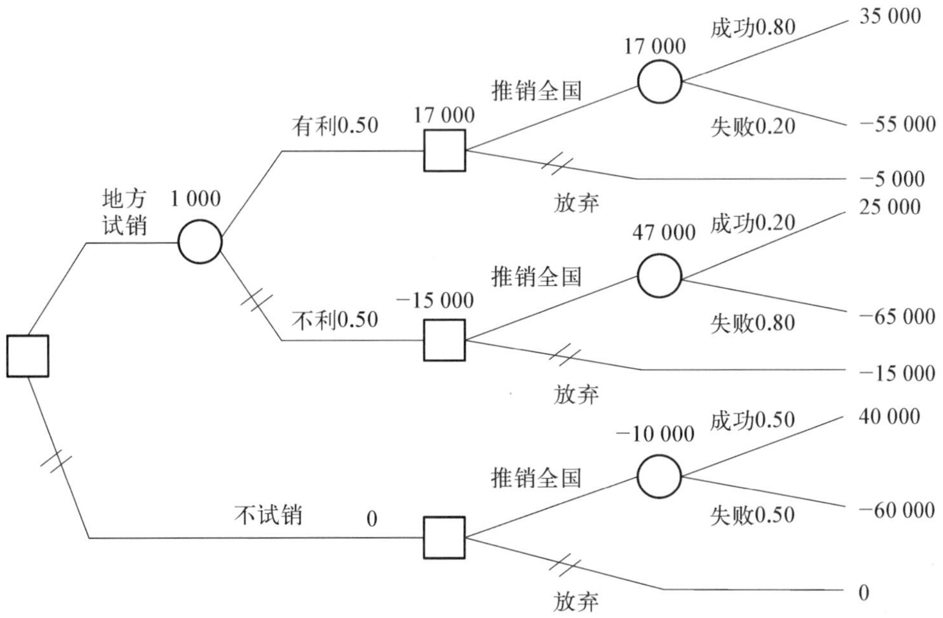

图 2-2　决策树法示例

（三）非确定型决策

当决策者无法预知方案的实施结果会有几种状态，或者虽然知道有几种状态，但无法判断其发生的概率时，可采用非确定型决策方法。例如上例中，假设不知道经济景气和经济不景气的概率，那么就无法计算出各方案的期望值，只能用非确定型决策方法来选择满意方案。进行非确定型决策时，决策者的主观因素会起很大作用。常见的非确定型决策方法有：冒险分析法、保守分析法、折中分析法、最大后悔值最小分析法，分类如表 2-2 所示。

表 2-2　非确定型决策方法举例

市场与决策		方案一	方案二	方案三	方案四	行最大值
市场状态	最好状态	600	800	350	400	800
	次好状态	400	350	220	250	400
	一般状态	−150	−300	50	90	90
	最差状态	−350	−700	−50	−100	−50
决策方法	等可能性法（每种状态的概率为 0.25）	125	37.5	142.5	160	
	保守法（列最小值）	−350	−700	—50	−100	
	冒险法（列最大值）	600	800	350	400	
	折中法（乐观系数 =0.2，悲观系数 =0.8）	−160	−400	30	0	
最小最大后悔值法	后悔值	200 0 240 300	0 50 390 650	450 180 40 0	400 150 0 50	
	最大后悔值	300	650	450	400	

1. 冒险分析法

采用冒险分析法的决策者一般富有冒险精神，对未来持有乐观态度，看到的是光明的一面，在进行方案选择时，常常会更加关注每个方案盈利状态时的经济效果值，通过对几个方案盈利时的经济效果值的比较，选择盈利最大的方案作为最终的决策结果。

2. 保守分析法

采用保守分析法的决策者一般比较保守，对未来持谨慎态度，看到的是方案实施后可能带来的亏损结果，因此，在进行方案选择时，常常会更加关注每个方案亏损状态时的经济效果值，会选择几个方案中亏损最小的方案作为实施方案。

3. 折中分析法

采用折中分析法的决策者遵循中庸之道，既不过于乐观，也不过于悲观，其基本假设是最乐观的状态和最悲观的状态均可能产生，并给最乐观的状态一个乐观系数，给最悲观的状态一个悲观系数，乐观系数与悲观系数之和为 1。然后用最好状态下的期望值乘以乐观系数加上最差状态下的期望值与悲观系数的乘积。

4. 最大后悔值最小分析法

管理者在选择了某方案后，如果将来方案的自然状态表明其他方案的收益更大，那么他会为自己当初的选择而后悔不已。最大后悔值最小分析法就是试图使这种后悔值降到最小。首先计算各方案在各自然状态下的后悔值等于该自然状态下的最大收益减去该方案在该自然状态下的收益，找到各方案的最大后悔值，然后比较几个方案的最大后悔值，选择最大后悔值最小的方案作为满意方案。

管理游戏

德尔菲决策法

1. 形式：集体参与。
2. 时间：约 30 分钟。
3. 材料：一罐玉米粒或类似道具。
4. 场地：不限。
5. 应用：① 决策技巧；② 领导艺术。

一、目的

表明在决策（预测）过程中，结构化的方法对获得趋同观点的重要性。

二、程序

在一个罐子里装上玉米粒（事先数好）。将罐子给大家看，并让大家估计玉米的数量。算出平均数、中间数和频数分布，并将结果告诉大家（有时也会告诉大家推导结论的基本原理）。将该过程重复 3 遍（或直到得出一个比较稳定的结果）。宣布正确答案，并请大家比较一下自己最初的估计和小组最后的结论，看哪个更准确。

三、讨论

1. 哪个更准确：个人原先的估计还是最终小组的决定？
2. 为什么小组往往更准确？
3. 为什么大家的答案会趋同？
4. 这种方法在你的工作中有何应用？

引例解析

引例中，娃哈哈集团的决策者意识到企业参与安置三峡库区移民还未有先例，风险是非常大的。但是高风险的背后，也蕴含着巨大的商业机会和社会效应。最终决策是利弊权衡和主要决策者冒险精神结合的结果。

工作任务 2-2

运用决策方法

1. 叙述引例中的决策问题。
2. 该公司是如何解决的？
3. 如何应用学过的定量分析方法解决这些决策问题？

任务分析：

解决上述问题，要先确定决策的类型和性质，然后选择合适的分析方法。

操作步骤：

1. 案例研读；
2. 确定问题性质；
3. 运用合适的定量分析方法解决问题；
4. 总结回顾。

任务三

运用计划方法

引例

乔森家具公司五年目标

乔森家具公司创立时主要经营卧室和会客室家具，取得了相当的成功。随着规模的扩大，公司又进一步经营餐桌和儿童家具。后来乔森退休，他的儿子约翰继承父业，不断拓展卧室家具业务，扩大市场占有率，使得公司产品深受顾客欢迎。但公司在餐桌和儿童家具的经营方面一直不如意，面临着严重的经营困难。

一、董事长提出的五年发展目标

乔森家具公司自创建之日起便规定，每年12月份召开一次公司中、高层管理人员会议，研究讨论战略和有关的政策。去年12月份，公司又召开了每年一次的例会，会议由董事长兼总经理约翰先生主持。约翰先生在会上首先指出了公司存在的员工思想懒散、生产效率不高的问题，并对此进行了严厉的批评，要求迅速扭转这种局面。与此同时，他还为公司制定了今后五年的发展目标。具体包括：

1. 卧室和会客室家具销售量增加20%。
2. 餐桌和儿童家具销售量增长100%。
3. 总生产费用降低10%。
4. 减少补缺职工人数3%。
5. 建立一条庭院金属桌椅生产线，争取五年内达到年销售额500万美元。

这些目标主要是增加公司收入，降低成本，获取更大的利润。但公司副总经理托马斯跟随乔森先生工作多年，了解约翰董事长制定这些目标的真实意图。尽管约翰开始承接父业时，对家具经营还颇感兴趣。但后来，他的兴趣开始转移，试图经营房地产业。为此，他努力寻找机会想以一个好价钱将公司卖掉。为了能提高公司的声望和价值，他准备在近几年狠抓一下经营，改善公司的绩效。

托马斯副总经理意识到自己历来与约翰董事长的意见不一致，因此在会议上没有发表什么意见。会议很快就结束了，大部分与会者都带着反应冷淡的表情离开了会场。托马斯有些垂头丧气，但他仍想会后找董事长就公司发展目标问题谈谈自己的看法。

二、副总经理对公司发展目标的质疑

公司副总经理托马斯觉得，董事长根本就不了解公司的具体情况，不知道他所制定的目标意味着什么。这些目标听起来很好，但托马斯认为并不适合本公司的情况。他心里这样分析道：

第一项目标太容易了——这是本公司最强的业务，用不着花什么力气就可以使销售量增加20%；第二项目标很不现实——在这领域的市场上，本公司本就不如竞争对手，绝不可能实现100%的增长；第三项目标亦难以实现——由于要扩大生产，又要降低成本，这无疑会对工人施加更大的压力，从而也就迫使更多的工人离开公司，这样空缺的岗位就越来越多，在这种情况下，怎么可能降低补缺职工人数3%呢？第四项目标倒有些意义，可改变本公司现有产品线都是以木材为主的经营格局。但未经市场调查和预测，怎么能确定五年内我们的年销售额能达到500万美元呢？

经过这样的分析后，托马斯认为他有足够的理由对董事长所制定的目标提出质问。除此之外，还有另外一些问题使他困扰不解——一段时期以来，他发现董事长似乎对这个公司已失去了兴趣，他已接近退休，却从未提起他家族人员中将由谁来接替他的工作。如果他退休以后，那该怎么办呢？托马斯毫不怀疑，约翰先生似乎要把这家公司卖掉。董事长企图通过扩大销售量，开辟新的生产线，增加利润收入，使公司具有更大的吸引力，以便在出卖中捞个好价钱。“如董事长真是这样的话，那我也无话可说了。他退休以后，公司将会变成什么样子，他是不会在乎的。他自己愿意在短期内葬送掉自己的公司，我有什么办法呢？”

小思考

如何看待中长期目标与计划中的不确定性？

一、计划的含义

计划有名词和动词两层含义。从名词意义上来讲，计划是对组织未来一段时期内活动的内容、方向以及方式方法的预测与安排处理。从动词意义上来讲，计划是管理者为了达成既定的目标而制定行动方针的过程。所以狭义的计划实际上就是计划的制定过程，而广义的计划除了计划的制定以外，还包括计划的执行与控制过程。

当计划以书面的形式出现时，也就是我们所说的计划书。一份完整的计划书中的计划内容包括：目标——明确做什么（what）；目的——回答为什么（why）；人员——由谁去做更合适（who）；地点——确定在哪里做（where）；时间——何时开始做（when）；方式与手段——如何去做（how）。

除此之外，在一项计划书中还应说明计划有效的前提条件，以便在实施过程中明确在什么情况下需要修改计划；当实际情况与计划条件不符时应采取的措施，以增强计划的适应性。此外，为了便于在情况发生较大变化时，能够判断是应该放弃计划还是应该竭尽全力去创造条件完成计划，计划书中还应该说明进行这项工作或实现相应目标的意义或重要性。计划的表现形式有很多，目标、战略、政策、规章制度、预算、程序、规划等都属于计划的范畴。

二、计划的类型

依据不同的侧重点，可以将计划作不同的分类，常见的计划分类方法有以下几种：

（一）按计划完成的时间，可将计划分为长期计划、中期计划和短期计划

一般地，把五年以上的计划称为长期计划，一年以内的计划称为短期计划，介于一年与五年之间的计划称为中期计划。

长期计划体现了组织在较长时期的发展方向和方针，规定了组织各个部门在较长时期内从事某种活动应达到的目标与要求，绘制了组织长期发展的蓝图。例如，一个企业的长期计划要指出该企业的长远经营目标、经营方针和经营策略等。

中期计划来自长期计划，但比长期计划更加具体和详细，它主要起协调长期计划和短期计划之间关系的作用。长期计划以问题和目标为中心，中期计划以时间为中心。

短期计划比中期计划更为具体和详尽，具体规定了组织的各个部门在目前到未来的各个较短阶段，应该从事何种活动，从事该活动应达到何种要求，因而为组织成员提供了短期内行动的依据与准则。例如企业的年度销售计划就是短期计划。

在一个组织中，长期计划与短期计划之间的关系应是“长计划，短安排”，即为了实现长期计划中提出的各项目标，必须制定相应的一系列中短期计划并加以落实，而中短期计划的制定又必须围绕长期计划中的各项目标展开。

（二）按计划的广度，可将计划分为战略性计划与战术性计划

战略性计划是指由高层管理者制定的具有全局性、长远性的指导性计划，它描述了组织在未来一段时期内总的战略构想与总的发展目标，以及实施的途径，决定了在相当长的时间内组织资源的运动方向，战略性计划涉及组织的方方面面，并在较长时间内对组织有指导作用。

战术性计划是在战略计划规定的方向、方针和政策范围内，为确保战略目标的落实和实现，确保资源的取得与有效运用而形成的具体计划，它主要描述如何实现组织的整体目标，是战略计划的具体化。

战略性计划具有全局性、指导性和长远性特点，战术性计划具有局部性、指令性和一次性特点；战略性计划侧重于确定组织宗旨、目标，战术性计划侧重于明确落实战略

的各种措施和方法；战略性计划的目的是提高效益，战术性计划的目的是提高效率。战略性计划涉及整个组织，战术性计划则局限于特定的部门或活动。

（三）按计划的对象，可将计划分为综合计划、部门计划和项目计划

综合计划是指具有多个目标和多方面内容的计划，它可能关联到整个组织或组织中的大多数部门，一般年度预算计划是综合计划。

部门计划是在综合计划基础上制定的，其内容较为专一，局限于某一特定的部门或某一特定的职能，一般是综合计划的子计划，是为了达到组织的目标而制定的分计划。例如企业营销部门制定的年度销售计划，就是根据总生产计划制定的分计划。

项目计划是针对组织的特定活动所作出的计划，例如某新产品的开发计划等。

（四）计划的明确程度，可分为指令性计划与指导性计划

根据计划的明确程度和约束力大小，计划可分为指令性计划和指导性计划。

指令性计划是由上级下达的具有行政约束力的计划，它规定了计划执行单位必须执行的各项任务，其规定的各项指标没有讨价还价的余地。

指导性计划是由上级给出的一般性的指导原则，具体如何执行具有较大灵活性的计划。现实生活中，指导性计划由于没有明确的要求，因而具有较好的灵活性，而且，由于指导性计划规定了一般性的指导原则，从而使其在多变的环境中具有较好的可控性。指导性计划的灵活性和可控性优点恰恰是指令性计划的局限性所在。

（五）按计划的重复性，可分为程序性计划与非程序性计划

美国管理学家西蒙认为组织的活动可分为两类：一类是例行的重复出现的活动，对这类活动的决策称为程序化决策，与之相对应的计划工作就是程序性计划或常规计划，包括政策、标准方法和常规作业程序，所有这些都是用来解决常发性问题的。另一类活动是非例行的不重复出现的活动，对这类活动的决策称为非程序化决策，与之相对应的计划工作就是非程序性计划或专项计划。包括为特定的情况专门设计的方案、进度表等，它用来处理一次性的而非重复性的问题。

三、制定计划的方法

计划工作是对未来一段时期即将要进行的工作的规划，是一种预测工作，很难准确地预测未来组织可能面临的各种影响因素的变化。因此计划的制定需要掌握科学合理的方法。

（一）滚动计划法

滚动计划法是根据近期计划的执行情况以及当前的环境变化情况，定期地修改未来

的计划，并逐期地向前推移。它使短期计划、中期计划和长期计划有机地结合起来，并通过不断地修改计划，使制定的计划更加切合实际情况。如图 2-3 所示。

图 2-3　滚动计划法示意图

滚动计划法的具体做法是：在制定计划时，同时制定未来若干年的计划，但计划内容粗细不同，越是近期计划，内容越细越具体，越是远期计划，内容越粗越定性。当执行了最近的一个周期的计划后，根据该期计划执行的具体情况与预期结果作差异分析，同时根据当前内部条件和外部环境的变化情况，对原定的下一期计划进行修订，并将整个计划向前滚动一个周期，以后逐年根据同样的原则进行定期地修订与滚动。

滚动计划法的优点：

（1）使长期计划、中期计划和短期计划相互衔接，保证了计划随着环境的变化而不断地及时调整。使计划更加切合实际，由于人们无法对未来环境的变化做出准确的估计和判断，所以计划的时间越长，准确率越低，实施的难度也就越大，而滚动计划缩短了计划的时期，从而加大了计划的准确性和可操作性。

（2）滚动计划法大大地加强了计划的弹性，提高了组织的应变能力。滚动计划法的缺点是编制计划的工作量太大。但随着 IT 技术的普及和发展，这一问题已得到很好的解决。

（二）网络计划技术

网络计划技术于 20 世纪 50 年代产生于美国，最初运用于国防导弹工程，后来被广泛运用于组织管理活动中。网络计划技术包括以网络为基础制定计划的各种方法，如关键路线法（CPM）、计划评审技术（PERT）、组合网络法（CNT）等。其基本原理是：把一项工作或项目分解成各种作业，然后根据作业的先后顺序进行排列，通过网络的形式对整个工作进行统筹规划与控制，从而以较少的资源和最短的工期完成规定的工作任务。

具体运用步骤是：运用网络图形式表达一项计划中各种工作（任务、活动、过程、工序）之间的先后次序和相互关系；进行网络分析，计算网络时间，确定关键工序和关键路线；利用时差不断地改善网络计划，求得工期、资源与成本的优化方案，并付诸实施；在计划的执行过程中，通过信息反馈进行监督和控制，以保证预定的计划目标的实现。

职场攻略

求职者面试成功十大诀窍

面试是每一个职场人员都要经历的事情，在面试的过程中可以让面试官对我们有一个初步的认识，同时我们也会加深对企业的理解，如果双方满意，那么应聘成功，但是无论如何，在面试这件事上，求职者还是多少有点处于弱势地位，因此，我们应当做好充足的准备才能从容应对面试中的各种意外情况。

（1）多带几份简历前往面试，没有比当被要求多提供一份简历而你却没有更能显示你缺乏准备的事了。多带几份简历，面试你的人可能不止一个，预先料到这一点并准备好会显得你做事有准备、细致。

（2）留心你自己的身体语言，尽量显得精神、有活力、对主考人全神贯注。用眼神交流，在身体语言之中，会展现出你对对方的兴趣。

（3）初步印象和最后印象。最初和最后的五分钟是面试中最关键的，在这段时间里决定了你留给人的第一印象和临别印象以及主考人是否欣赏你。最初的五分钟内应当主动沟通，离开的时候，要确定你已经被记住了。

（4）完整地填妥公司的表格——即使你已经有简历。即使你带了简历来，很多公司都会要求你填一张表。你愿意并且有始有终地填完这张表，会传达出你做事规整、做事善始善终的信息。

（5）谨记每次面试的目的都是获聘。你必须突出地表现出自己的性格和专业能力以获得聘请。面试尾声时，要确保你知道下一步怎么办，和雇主什么时候会做决断。

（6）清楚雇主的需要，表现出自己对公司的价值，展现出你适应环境的能力。

（7）要让人产生好感，富于热情。人们都喜欢聘请容易相处且为公司自豪的人。要成熟稳重，也要表现你的精力和兴趣。

（8）要确保你有适当的技能，知道你的优势。你怎么用自己的学历、经验、受过的培训、薪酬和别人比较。谈些你知道怎么做得十分出色的事情，那是你找工作的关键。

（9）展示你勤奋工作追求团体目标的能力，大多数主考人都希望找一位有创造力、性格良好，能够融入团体之中的人。你可以强调自己给对方带来的好处以说服对方。

（10）将你所有的优势推销出去，营销自己十分重要，包括你的技术资格，一般能力和性格优点，雇主只在乎两点：你的资历凭证、你的个人性格。你能在以往业绩的基础上工作并适应公司文化吗？谈一下你性格中的积极方面并结合例子告诉对方你在具体工作中会怎么做。

四、撰写商业计划书

与制定计划相关的一项重要工作是商业计划书的撰写。商业计划书是一份全方位描述企业发展的文件，是企业经营者素质的体现，是企业拥有良好融资能力、实现跨越式发展的重要条件之一。一份完备的商业计划书，不仅是企业能否成功融资的关键因素，同时也是企业发展的核心管理工具。

商业计划书是一份全方位的项目计划，其主要意图是递交给投资商，以便于他们能对企业或项目做出评判，从而使企业获得融资。商业计划书有相对固定的格式，它几乎包括反映投资商所有感兴趣的内容，从企业成长经历、产品服务、市场营销、管理团队、股权结构、组织人事、财务、运营到融资方案。只有内容翔实、数据丰富、体系完整、装订精致的商业计划书才能吸引投资商，让他们看懂项目的商业运作计划，才能使融资需求成为现实，商业计划书的质量对项目融资至关重要。

融资项目要获得投资商的青睐，良好的融资策划和财务包装，是融资过程中必不可少的环节，其中最重要的是应做好符合国际惯例的高质量的商业计划书。商业计划书的起草与创业本身一样是一个复杂的系统工程，不但要对行业、市场进行充分的研究，而且还要有很好的文字功底。对于一个发展中的企业，专业的商业计划书既是寻找投资的必备材料，也是企业对自身的现状及未来发展战略全面思索和重新定位的过程。

商业计划书包括企业筹资、融资、企业战略规划与执行等一切经营活动的蓝图与指南，也是企业的行动纲领和执行方案，其目的是为投资者提供一份企业项目的介绍，向他们展现企业项目的潜力和价值，并说服他们对项目进行投资。

小资料

商业计划书的要点

摘要

第一部分　公司基本情况

第二部分　公司管理层

第三部分　产品／服务

第四部分 研究与开发
第五部分 行业及市场情况
第六部分 营销策略
第七部分 产品制造
第八部分 管理
第九部分 融资说明
第十部分 财务计划
第十一部分 风险控制
第十二部分 项目实施进度
第十三部分 其他

撰写商业计划书应注意的几个问题

首先是企业要明白撰写商业计划书的目的。商业计划书的写作本质是企业对自己经营情况和能力的综合总结和展望，是企业通过全方位展现战略思路及战术执行能力，来突出企业的投资价值。那些善于思考和总结的企业即使不融资也会经常按照商业计划书的模式和要点来反思自身的经营情况，从而提高企业的综合素质。最让投资人感到头疼的是他们经常会收到一些与实际情况不符合、抄袭拼凑、胡乱应付的商业计划书，企业糊弄的其实是他们自己。

其次，商业计划书先要全面介绍企业，然后才是具体项目的介绍。很多企业在商业计划书中花大量篇幅介绍他们要做的一个技术、一个项目或一种业务，从而忽略了对企业的全面介绍。因为对于成熟的投资人来说，他们很多时候要投资的是一个可持续发展的企业，一个有核心团队的日常运营的企业，这个企业需要有可持续的长期推出的项目和技术。项目只是企业发展中的某一个具体的业务形态，不能代表企业自身。所以商业计划书的出发点首先是企业而不是具体的技术或项目。

引例解析

引例中，董事长约翰采用传统管理的思维来制定和宣布企业发展目标，结果信息一公布便引起了各种不同意见。要制定企业合理的发展目标，从计划制定的方式、流程到具体的沟通过程，都要充分地利用企业内外的信息资源和管理团队的智慧。

工作任务 2-3

运用计划方法

1. 你认为引例中约翰董事长为公司制定的发展目标合理吗？为什么？你能否从本案例中概括出制定目标需要注意哪些基本要求？

2. 约翰董事长的目标制定体现了何种决策和领导方式？其利弊如何？

3. 假如你是托马斯，如果董事长在听取了你的意见后同意重新考虑公司目标的制定，并责成你提出更合理的公司发展目标，你将怎么做？

4. 假定该公司准备通过外部融资的方式来扩大企业规模，以实现更高的经营目标。请你为该公司制定一份商业计划书，报董事会审核。

任务分析：

该案例涉及计划及目标制定方法、组织内部沟通、商业计划书撰写等一系列问题。

操作步骤：

1. 讨论案例中董事长制定目标的合理性，以及制定目标应注意的问题；

2. 提出改进措施；

3. 制定合理的企业发展目标；

4. 基于企业的发展目标撰写商业计划书。

任务四

开展目标管理

引例

职业生涯目标

小艾毕业后四年来一直在一家中型外企供职。刚开始在行政部做助理，半年后调到市场部任广告主管，负责终端宣传物料的广告设计、制作。下面专柜、专卖店经常要海报、POP，而且要得很急，所以常常要广告公司赶时间设计、制作，也不时出现一些设计或印刷上的失误，她往往碍于情面就收了货，结果遭到零售点的多次投诉。半年后，公司又把她调到客户服务中心做文员，文员工作比较清闲，但小艾心里的焦虑和危机感越来越强烈。她知道广告主管的职位并不适合自己，而文员又不可能做一辈子，必须要有所突破或是转型。但是往哪里转？怎样突破？她不知道。她也想再去读一个本科文凭，但是该学什么，她并不清楚。她有时拿一些参考书来看，开始的几天还比较认真，但慢慢就松懈了，一本书3个月也看不完，最后还是不了了之。

小思考

如果你是小艾，你将如何规划自己的职业生涯？

一、目标

任何一个组织要有效地运用其有限的资源，首先必须明确其目标。没有明确的目标，整个组织的活动就是杂乱无章的，更无从评价管理的效率与效果。因此，目标对各个组织而言都起着非常重要的作用。

（一）目标的含义

目标是指一个组织在未来一段时期内期望达到的目的，它反映了组织在特定的时期内，在综合考虑内外部环境条件的基础上，希望某一时期内在履行其使命上能够达到的程度或取得的成效。组织的目标与组织的宗旨不同，宗旨表达的是组织的一种追求，不仅比较抽象，而且也许最终也无法完全实现。如医院的宗旨是救死扶伤，学校的宗旨是教书育人。它是组织的一种使命，说明了该组织存在的根本目的或价值。但仅有宗旨显然不够，需要通过目标的具体化才能转化为组织成员的具体的行动指南。所以目标是一种行动承诺，比宗旨具体，且可操作、可实现、可检验。

（二）目标的特点

1. 目标的差异性

目标的差异性主要体现在不同性质的组织目标有所不同，比如，服务性组织与有形产品生产组织、企业与事业组织，由于它们的组织宗旨不同，因此其组织目标也不同。企业更加注重营利，事业单位则不以营利为主要目标。即使是相同性质的组织，由于自身资源与外部环境不尽相同，其组织目标也可能会有所不同，例如同一行业中的不同企业追求的目标就不完全相同。

2. 目标的多元性

不同的组织会有不同的目标，在同一个组织内部，不同的部门也会有不同性质的多个目标。彼得·德鲁克提出，凡是成功的企业都会在市场、生产力、发明创造、物质和金融资源、人力资源、利润、管理人员的行为、工人的表现和社会责任方面有自己的一定的目标，如表 2-3 所示。

表 2-3　组织的多元目标

组织所面对的公众	基本目标	目标体现
股东	红利	利润
员工	待遇	人均收入
消费者	功能、质量	销售量、质量、品种
竞争者	市场、资源	占有率、核心能力
供应商	货款收回	信誉
社区	环境、贡献	捐赠、环保
政府	税收、守法	税款、计划生育
新闻机构	公开、形象	企业形象

同一组织中，有不同性质的多个目标。组织目标的多元性，是组织为了适应内外部环境要求而导致的必然结果。

3. 目标的层次性

从组织的总战略目标到每一个部门、每一个员工的工作目标，组织目标往往要经过逐层的分解与细化，一般地，组织有多少个管理层次，目标就会经过多少层的分解与细化。从最高层的战略目标，经过部门目标，最后形成岗位目标。从而使得抽象的目标具体化，并成为指导每一个组织成员工作的标准，如图 2-4 所示。

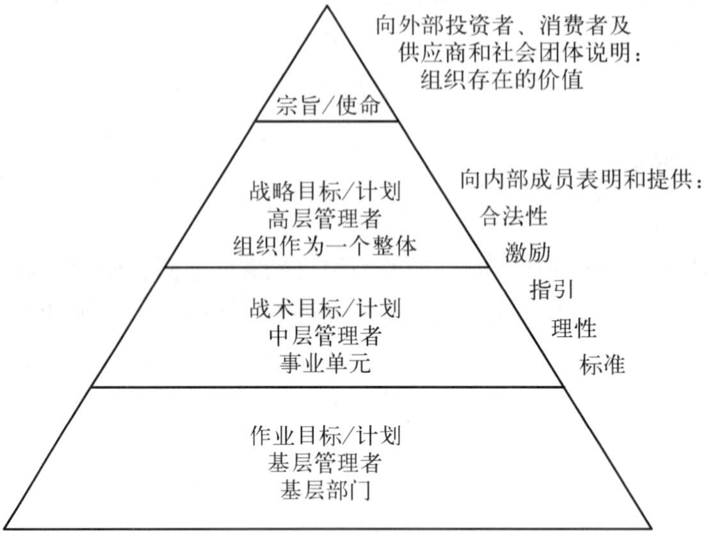

图 2-4 组织目标和计划的层次

4. 目标的先进性

目标的先进性，主要体现在制定的目标要有一定的高度，即起点要高，要求要高，要有一定的难度，如果目标定得太低，员工不需要付出太大的努力就可达到，则不能体现目标的先进性，但目标的先进性要视工作的性质和内容而定，并要充分考虑到员工能否完成，如果目标定得太高，员工们即使是付出了最大的努力也无法达到，那么员工唯一能做的就是放弃努力或干脆不干，反而会适得其反。所以先进的目标应该如同挂在树上的苹果，能得到，但必须付出努力，要跳一跳，甚至要借助于其他工具方可得到，不应该是画中的大饼，永远可望而不可即。另外，目标的先进性还体现在目标的量化，特别是越往基层，目标应该越能定量化，这样才便于考核。

5. 目标的时间性

目标的时间性包含两层含义：一是指要在规定的时间内完成组织目标，所以目标应有完成的时间限制；二是指组织目标应随着时间的变化做出相应的调整，特别是当环境发生较大的变化后，原先制定的目标也应有所变化，体现出目标的弹性，而非目标一旦确定，就一成不变。

（三）目标的设定

1. 目标设定应遵循的原则

（1）设定的目标要遵循市场需求的客观经济规律。每个组织要想较好地生存与发展，并取得社会的认同，就必须体现出自身的社会价值，并能满足一定的社会需求。因此，进行目标的设定时，要把分析社会需求、满足社会需求作为制定目标的前提。

（2）设定的目标要充分体现组织的社会责任。因为在整个社会大系统中，每个组织都是社会的一分子，是社会的基本组织单位，因此，每个组织在考虑自身目标的同时，都应考虑到自身的社会角色，自觉地承担起社会的责任与义务。

（3）设定的目标要有利于组织资源的最优化配置。组织所拥有的资源是稀缺的，有限的，因此，组织在设定目标时要注意将有限的资源作最有效的配置，充分体现效益最佳原则。

（4）设定的目标要有利于调动组织成员的积极性和创造性。目标值的确定必须有切实可行性。在制定目标时要全面分析组织现有的各种资源条件和通过努力能够获得的其他资源条件，并充分考虑各方面可能的创新。既不能脱离实际，凭主观愿望把目标定太高，失去指引和激励作用，使组织成员失去信心；也不能把目标定得过低，不求上进，满足于现状，这样最终会在竞争中被淘汰。

2. 目标的设定步骤

第一步，进行内外部环境与条件分析。全面收集、调查、整理外部环境与内部条件的资料，从而对组织的内外环境的现状、发展趋势、对组织的影响程度作出客观的分析和判断，以此作为确定目标的依据。一般地，组织面临的外部环境包括国家政治体制、经济政策和法规、经济发展水平、人均消费能力等，通过对过去若干年来的发展情况和未来可能的变化趋势分析，明确组织未来发展过程中可以利用的外部资源条件及可能面临的机会与威胁，即明确组织可以做什么。而组织的内部条件分析包括组织自身所拥有的物质资源、资金状况、技术条件、人员素质和管理水平等，通过对这些条件的综合分析，明确组织自身的实力，即组织自身的优劣势，也即明确组织能够做什么。

第二步，明确组织自身的愿景与价值观。即明确管理者的价值观、人生观，组织成员的追求，以及组织群体的价值观。也就是要了解组织成员愿意做什么、愿意做到什么程度。这是进行目标设定的人的意识形态体现。

第三步，提出总体目标方案。通过外部环境给予我们的“可以做什么”，内部条件提供的“能够做什么”以及组织成员潜意识的“愿意做什么”来进行组织目标的逼近，将三者的选择结合起来，取其三者兼而有之的中间范围作为拟定的目标方案。

第四步，评估各种可行方案并确定一个满意方案。按照科学决策的过程进行多方案选择，并确定一个最满意方案作为最终目标的抉择。评估时主要从以下几方面考虑。

限制因素分析：分析哪些因素会影响目标的实现，影响程度有多大，尤其是本组织与竞争对手之间的比较，看能否找到本组织的竞争优势。

综合效益分析：综合分析每个方案带来的效益，注意分析的效益应是多方面的，除了经济效益外，还要分析社会效益，要使组织的价值最大化。

潜在问题分析：对实施每一目标方案时可能会发生的问题、困难和障碍，进行预测性分析，看组织是否有能力去解决这些可能遇到的困难。

第五步，分解总目标，使其具体化。组织的总体目标确定以后，还应将其分解、细化，层层落实，形成一个完整的目标体系。总体目标的具体化体现在两个方面：一是要根据总目标制定出相应的战略目标与战术目标，即首先要明确为了实现总体目标，我们必须要做些什么，然后再进一步确定该怎么去做。二是要将总体目标分解为部门目标与岗位目标，确定组织中各部门、部门中各成员应当做什么以及相应的权力和承担的责任，做到目标落实到人。

二、目标管理

东成印刷公司的目标管理

目标管理是一种程序或方法，它强调对工作的关心与对人的关心的结合，它首先由组织中上下级管理人员与员工一起，根据组织的使命确定一定时期内组织的总体目标，再层层落实，制定各自的分目标，并以此形成组织中所有成员的责任和分目标以及其职责范围，最终用这些目标作为组织进行管理、评估和奖惩的依据。

（一）目标管理的特点

1. 重视人的因素

目标管理重视员工的参与和自我控制，是一种把个人需求与组织目标有机结合的管理制度。它强调由上下级共同确定目标与建立目标体系，下属不再仅仅是被动地执行目标，而是目标的制定者。这样不仅能使组织目标更符合实际，更具有可行性，而且能激发起员工的工作热情、积极性与创造性，使员工能从工作中享受到工作的满足感和成就感。在这种制度下，上下级之间是平等、尊重、信赖与支持的关系，而下级在承诺目标和被授权后是自觉的、自主的和自治的。

2. 建立目标的系统管理

目标管理通过专门设计的过程，将组织的整体目标层层分解，转换为各部门、各员工的分目标。从组织目标到经营单位目标，再到部门目标，最后到个人目标。在目标的分解过程中，权、责、利三者已经明确且相互对称。这些目标方向一致，环环紧扣，相互配合，形成协调统一的目标体系。只有每个成员完成了自己的分目标，组织的总体目标才可能完成。

3. 重视成果导向

目标管理以制定目标为起点，以目标完成情况的考核为终结。工作成果是评定目标完成程度的标准，也是人事考核和奖惩的依据，成为评价管理工作绩效的唯一标志。至于完成目标的具体过程、途径与方法，上级并不过多干预。所以，在目标管理制度下，监督的成分很小，而控制目标实现的能力却很强。

（二）目标管理的实施步骤

目标管理的具体操作分为三个步骤：目标的设置与展开；过程管理；成果评价。

1. 目标的制定与展开

这是目标管理最重要的一步，一般先由高层管理者根据组织的特点、优势与劣势以及组织面临的机会与威胁，确定组织在未来一定时期内的总体目标任务，再逐步展开，确立下级的目标。当然，为了使每个目标都有合适的人负责，在确立下级的目标时，首先要让下级参与到目标的制定中，使确定的目标能得到员工的认同，要与下级共同商量确立下级的分目标，并就实现目标所需要的条件及实现目标后的奖惩事宜达成一致意见。同时，分目标确定后，相应地要授予下级相应的资源配置的权力，真正体现权责利三者的统一。

制定的分目标要尽可能量化，便于考核；分目标既要有挑战性，又要有实现可能；每个员工和部门的分目标要与其他员工或部门的分目标协调一致，支持组织目标的实现。

2. 实现目标的过程管理

目标管理强调结果，重视员工的自我控制，但并不等于管理者就不应该管或就可以不管，相反，由于制定的目标是环环相扣的，牵一发而动全身，一旦在某个环节上发生失误，会影响整个目标的实现，而且管理者要对员工的工作失误负最终责任，因此，管理者在目标实施过程中的管理与控制是不可或缺的。

3. 成果的考核

到了规定期限后，下级首先提交书面报告，进行自评，然后上下级一起根据预先设定的目标和奖惩条例进行考核，给予相应的奖励或惩罚。如果未完成目标，应分析其原因，总结经验教训，为下一轮的目标制定提供参考。

（三）目标管理的优缺点

1. 目标管理的优点

目标管理作为一种行之有效的管理方法，受到国内外许多企业的青睐。

通过目标管理，可使各项工作都有明确的目标与方向，从而避免了工作的盲目性，避免“磨洋工”和做无用功。

目标管理调动了员工的主动性、积极性和创造性，同时由于强调自我控制，自主管理，并将个人利益与组织利益紧密联系在一起，因而提高了员工的士气。

目标管理有助于实现有效控制，解决了控制中控制标准和控制手段等难点问题，使控制工作落到了实处。

目标管理强调员工的参与，促进了上下级之间的关系改进与交流，改善了人际关系，有助于增强全体组织成员的团结合作精神与内部凝聚力。

2. 目标管理的缺点

在实际工作中，目标管理方法也存在一些问题，主要表现在以下几个方面：

目标难以制定。因为目标的影响因素很多，若干个目标之间也难以平衡，而且目标的确定过程耗时耗力，使得组织内的许多目标难以定量化、具体化。因而在实际工作中，有的组织就走形式主义，草率从事，把目标管理变成了一种数字游戏。

在监督不力的情况下，目标管理所要求的承诺、自觉和自主难以达到，从而使得目标管理的效果难以保证。

目标管理强调全体员工的共同参与，强调员工、部门、组织的协调一致；目标管理注重成果的考评，注重结果与奖惩的挂钩。因而容易使得部门、个人只关注自身目标的实现，而忽略相互协作与组织总体目标的实现，滋长本位主义和急功近利思想。

不能按目标成果兑现奖惩。目标管理强调最终考核时要以目标的完成情况来对照奖惩协议给予相应的奖励或处罚。但是当完成的结果远远出乎预料时，比如，当员工超额完成目标时，管理者不愿多奖励；或者当员工未达到规定的目标时，碍于人情，惩罚措施也落不到实处。这样就会使目标管理流于形式。因此，在实行目标管理法时，要建立、健全各项规章制度，改进领导作风和工作方法，使目标管理的推行建立在一定的思想基础和科学管理基础上；要长期坚持，常抓不懈，不断完善，使目标管理发挥预期的作用；要提高员工的职业道德水平，培养合作精神。开始实行目标管理时，目标方案的制定应尽可能完备，以保证事后奖惩的公正性。方案一旦确定，就应该具有严肃性，坚决执行，不能随意更改。

引例解析

案例是个人目标规划的例子。就企业或组织而言，目标管理是比较复杂的沟通协调过程。在目标的制定、实施、反馈全过程中强调全体员工的共同参与，强调员工、部门、组织的协调一致；目标管理注重成果的考评，注重结果与奖惩的挂钩。

工作任务 2-4

开展目标管理

为自己所在的学习团队或小组制定一份目标管理计划，规定未来一个月内要完成的工作和实现的目标。并互相监督执行。

任务分析：

本任务将让同学们完整地体验目标管理全过程，特别是在沟通协作过程中实施和完成目标管理任务。

操作步骤：

1. 目标制定；
2. 过程管理；
3. 结果评价。

项目三

组织与人力资源

知识目标

1. 理解组织价值观对组织发展的重要意义。
2. 掌握组织职能及其设计原理。
3. 掌握组织人力资源管理的各个要素。

能力目标

1. 能够根据组织职能设计组织结构。
2. 能够有效开展管理人员选聘工作。
3. 能够根据岗位特点制定绩效考核标准。

素养目标

1. 结合组织文化学习提高自身职业素养。
2. 强化团队意识和协作精神。
3. 从绩效考核原理学习中增强自我约束意识，理解各类组织管理意图。

典型工作任务

1. 设计组织结构。
2. 开展员工配备。
3. 实施绩效管理。

任务一

了解组织

引例

京东的人才战略观

京东是中国自营式电商企业，创始人为刘强东。旗下设有京东商城、京东金融、拍拍网、京东智能、O2O及海外事业部等。京东是目前中国很成功的电子商务企业之一。

京东为什么有这样迅速的成长呢？第一是企业文化深入人心，第二是价值观贯彻彻底。京东的价值观不只是口号，拿来挂在墙上、写在文件里，这些价值观从京东13年的实践中提炼出来，深入每一个人的心底，成为每一个京东人的行为准则和一切管理的准则。这是京东事业成功的前提和基础。

自2016年起京东的业务分为三大板块，大家购物的平台“京东商城”作为电商板块一部分；2015年推出“京东到家”O2O的手机端应用，你身边两千米以内的各种超市、家政洗衣等服务两个小时之内送上门。第二个板块，金融板块有“京东金融”和“京东保险”，其中供应链金融、消费金融、众筹等业务已经风生水起，今年1月份成功融资10亿美元，未来还会涉足保险行业。第三个板块“京东技术”，也是依托电商平台的发展顺理成章地成长为独立业务集团，未来必将成为京东业务强有力的增长点之一。

2014年10月，亚洲最大的自动化仓储中心“亚洲一号”在上海投入运营，在广州、武汉还有同样的“亚洲一号”自动化仓储系统。如果没有“亚洲一号”，以上海、广州的交易量，一个地方要建两个同规模仓库，每个仓库用工在1 000人以上，日均处理单量3万～5万单；现在“亚洲一号”投入使用之后，只需要一个仓储中心，员工数量减到500人左右，日均处理单量达到10万～11万单，还不是峰值单量。同时，“亚洲一号”从客户下单到配货完成的处理速度，也从原来的1个多小时提高到40分钟左右，这就是京东为什么可以承诺“211”的送达服务时间。京东利用技术不断提升客户的满意度和内部的运营效率，未来还将会有无人机送货、无人仓库等更新的技术手段，例如专业机器人的应用。

京东总监级以上的高管无论哪个岗位，都有三条绩效考核的基本指标：① 每年必须为本团队或其他团队提供价值观培训，至少做一次，要去分享自己对公司价值观的认知，讲授也是对自己最好的培训。② 京东大促期间所有高管都要到一线去支援，做最基层的工作，去亲身体验“客户至上”如何在基层被体现和贯彻。③ 每个高管都有价值观积分卡，他们根据员工的表现和行为，针对看到的细节，分发价值观积分卡作为奖励和表彰的一部分，而员工的积分卡在年底可以兑换得到各种奖励。

在京东，每一项管理政策具体并且落地，这是2016年刚刚颁布的“京东人事管理八项原则”，大部分规定都为选人、用人、培养、淘汰等人才发展各个环节奠定了制度基础。

京东的HR三年战略为员工提供了长期的、方向性的目标，2016年整个京东HR定位于“授权、赋能、激活、找边界”。2015年年中，京东成立了集团并相应进行了子集团分拆，集团与子集团之间对于人、事、资源的审核、使用、分配出现了新的变化，组织管理的复杂程度也相应变高了，但京东的快速发展需要让一线能听得到炮火的人做决策，给予他们授权的同时要确保其能力能做到他需要做的事情，京东也希望通过授权赋能激活组织的动力，更加敏捷联动，同时需要掌握这个边界在哪里，怎样把握好尺度。

在京东，人才发展始终是一个系统性的全局工作，OD、TD、京东大学协同前进，OD会系统化地进行组织有效性的诊断，以及组织价值分析，和TD、京东大学一起分析企业未来需要什么人才。TD的团队着眼于人才识别和选拔，通过“全面的开门盘点、述职评审”等制度，并对未来所需要的核心人才进行选拔和针对核心能力的培养方案进行制定。京东大学关注于各级员工在目前岗位的胜任能力打造，同时协同TD团队进行面向未来战略人才的培养项目落地。

很多项目都是京东正在开展或者已经开展很久的，如国际管培生项目（TET）、校园招聘项目（JDstar），都是目前已经产生实效的人才发展项目。京东自己培养的国际管培生，经过多年的轮岗、培训等全方面发展，目前在京东的全球购、金融众筹等新兴业务部门成为几十亿元、几百亿元生意的掌门人。类似这样的战略人才培养项目还有更多。

小思考

京东的人才战略体现了什么样的人力资源与组织理念？

组织工作常见名词

一、组织的含义

（一）组织定义

在管理理论和实践发展演变过程中，管理学家提出过众多关于组织的理论，这些理论对组织概念的解释有两种：一是把组织理解为一个单位或团体，是名词，如在进行某项调查过程中征求“组织”意见，另一种是把组织理解为使某项活动正常进行下去所做的一切工作或安排，是动词，例如我们常说这项活动“组织”得很好。组织的含义还可以从静态与动态两个方面来理解。从静态方面看，指组织结构，即：反映人、职位、任务以及它们之间的特定关系的网络。从动态方面看，指维持与变革组织结构，以完成组织目标的过程。

弗里蒙特·E. 卡斯特是系统管理学派的主要代表人物，他对组织的定义是：一个属于更广泛环境的分系统，并包括怀有目的并为目标奋斗的人们；一个技术分系统——人们使用的知识、技术、装备和设施；一个结构分系统——人们在一起进行整体活动；一个社会心理分系统——处于社会关系中的人们；一个管理分系统——负责协调各分系统，并计划与控制全面的活动。组织的定义有很多，人们对组织的认识仍处于不断深入的过程中，随着人类管理实践的向前发展，人们的认识还会进一步演变和深化，但这并不妨碍人们对组织的理解。

（二）组织要素

根据组织表现出的性质，可以将组织的构成要素归纳为：组织环境、组织目的、管理主体和管理客体。这四个基本要素相互结合，相互作用，共同构成一个完整的组织，如图 3-1 所示。

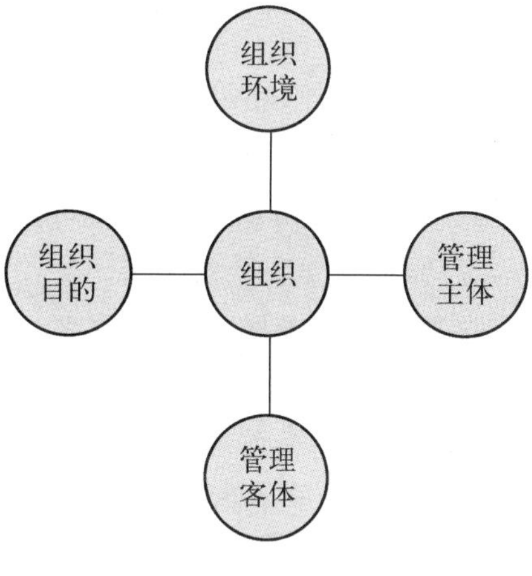

图 3-1　组织的构成要素

1. 组织环境

组织环境是指存在于组织的内部和外部，对企业的经营方式具有潜在影响力的一系列因素和条件的集合，这些因素随着时间的变化而变化，在这个过程中，为组织管理者创造了机会，也带来了挑战。组织环境是组织的必要构成要素。组织是一个开放系统，组织内部各层级、部门之间和组织与组织之间，每时每刻都在交流信息。任何组织都处于一定的环境中，并与环境发生着物质、能量或信息交换关系，脱离一定环境的组织是不存在的。组织是在不断与外界交流信息的过程中，得到发展和壮大的。所有管理者都必须高度重视环境因素，必须在不同程度上考虑到外部环境，如经济的、技术的、社会的、政治的和伦理环境等，使组织的内外要素互相协调。

小案例

斗鱼运营模式

近年来，互联网营商环境和商业模式发生了很大变化。网络直播越来越受到年轻群体的追捧，直播平台也随之如雨后春笋般涌现。其中，斗鱼直播平台的运营模式备受关注。斗鱼直播平台作为国内首家电竞直播平台，成功打造出了一种广受好评的粉丝运营模式。

首先，斗鱼直播平台以电竞直播为核心，发掘并培养卖家、达人等人才资源，打造了一大批高质量的电竞主播，为电竞爱好者和玩家提供了用眼睛和观众席支持自己喜爱的电竞大赛的机会。

其次，斗鱼直播平台运用了分层次的用户结构，掌握用户需求，为不同类型的用户提供个性化的服务。例如，斗鱼直播平台为不同粉丝提供不同的运营服务。不同层次的会员有不同的优惠折扣、档次的礼物等，并对不同的用户等级进行差别化的关照，这一系列运营策略都是为了更好地满足用户需求，引导和留存用户。

再次，斗鱼直播平台重视弹幕互动，设立了一系列弹幕互动玩法，提升了观赏电竞比赛的乐趣和交流性。弹幕互动玩法拉近了用户与主播之间的距离，增强了互动性，同时也在潜移默化之间提升了用户黏性。

最后，斗鱼直播平台依托于科技手段，优化自身体验。例如，斗鱼无插头直播技术与画质优化技术的应用，为用户提供了更佳的观赏体验，同时也让平台的播放速度得到了提升；该平台还推出了连麦功能和直播回放等特色功能，让用户可以与主播实时交流，以及回看已播放过的节目，进一步提升了用户的参与感。

总之，斗鱼直播平台以先进技术为载体，以全方位的营销策略和用户互动为龙头，以电竞直播为核心，不断践行着“用户体验至上”的理念。

2. 组织目的

组织目的是组织所有者的共同愿望，是得到组织所有成员认同的。任何一个组织都有其存在的目的，建立一个组织，首先必须有目的，然后建立组织的目标，如果没有目的，组织就不可能建立。已有的组织如果失去了目的，这个组织也就名存实亡，而失去了存在的必要。例如企业组织的目的，就是向社会提供用户满意的商品和服务，从而为企业创造尽量多的利润。政府行政部门的目的是提高办公效率，更好地为广大市民服务。

3. 管理主体

管理主体是指具有一定管理能力，拥有相应的权威和责任，从事现实管理活动的人或机构，也就是通常所说的管理者。任何一个组织或组织活动中管理主体都是必不可少的，否则就无从实现组织目标。

4. 管理客体

管理客体是指管理过程中在组织中所能预测、协调和控制的对象，即人、财、物等。管理主体与管理客体之间的相互联系和相互作用构成了组织系统及其运动，这种联系和作用是通过组织这一形式而发生的。

管理主体相当于组织的施控系统，管理客体相当于组织的受控系统。组织是管理主体与管理客体依据一定规律相互结合，具有特定功能和统一目标的有序系统。

二、组织工作的原则

设计、建立和调整合理的组织结构，都是为了更有效地实现组织目标。长期以来，管理学者及管理工作者进行过许多有益的探索和研究，一般来说，进行有效的组织工作应遵循以下基本原则。

（一）目标统一原则

组织结构的设计和组织形式的选择必须有利于组织目标的实现。任何一个组织都与既定的组织目标有密切关系，否则就没有存在的意义。例如，如果一个企业组织目标是“盈利”，那么它的组织机构，如生产、研发、营销、财务、人事等，都是围绕实现盈利目标而设置的。同样道理，每一个机构又有自己的分目标来支持总目标的实现，这些分目标又在成为机构进一步细分的依据。为此，目标层层分解，机构层层建立，直到每一个人都了解自己在总目标中应完成的任务，这样建立起来的组织机构才是一个有机整体，才能为保证组织目标的实现奠定基础。

（二）分工协作原则

分工与协作是社会化大生产的客观要求。组织工作要坚持分工与协作的原则，是指分工要合理，协作要明确，对于每个部门和每个职工的工作内容、工作范围、相互关系、协作方式都应有明确规定。具体来说，分工就是按照提高管理专业化程度和工作效率的要求，把组织的目标分成各级、各部门乃至每个人的目标和任务，使组织的各个层次、各个部门、每个人都了解自己在实现组织目标中应承担的工作职责和拥有的职权。协作包括部门之间和部门内的协作。

（三）有效管理幅度原则

由于受个人精力、知识、经验条件的限制，一名管理者能够有效管理的直属下级人数是有限的。有效管理幅度不是一个固定值，它受职务的性质、人员的素质、职能机构健全与否等条件的影响。这一原则要求在进行组织设计时，领导人的管理幅度应控制在一定水平，以保证管理工作的有效性。由于管理幅度的大小同管理层次的多少呈反比例关系，这一原则要求在确定企业的管理层次时，必须考虑到有效管理幅度的制约。

（四）权责一致原则

权责一致原则是指在组织设计中，每一个职位的职权应当与职责相匹配，职权越大，其职责越大。组织中的每一个部门和职位都是为完成一定的工作而设计的。要完成一定的任务，就必须要有权力支配一定的资源，这就表现为职权。在组织中支配的资源越多，职权也就越大，自然对组织目标实现的影响也就越大。如果要保证资源合理、有效地利用，使每一件事情都能做得最好，每一个拥有职权的人就必须承担相应的责任，以便对资源的支配形成必要的约束。实践证明，没有责任的权力就是没有约束的权力，最终会导致权力的滥用。

（五）统一指挥原则

统一指挥原则可表述为：组织的各级机构以及个人必须服从一个特定上级的命令和指挥，只有这样，才能保证命令和指挥的统一，避免多头领导和多头指挥，使组织最高管理部门的决策得以贯彻执行，根据这一原理，上级指令从上到下逐级下达，不允许发生越级指挥的现象，下级只接受一个上级的领导，只向一个上级汇报并向他负责，这样，上下级之间就形成了一个“指挥链”。在这个指挥链上，上级能了解下属情况，下属也容易领会上级的意图。按照统一指挥原理去办，就可做到政令畅通，提高管理工作的有效性，而那些由于“多头领导”和“政出多门”所造成的混乱就可以避免。

统一指挥原则在实践中可能会出现一些问题，如缺乏横向联系和必要的灵活性等。为弥补这一缺陷，在应用中往往还规定主管人员有必要的临时处置和事后汇报权，其依据的原则是“法约尔跳板”。这个原则规定，根据统一指挥的原理，上级可授权下级相互之间进行直接的联系，但必须将行动结果报告各自的上级，这样才不至于削弱而是有助于统一指挥的实施。

（六）集权与分权相结合原则

随着社会生产力的发展和分工协作的深化，分权和集权都在发展。首先，技术的进步使协作劳动更加紧密，分工更加细致，协调更加重要，集中统一指挥与管理的需要也就更为迫切，只有这样才能保证组织中各个部门的协调配合，最合理地利用组织的各种资源，从这个角度看，集权的要求不言而喻。另一方面，技术进步和环境变化同时要求组织具有更大的灵活性与适应性，要求组织的权力适当分离，以增加组织的应变能力，这就是分权的趋势。

究竟是集权还是分权，没有绝对的答案，因为集权与分权各有利弊。组织设计一定要将集权与分权有机地结合起来，这是一个管理艺术问题，一般来说，环境变化大，组织生存问题突出，在组织设计时应当多考虑集权，而当环境较为宽松，把组织的发展问题放在首位时，可以较多地考虑分权。

管理故事

宓子贱放权

孔子的学生宓子贱有一次奉命担任某地方的官吏。当他到任以后，却时常弹琴自娱，不理政事，可是他所管辖的地方却治理得井井有条，民兴业旺。这使得那位地方卸任的官吏百思不得其解，因为他每天即使起早摸黑，从早忙到晚，也没有把地方治理好。于是他请教宓子贱："为什么你能治理得这么好？"宓子贱回答说："你只靠自己的力量去进行，所以十分辛苦，而我却是借助别人的力量来完成任务。"

现代企业中的有些领导人，喜欢把一切大小事包揽在自己身上，事必躬亲，管这管那，从来不放心把一件事交给手下人去做，这样，会使他整天忙忙碌碌不说，还会被公司的大小事务搞得焦头烂额。其实，一个聪明的领导人，应该是宓子贱那样能正确地利用部属的力量，发挥团队协作精神，不仅能使团队很快成熟起来，同时，也能减轻管理者的负担。

在公司的管理方面，要相信少就是多的道理：你抓得少些，反而收获就多了。管理者，要管头管脚（指人和资源），但不能从头管到脚。

（七）精干高效原则

精干高效既是组织设计的原则，又是组织联系和运转的要求。任何一种组织形式，都必须将精干高效原则放在重要地位。精干高效原则可以表述为：在服从由组织目标所决定的业务活动需要的前提下，力求减少管理层次，精简管理机构和人员，充分发挥组织成员的积极性，提高管理效率，更好地实现组织目标。但是精干不等于越少越好，要能保证需要的最少。精干高效原则，要求人人有事干，事事有人管，保质又保量，负荷都饱满。我国的公务员队伍现有精简的空间，新的科技工具可以承担起许多原有的工作。同时，政府还可以向社会购买服务，不一定什么事都要自己干，很多时候外包给社会上的专业机构反而成本更低效果更好。

（八）稳定性与适应性相结合原则

组织目标会调整，组织本身也会发展，组织所处的环境也会发生变化，这都需要组织结构做出适当的调整，以便组织结构能够与之相适应。实践表明，相对稳定的环境有利于人们形成一个稳定预期，从而安心地工作。变动的环境则容易产生不确定的预期，使人们没有安全感，工作的积极性也会受到影响。所以，稳定性和适应性相结合原则要求组织设计时，注意稳定性与适应性相结合，既让组织保持一定的灵活性，能够适应组织本身以及环境的变化，又要保持相对稳定。既要保证组织在外部环境和企业任务发生变化时，能够继续有序地正常运转；同时又要保证组织在运转过程中，能够根据变化了的情况做出相应的变更，组织应具有一定的弹性和适应性。

（九）均衡性原则

均衡性原则可表述为：同一级机构、人员之间在工作量、职责、职权等方面应大致平衡，不宜偏多或偏少。苦乐不均、忙闲不均等会影响工作效率和人员的积极性。各部门业务量的均衡，有助于内部的平衡与分工。均衡性原则要求在组织工作中合理均衡地进行工作分配。

管理人物

任正非

任正非，男，汉族，1944 年 10 月 25 日出生于贵州省镇宁县，祖籍浙江省浦江县，毕业于重庆大学，华为技术有限公司主要创始人，现任华为技术有限公司董事、首席执行官（CEO）。

1991 年 9 月，华为租下深圳宝安县蚝业村工业大厦三楼作为研制程控交换机的场所，五十多名年轻员工跟随任正非开始了他们充满艰险和未知的创业之路，他们把整层楼分隔为单板、电源、总测、准备四个工段，外加库房和厨房。人们在机器的高温下挥汗如雨夜以继日地作业，设计制作电路板、话务台，编写软件，调试、修改、再调试。在这样的情况下，任正非几乎每天都到现场检查生产及开发进度，开会研究面临的困难，分工协调解决各式各样的问题。赶到吃饭时间，任正非和公司领导就在大排档同大家聚餐，由其中职位最高的人自掏腰包请大家吃饭。后来，华为公司总部搬到了深圳龙岗坂田华为工业园。华为熬过了创业的艰苦岁月。

2001 年之后，任正非任命洪天峰为公司的首席运营官（COO），具体负责公司的日常业务，以便自己能够抽身出来，更多地去思考华为的未来。2003 年华为开始尝试集体决策的机制，由执行管理团队（EMT）负责公司的运营管理决策。

作为华为的创始人，任正非理性而充满自信的言论，无疑有着稳定人心、维护企业平稳运转的积极作用。从更大的意义讲，任正非以一位中国企业家的身份，身体力行地传播着现代企业精神，重申了一些人容易遗忘的常识，为中国企业面对外部压力如何保持定力树立了榜样。(《中国青年报》评）

中国历来都不缺乏政治家、企业家，但从来都缺乏真正的商业思想家——在当代中国，任正非算是一个。(田涛、吴春波《下一个倒下的会不会是华为》评）

任正非是一个为了观念而战斗的硬汉。(《时代周刊》评)

在中国的悠久历史上，算得上是科学天才的有一个杨振宁，算得上是商业天才的有一个任正非。其他的天才虽然无数，但恐怕不容易打进史书去。(经济学家评)

任正非，作为华为创始人，用实际行动重新定义了中国企业家精神。他的创业故事激励着无数企业家搏杀奋斗。他和他缔造的企业一样沉稳低调，历经沉浮坎坷，却最终披荆斩棘，登上了个人意志和时代的巅峰。(中央人民广播电台评)

任正非在43岁时才开始创业，不惑之年始见春，一手把山寨公司变成了震惊世界的科技王国，同时创立了开中国企业先河的企业治理大法。在判断企业市场时又极具预见性，在企业繁花似锦的时候却说这很可能是企业的“寒冬”。(魏昕《任正非的真实世界》评)

引例解析

近年来，互联网企业“野蛮生长”的态势有所放缓，业内领军企业分化严重。京东能够进一步巩固自身市场地位，与其特色鲜明的组织文化和价值观有很大关系。此外，京东还不断优化组织结构、加强人才梯度建设、完善培训体系，在人力资源上为组织的发展提供了强有力的保证。

工作任务 3-1

识别某企业组织要素

任务分析：

从组织要素的四个方面分析某企业的构成要素。

操作步骤：

1. 选择某一企业组织；
2. 收集企业组织各方面资料，包括所在行业信息等；
3. 分析其组织环境、组织目标、管理主体、管理客体。

任务二

设计组织结构

引例

变与不变之争

一整天的公司高层例会结束后，王总经理不禁陷入沉思。

例会由王总主持、几位副总经理参加。原本他就想商谈一下公司今后的发展方向问题，不过会上的意见争执却出乎自己的预料。很明显，几位高层领导在对公司所面临的主要问题和下一步如何发展的认识上，存在着明显的分歧。

作为公司创业以来一直担任主帅的王总在成功的喜悦与憧憬中，更多了一层隐忧。在今天的高层例会上，他在发言时认为公司成立已经6年，回过头来看，过去的发展道路基本上是正确的。但也面临着许多新问题，如组织管理中管理信息沟通不及时，各部门协调不力；战略发展是否应坚持多元化等。

管理科班出身、主管公司经营与发展的周副总经理认为公司成长到今天，人员在膨胀，组织层级过多，部门数量增加，这在组织管理上出现了阻隔。现有的直线职能制组织结构已不能适应公司的发展，所以进行组织变革是必然的，问题在于应该构建一种什么样的组织机构以适应企业发展的需要。

主管财务的大管家曹副总经理认为，公司要走出目前的困境，关键是要强化内部管理，特别是财务管理。现在公司的财务管理比较混乱，各个分部独立核算后，都有了自己的账户，总公司可控制的资金越来越少。如果要进一步发展，首先必须做到财务管理上的集权，该收的权力总公司一定要收上来，这样才有利于公司通盘考虑，共同发展。

高层会议各领导的观点在公司的管理人员中间亦引起了争论，各部门和下属公司也产生了各自的打算：房地产开发部要求开展铝业装修，娱乐部想要租车间进行服装设计，物业管理部提出经营园林花卉的设想。甚至有人提出公司应介入制造业，成立自己的机电制造中心。

小思考

组织结构与业务如何有效匹配才能有利于组织发展？

一、组织结构设计的主要内容

组织结构设计是指建立或改造一个组织的过程，即对组织活动和组织结构的设计和再设计，是把任务、流程、权力和责任进行有效的组合和协调的活动。管理者在进行组织结构设计时，必须考虑六个方面的内容：工作专门化、部门化、命令链、控制跨度、集权与分权、正规化。实际上，在进行组织结构设计时这六个方面是逐步进行的，如图 3-2 所示。

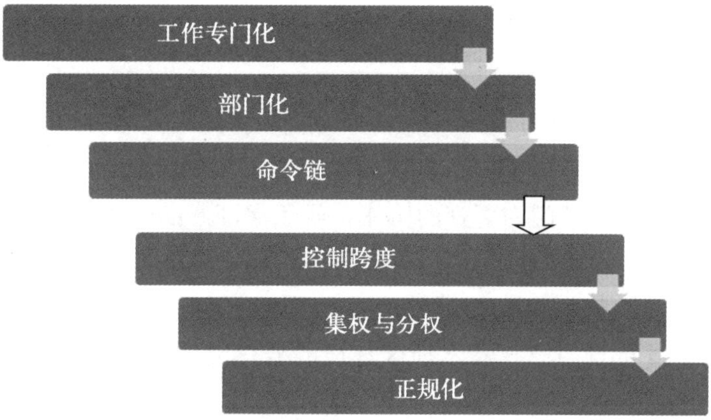

图 3-2 组织结构设计的主要内容

（一）工作专门化

工作专门化是指组织把工作任务划分成若干步骤来完成的细化程度，是从纵向来对组织机构进行划分，其实质是：一个人不是承担一项工作的全部，而只是完成工作中的某一步骤或某一环节。

20 世纪初，亨利·福特通过建立汽车生产线而富甲天下，享誉全球。他的做法是，给公司每一位员工分配特定的、重复性的工作，例如，有的员工只负责装配汽车的右前轮，有的则只负责安装右前门。通过把工作分化成较小的、标准化的任务，使工人能够反复地进行同一种操作，福特利用技能相对有限的员工，一条生产线每 10 秒钟就能生产出一辆汽车。福特的经验表明，让员工从事专门化的工作，生产效率会提高。

【做中学】 请为当地一家知名的产供销一体的服装公司进行工作任务划分。

（二）部门化

1. 部门和部门化

部门是指组织中管理人员为完成规定的任务有权管辖的一个特定领域。部门化是将若干职位组合在一起的依据和方式。它是将组织中的活动按照一定的逻辑安排，划分为若干个管理岗位。

2. 部门化的主要形式

（1）职能部门化。这是最普遍采用的一种划分方法。即按专业化的原则，以工作或任务的性质为基础来划分部门。职能部门化按重要程度可分为：基本的职能部门和派生的职能部门。职能部门一般有：生产、工程、质量、销售、财务部门等。派生的职能部门有：如生产部门中的设计科、工艺科、生产计划科、设备动力科、安全科、调度室、制造车间等。职能部门化的优点是：有利于专业人员的归口管理；易于监督和指导；有利于提高工作效率。缺点是容易出现部门的本位主义，决策缓慢、管理较散，较难检查责任与组织绩效。

（2）产品部门化。按组织向社会提供的产品来划分部门。如：家电企业可能会依据其产品类别划分出彩电部、空调部、冰箱部、洗衣机部等部门。产品部门化的优点是：提高决策的效率；便于本部门内更好的协作；易于保证产品的质量和进行核算。缺点是容易出现部门化倾向；行政管理人员过多，管理费用增加。

（3）地区部门化。按地理位置来划分部门。如：跨国公司依照其经地区划分的各个分公司。地区部门化的优点是：对本地区环境的变化反应迅速灵敏；便于区域性协调；利于管理人员的培养。缺点是与总部之间的管理职责划分比较困难。

（4）过程部门化。按完成任务的过程所经过的阶段来划分。如：机械制造企业划分出铸工车间、锻工车间、机加工车间、装配车间等部门。过程部门化的优点是：能取得经济优势；充分利用专业技术和技能；简化了培训。缺点是部门间的协作比较困难。

（5）顾客部门化。按组织服务的对象类型来划分部门。如：银行为了不同的顾客提供服务，设立了商业信贷部、农业信贷部和普通消费者信贷部等。顾客部门化的优点是有针对性地按需生产、按需促销。缺点是只有当顾客达到一定规模时，才比较经济。

【做中学】 请为当地一家知名的产供销一体的服装公司进行部门划分。

（三）命令链

命令链的概念曾经是组织设计的基石，但今天它的重要性大大降低。不过在决定如何更好地设计组织结构时，管理者仍需考虑命令链的意义。

命令链是一种不间断的权力路线，从组织最高层扩展到最基层，澄清谁向谁报告工作。它能够回答员工提出的这种问题：“我有问题时，去找谁？”“我对谁负责？”

时代在变化，组织设计的基本原则也在变化。随着电脑技术的发展和给下属充分授权的潮流的冲击，现在，命令链概念的重要性也大大降低了。

（四）控制跨度

一个主管可以有效地指导多少个下属？这种有关控制跨度的问题非常重要，因为在很大程度上，它决定着组织要设置多少层次，配备多少管理人员。在其他条件相同时，控制跨度越宽，组织效率越高。

近几年的趋势是加宽控制跨度。加宽控制跨度，与各个公司努力降低成本、削减企业一般管理费用、加速决策过程、增加灵活性、缩短与顾客的距离、授权给下属等的趋势是一致的。但是，为了避免因控制跨度加宽而使员工绩效降低，各公司都大大加强了员工培训的力度和投入。管理人员已认识到，自己的下属充分了解了工作之后，或者有问题能够从同事那儿得到帮助时，他们就可以驾驭宽跨度的控制问题。

（五）集权与分权

集权化是指组织中的决策权集中于一点的程度。一般来讲，如果组织的高层管理者不考虑或很少考虑基层人员的意见就决定组织的主要事宜，则这个组织的集权化程度比较高。相反，基层人员参与决策程度越高，或他们能够自主地作出决策，组织的分权化程度就越高。

近年来，分权化趋势比较突出，这与使组织更加灵活和主动地作出反应的管理思想是一致的。在大公司中，基层管理人员更贴近生产实际，对有关问题的了解比高层管理者更翔实。因此，目前国内外的大型零售公司，在库存货物的选择上，就对他们的商店管理人员授予了较大的决策权。

（六）正规化

正规化是指组织中的工作实行标准化的程度。如果一种工作的正规化程度较高，就意味着做这项工作的人对工作内容、工作时间、工作手段没有多大自主权。人们总是期望员工以同样的方式投入工作，能够保证稳定一致地产出结果。在高度正规化的组织中，有明确的工作说明书，有繁杂的组织规章制度，对于工作过程有详尽的规定。而正规化程度较低的工作，相对来说，工作执行者和日程安排就不是那么僵硬，员工对自己工作的处理权限就比较宽。

总而言之，在设计组织结构时管理者需要回答六个关键问题，如表 3-1 所示。

表 3-1 在设计适当的组织结构时管理者需要回答的 6 个关键问题

关 键 问 题	答案提供
1. 把人分解成各自独立的工作应细化到什么程度？	工作专门化
2. 对工作进行分组的基础是什么？	部门化

续　表

关键问题	答案提供
3. 员工个人和工作群体向谁汇报工作？	命令链
4. 一位管理者可以有效地指导多少个员工？	控制跨度
5. 决策权应该放在哪一级？	集权与分权
6. 应该在多大程度上利用规章制度来指导员工和管理者的行为？	正规化

知识拓展

流程与组织结构：孰为主次

甲说：“是流程决定组织结构”还是“组织结构决定流程”？

乙说：高阶流程决定组织结构，高阶流程和组织结构一起决定低阶流程，两者是同步交叉完善的。

“是流程决定组织结构”还是“组织结构决定流程”。企业总会一次次发布组织结构、确定部门职责、确定岗位职责，也会梳理流程、写流程文件、画流程图，那么两者是什么关系呢？

业务流程再造之父哈默说，“流程决定组织结构”，在他的叙述思路中，创造价值的是流程，而组织结构只是创造价值的手段，因此流程决定组织结构。

也有人认为“组织结构决定流程”，他们的观点是如果组织结构还没确定、岗位与人的对应还没有建立，那么谁出来制定流程呢？如果将流程上的活动比作一个个珠子，把流程比作一根线串起了多个活动的“珠子”，那么就必须先把“珠子”准备好才可以穿线。

其实，对于企业 / 组织里的经理人来说，两者不是那么泾渭分明，往往交叉穿梭。企业高层在拟定新的组织结构图的时候，往往在头脑中勾勒出一种新的价值创造模式（如果画出来其实就是企业的高阶流程、企业的新的价值链模型）。高层会用组织结构来表达这种改变进而实现变革的意图。由此，可以将这种“先有高阶价值链的意图”后有“组织结构图”的做法，归纳为一句话是“高阶流程决定组织结构”。

然后，组织结构的发布，部门名称和部门经理的人选确定、岗位大体明晰了，新组织结构中会出来一些人来建立流程、制定流程文件，串起“珠子”，注意这种流程文件是比较具体的，是关于“这个岗位和那个岗位工作怎么流转配合”的，是指导具体业务操作的，较之高阶价值链是相对低阶的。制定这种流程文件时，一般就不会涉及部门名称的变更了（已经在组织结构图中确定），最多是涉及一些岗位名称的再优化。鉴于此，AMT 咨询归纳一句话是“高阶流程和组织结构一起决定低阶流程”。

流程与组织结构，两者是同步交叉完善的。组织结构是企业响应外界竞争态势结合自身能力所做出的一种应战姿态，当外界的竞争环境发生改变，企业首先是调整大的组织结构，可如果相应的流程文件还是旧的，就会导致实际业务执行和流程不匹配。

二、组织结构类型

一个组织的结构类型是根据其目标的需要和组织环境特点而选定的，随着社会发展和组织环境的变化，组织结构也在不断更新和发展。企业组织结构的主要类型有以下几种。

（一）直线制

直线制是企业发展初期一种最简单的组织结构，领导的职能都由企业各级主管一人执行，上下级权责关系呈一条直线。下属单位只接受一个上级的指令，如图 3-3 所示。

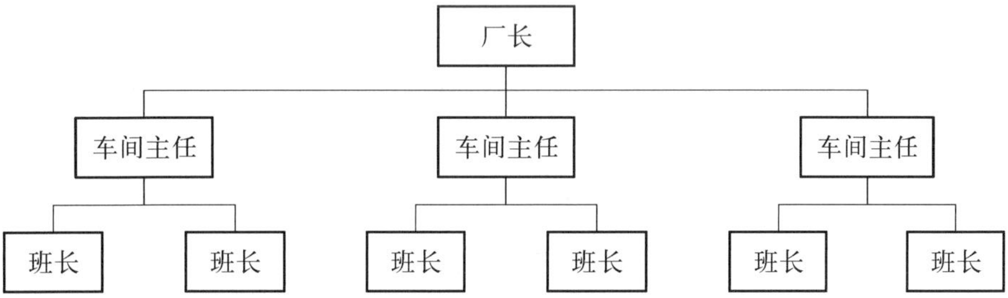

图 3-3　直线制组织结构图

优点：结构简化，权力集中，命令统一，决策迅速，责任明确。

缺点：没有职能机构和职能人员当领导的助手。在规模较大、管理比较复杂的企业中，主管人员难以具备足够的知识和精力来胜任全面的管理，因而不能适应日益复杂的管理需要。

这种组织结构类型适合于产销单一、工艺简单的小型企业。

（二）职能制

职能制组织结构与直线制恰恰相反。它的组织结构如图 3-4 所示。企业内部各个

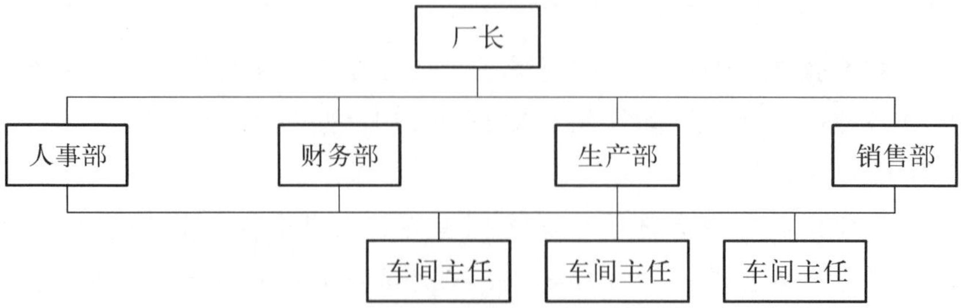

图 3-4 职能制组织结构图

管理层次都设有职能机构，并由许多通晓各种业务的专业人员组成。各职能机构在自己的业务范围内有权向下级发布命令，下级都要服从各职能部门的指挥。

优点：不同的管理职能部门行使不同的管理职权，管理分工细化，从而能大大提高管理的专业化程度，能够适应日益复杂的管理需要。

缺点：政出多门，多头领导，管理混乱，协调困难，导致下属无所适从；上层领导与基层脱节，信息不畅。

（三）直线职能制

直线职能制吸收了以上两种组织结构的长处而弥补了它们的不足，企业的全部机构和人员可以分为两类：一类是直线机构和人员；另一类是职能机构和人员。直线机构和人员在自己的职责范围内有一定的决策权，对下属有指挥和命令的权力，对自己部门的工作要负全面责任；而职能机构和人员，则是直线指挥人员的参谋，对直线部门下级没有指挥和命令的权力，只能提供建议和在业务上进行指导。典型的直线职能制结构，如图 3-5 所示。

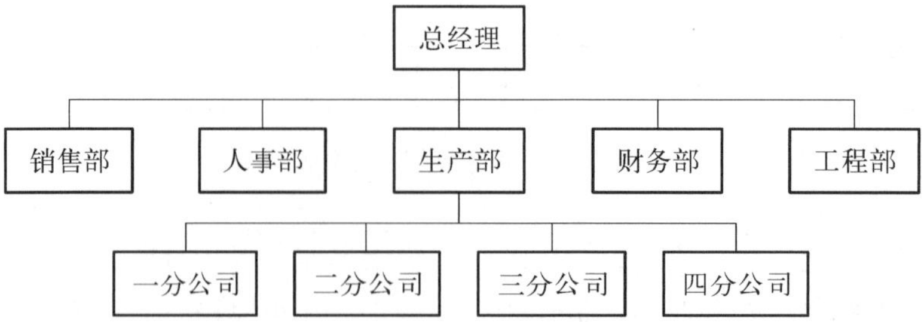

图 3-5 直线职能式组织结构图

优点：各级直线领导人员都有相应的职能机构和人员作为参谋和助手，因此能够对本部门进行有效的指挥，以适应现代企业管理比较复杂和细致的特点，而且每一级又都是由直线领导人员统一指挥，满足了企业组织的统一领导原则。

缺点：职能机构和人员的权利、责任究竟应该占多大比例，管理者不易把握。

直线职能制在企业规模较小、产品品种简单、工艺较稳定又联系紧密的情况下，优点较突出；但对于大型企业，产品和服务品种繁多、市场变幻莫测，就不适应了。

（四）事业部制

事业部制是目前国外大型企业通常采用的一种组织结构。把企业的生产经营活动，按照产品或地区的不同，建立经营事业部。每个经营事业部是一个利润中心，在总公司领导下，独立核算、自负盈亏。事业部制的组织结构，如图 3-6 所示。

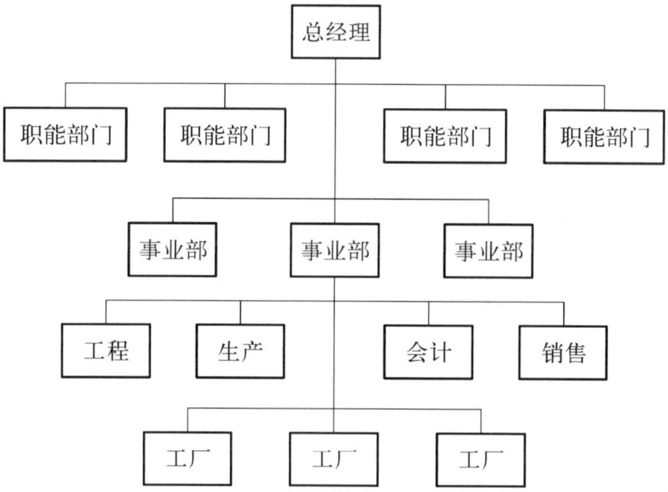

图 3-6　事业部制组织结构图

优点：有利于调动各事业部的积极性，事业部有一定经营自主权，可以较快地对市场作出反应一定程度上增强了适应性和竞争力；同一产品或同一地区的产品开发、制造、销售等一条龙业务属于同一主管，便于综合协调，也有利于培养有整体领导能力的高级人才；公司最高管理层可以从日常事务中摆脱出来，集中精力研究重大战略问题。

缺点：各事业部容易产生本位主义和短期行为；资源的相互调剂会与既得利益发生矛盾；人员调动、技术及管理方法的交流会遇到阻力；企业和各事业部都设置职能机构，机构容易重叠，且费用增大。

事业部制适用于企业规模较大、产品种类较多、各种产品之间的工艺差别较大、市场变化较快及要求适应性强的大型联合企业。

（五）矩阵制

矩阵制组织结构既有按照管理职能设置的纵向组织系统，又有按照规划目标（产品、工程项目）划分的横向组织系统，两者结合，形成一个矩阵。横向系统的项目组所需工作人员从各职能部门抽调，这些人既接受本职能部门的领导，又接受项目组的领导，一旦某一项目完成，该项目组就撤销，人员仍回到原职能部门。矩阵制企业组织结构，如图 3-7 所示。

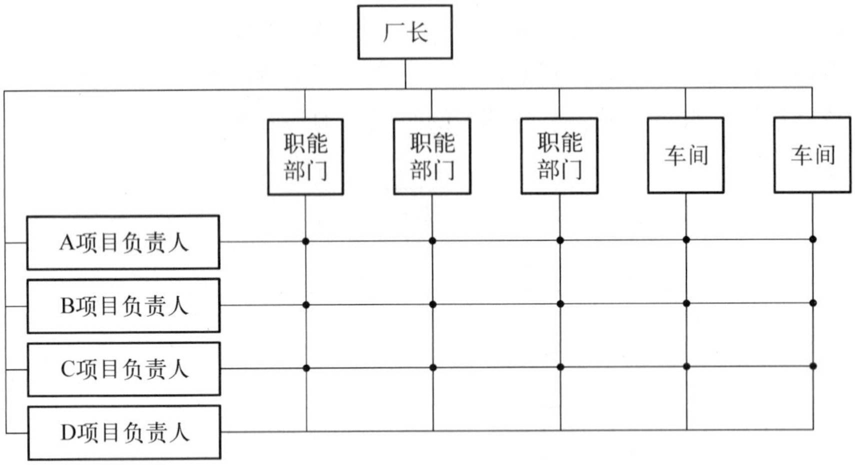

图 3-7 矩阵制企业组织结构图

优点：加强了各职能部门间的横向联系，便于集中各类专门人才加速完成某一特定项目，有利于提高成员的积极性。在矩阵制组织结构内，每个人都有更多机会学习新的知识和技能，因此有利于个人发展。

缺点：由于实行项目和职能部门双重领导，当两者意见不一致时令人无所适从；工作发生差错也不容易分清责任；人员是临时抽调的，稳定性较差；成员容易产生临时观念，影响正常工作。

（六）网络型

网络型组织结构是目前正在流行的一种新形式的组织设计，它使管理当局对于新技术、新时尚，或者来自海外的低成本竞争能具有更大的适应性和应变能力。网络结构是一种很小的中心组织，是依靠其他组织以合同为基础进行制造、分销、营销或其他关键业务的经营活动的结构。在网络型组织结构中，组织的大部分职能从组织外“购买”，这给管理当局提供了高度的灵活性，并使组织集中精力做它们最擅长的事。典型的网络型组织，如图 3-8 所示。

优点：极大地促进了企业经济效益实现质的飞跃：一是降低管理成本；提高管理效益。二是实现了企业全世界范围内供应链与销售环节的整合；三是简化了机构和管理层次，实现了企业充分授权式的管理。

缺点：可控性差，由于项目是临时的，员工随时都有被解雇的可能，因而员工对组织的忠诚度也比较低。

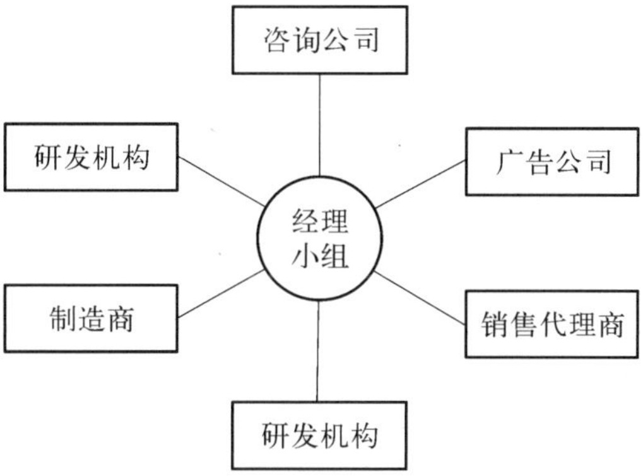

图 3-8　网络型组织架构图

请思考

组织结构类型

下面是一家公司四位主管的对话。

“你知道，除非我们生产出东西，否则公司就什么也没发生。”生产部门主管说。

研发部主管评论道：“不对，除非我们设计出产品，否则公司什么都没发生。”

“你们说什么？”营销主管说：“除非我们卖掉这些东西，否则公司就什么也没发生。”

最后，恼怒的财务主管反击道：“你们生产、设计、销售什么无关紧要，除非我们核算出各种结果，否则谁也别想知道我们发生了什么。”

这段话反映了这家公司是什么类型的公司组织结构？其优缺点是什么？

三、组织结构设计的影响因素

根据权变的组织理论，没有一个普遍适用的、最佳的组织结构模式。不同的企业以及同一企业在不同的发展阶段中，都应当根据各自面临的外部条件来设计相应的组织结构。

影响组织结构设计的主要因素有以下六个方面。

（一）组织环境

组织环境包括行业特点、原材料供应、人力资源条件、市场特点、政府的政策法令和经济形势等因素。这些因素会从两个方面影响组织结构的设计，即环境的复杂性和环境的稳定性两方面。企业的组织环境因素越是复杂和多变，则组织设计就越要强调适应性，采取多种的组织对策来消除外部环境对企业的不利影响，其中包括增加组织结构的柔性。

（二）企业战略

战略决定结构，企业组织结构是实现企业经营战略的重要工具。不同的战略要求不同的组织结构。企业经营战略的改变，必将引起企业组织结构相应的改变。

（三）企业技术

企业技术，含义比较广泛，不仅包括设备、生产工艺，而且包括员工的技术知识和技能。这种知识和技能，不仅指生产技术，而且包括了管理业务的知识和技能。技术对组织结构的设计有广泛影响，它不仅包括整个企业生产技术特点对组织结构的影响。而且还包括企业内部不同部门的技术特点对组织结构的影响。

（四）人员素质

企业人员素质，包括各类员工的价值观念、思想水平、工作作风、业务知识、管理技能、工作经验以及年龄结构等，它们影响制约组织结构设计主要表现在：集权和分权的程度、管理幅度、部门设置的形式、横向联系的效率、组织变革和调整的实施。

（五）企业规模

企业规模是影响组织设计的一个基本因素。它对组织结构特征的每一个因素都有影响，特别影响到专业化程度、管理层次、集权程度、规范化、制度化以及人员结构等因素。

（六）企业发展成熟度

分析企业发展成熟度，就是要判明企业在其成长发展过程中处于哪一个阶段或时期，如创业阶段（幼年期）、集合阶段（青年期）、正规化阶段（中年期）和精细阶段（成熟期）。处于不同发展阶段，企业将面临不同的主要矛盾和问题，因而组织设计的主要任务也就不同。

引例解析

公司目前的发展很显然遇到了管理瓶颈：公司规模不断发展壮大，公司业务也不断增加，已经呈现了多元化的特点，而公司目前的组织机构依然是创立时期的直线职能制结构，已经出现了管理层级过多、管理信息沟通不及时、财务管理混乱等情况，这都严重影响了企业的发展。因此，此时进行组织结构的变革正当其时。关键的问题在于：如何根据公司业务发展特点和公司目前的管理状况，选择一种合适的组织结构类型，然后构建公司的组织结构，并进行组织变革。

工作任务 3-2

分别选取一家工业企业、一家商业企业和一家行政事业单位，分析其组织结构并画出其组织结构图，并进行对比。

任务分析：

三种不同类型的组织由于其组织职能、组织目标、业务流程不同，因而其组织结构有较大的差异，任务重点是要明确各组织的结构类型。

操作步骤：

1. 明确组织结构类型；

2. 明确部门构成；

3. 绘制组织结构图。

任务三

员工配备

引例

越努力　越失败

何平坐在专为公司高层员工设置的餐厅里吃饭，看着周围的餐桌上大家都在低声谈笑，自己却总是独自一人，何平很有挫败感。

从深圳调任北京总部不久，同事们开始疏远何平，5 年来，“午餐文化”这一写字楼现象似乎渐渐与何平无缘。何平的同事和下属都不喜欢他，这一点何平自己心里很清楚。但是无论他做何努力，都收效甚微，他越想和同事们亲近，同事们就越排斥他，即便何平主动要求和他们在一起吃午餐，餐桌上的氛围也由轻松变得低沉。何平很沮丧，干脆也不再做努力——自己一个人吃饭还清净些！

人际关系寡淡也就罢了，工作场合毕竟不是交朋友的地方，但是工作上似乎也越来越不对劲——越想做好，就越是无法得到好的结果。

受母亲的影响，何平奉行“万事不求人”的行事原则，什么事情能自己做，就绝对不愿意麻烦别人，他不喜欢“骚扰”别人；同理，若别人请他帮忙，只要他认为不属于自己的工作范畴，就会断然回绝。事实上，他很反感自己的下属之间有太多的工作上的交流和互助，原因有二：一方面，部门的有关工作内容必须保密；另一方面，只要下属之间走得太近，何平就总是会有“失控的感觉”。

为了能够“控制全局”，即使工作繁重苦闷（他并不是很喜欢自己这些乏味的工作），何平也不会放手给下属或者向其他同事求援。每天从早到晚努力加班，成了公司里“来得最早、走得最晚”的人。由于夜夜加班，何平回到家倒头就睡，与父母沟通的时间越来越少。他妈妈曾忧心地说：多年来你几乎夜夜加班，个人生活上却没有什么进展，钱也没挣多少，你究竟在忙什么？你怎么想的？

何平的心里其实想得很多：原本期待靠努力和勤奋可以晋升、加薪，然后买房、买车，然后娶妻生子，不再依靠父母……

可他发现自己离这样的梦想愈来愈远——最近，老板提拔了何平的一个下属，还给了他“高级经理”的职位，原因是这个新经理“喜欢与他人分享信息，善于调动和共享资源”。在老板的授意下，新经理正在逐渐接手何平的工作，老板还对他提出了减薪的“建议”。

何平知道老板是在架空自己，希望自己主动提出“辞职”，但是何平心有不甘，他不明白：为何那个总是在上班时间和同事们谈笑、一到下班时间就离开公司的人能够替代终日加班、辛苦忙碌的自己？为何自己越是努力，就越失败？

小思考

作为管理者，“放手给下属”和“向同事求援”是否会影响管理者的权威？为什么？

一、人员配备的含义与原则

（一）人员配备的含义

人员配备是对组织中全体人员的配备，既包括主管人员的配备，也包括非主管人员的配备。二者所采用的基本方法和遵循的基本原理是相似的。

管理学中的人员配备，是指对主管人员进行恰当而有效的选拔、培训和考评，其目的是配备合适的人员去充实组织机构中所规定的各项职务，以保证组织活动的正常进行，进而实现组织的既定目标。

（二）人员配备的原则

根据组织结构所规定的职务的数量和要求，对所需人员进行恰当而有效配备，必须坚持以下几个重要的人员配备原则。

1. 因事择人原则

因事择人是指应以所设置职位和工作的实际要求为标准，来选拔符合标准的各类人员。选人的目的在于使其担当一定的职务，并能按照要求从事与该职务相对应的工作。要使工作圆满完成并卓有成效，首先要求在保证工作效率的前提条件下安排和设置职位，其次要求占据该职位的人员，应具备相应的知识和工作能力。因此，因事择人是实现人事匹配的基本要求，也是组织中人员配备的首要原则。

2. 因材起用原则

因材起用是指根据人的能力和素质的不同，去安排不同要求的工作。从组织中人的角度来考虑，只有根据人的特点来安排工作，才能使人的潜能得到最充分的发挥，使人的工作热情得到最大限度的激发。如果学非所用、大材小用或小材大用，不仅会严重影响组织效率，也会造成人力资源计划的失效。

3. 用人所长原则

用人所长是指在用人时不能够求全责备，管理者应注重发挥人的长处。在现实中，由于人的知识、能力、个性发展是不平衡的，组织中的工作任务要求又具有多样性，因此，完全意义上的“通才”“全才”是不存在的，即使存在，组织也不一定非要选择用这种“通才”，而应该选择最适合空缺职位要求的候选人。有效的管理就是要能够发挥人的长处，并使其弱点减少到最小。

管理故事

王珐鉴才

在一次宴会上，唐太宗对王珐说：“你善于鉴别人才，尤其善于评论。你不妨从房玄龄等人开始，都一一做些评论，评一下他们的优缺点，同时和他们互相比较一下，你在哪些方面比他们优秀？”

王珐回答说：“孜孜不倦地办公，一心为国操劳，凡所知道的事没有不尽心尽力去做，在这方面我比不上房玄龄。常常留心于向皇上直言建议，认为皇上能力德行比不上尧舜很丢面子，这方面我比不上魏徵。文武全才，既可以在外带兵打仗做将军，又可以进入朝廷搞管理担任宰相，在这方面，我比不上李靖。向皇上报告国家公务，详细明了，宣布皇上的命令或者转达下属官员的汇报，能坚持做到公平公正，在这方面我不如温彦博。处理繁重的事务，解决难题，办事井井有条，这方面我也比不上戴胄。至于批评贪官污吏，表扬清正廉洁，疾恶如仇，好善喜乐，这方面比起那几位能人来说，我也有一日之长。”唐太宗非常赞同他的话，而大臣们也认为王珐完全道出了他们的心声，都说这些评论是正确的。

4. 动态平衡原则

处在动态环境中的组织，是不断变革和发展的。组织对其成员的要求也是在不断变动的，当然，工作中人的能力和知识也是在不断提高和丰富的。因此，人与事的配合需要进行不断的协调平衡。动态平衡，就是要使那些能力发展充分的人，去从事组织中更为重要的工作，同时也要使能力平平、不符合职位需要的人得到识别及合理的调整，最终实现人与职位、工作的最佳配置。

二、人员配备的工作内容和程序

（一）确定人员需要量

人员配备是在组织设计的基础上进行的。人员需要量的确定主要以设计出的职务数量和类型为依据。职务类型指出了需要什么样的人，职务数量指出了公司每种类型的职务需要多少人。

如果是为一个新建的组织选配人员，那么只需利用上述职务设计的分类数量表直接在社会上公开招用、选聘。然而，公司遇到的往往是现有组织的机构与人员配备重新调整的问题，所以在通常情况下，在进行了组织的重新设计后，还需要检查和对照企业内部现有的人力资源情况，两相对比，找出差额，确定需要从外部选聘的人员类别与数量。

（二）选聘人员

职务设计和分析指出了组织中需要具备哪些素质的人。为了保证担任职务的人员具备职务要求的知识和技能，必须对组织内外的候选人进行筛选，做出最恰当的选择。这些待聘人员可能来自企业内部，也可能来自外部社会。从外部新聘员工或从内部进行调整，各有其优势和局限性。现在需要指出的是对候选人能力考察的困难：对于外部候选人的实际工作能力公司往往所知甚少，而对于内部候选人公司了解的也只是他们以前从事较低层次工作时的能力，至于他们能否胜任需要担负更大责任的工作，往往难以得出比较可靠、肯定的结论。

（三）制定和实施人员培训计划

人的发展是一个过程。组织成员在明天的工作中表现出的技术和能力需要在今天培训；组织发展所需的干部要求现在就开始准备。维持成员对组织忠诚的一个重要方面是使他们看到自己在组织中的发展前途。人员特别是管理人员的培训无疑是人员配备中的一项重要工作。

三、管理人员的选聘

由于每一个具体的组织成员都是在一定的管理人员的领导和指挥下展开工作的，因此管理人员的选拔、培养和考评是企业人事管理的核心。

（一）管理人员需要量的确定

制定管理人员选配和培训计划，首先需要确定组织目前和未来的管理人员需要量。以下是确定管理人员需要量时要考虑的要素。

1. 组织现有的规模、机构和岗位

管理人员的配备首先是为了指导和协调组织活动的展开，因此首先需要参照组织结构系统图，根据管理职位的数量和种类，来确定企业每年平均需要的管理人员数量。

2. 管理人员的流动率

不管组织作出何种努力，在一个存在劳动力市场并且市场机制发挥作用的国度，总会出现组织内部管理人员外流的现象。此外，由于自然力的作用，组织中现有的管理队伍会因病老残退而减少。

3. 组织发展的需要

随着组织规模的不断发展，活动内容的日益复杂，管理工作量将会不断增加，从而对管理人员的需要也会不断增加。

（二）管理人员的来源

组织可从外部选聘或从内部提拔所需的管理人员。

1. 外部招聘

外部招聘是根据一定的标准和程序，从组织外部的众多候选人中选拔符合空缺职位工作要求的管理人员。

（1）外部招聘干部的优点。被聘干部具有“外来优势”。所谓“外来优势”主要是指被聘者没有“历史包袱”，组织内部成员（部下）只知其目前的工作能力和实绩，而对其历史特别是职业生涯中的失败记录知之甚少；有利于平息和缓和内部竞争者之间的紧张关系；能够为组织带来新鲜空气。

（2）外部招聘的缺点。外聘干部不熟悉组织的内部情况，同时也缺乏一定的人事基础，因此需要一段时期的适应才能进行有效的工作；组织对应聘者的情况不能深入了解；外聘干部的最大局限性莫过于对内部员工的打击。

由于这些局限性，许多成功的企业强调不应轻易地外聘管理人员，主张采用内部培养和提升的方法。

2. 内部提升

内部提升是指组织成员的能力增强并得到充分的证实后，被委以需要承担更大责任的更高职务。

（1）内部提升制度的优点。有利于鼓舞士气，提高工作热情，调动组织成员的积极性；有利于吸引外部人才。内部提升制度表面上是排斥外部人才、不利于吸收外部优秀的管理人员的，其实不然。真正有发展潜力的管理者知道，如果加入这种组织中，担任管理职务的起点虽然比较低，有时甚至需要一切从头做起，但是凭借自己的知识和能力，花较少的时间便可熟悉基层的业务，从而能迅速地提升到较高的管理层次；有利于保证选聘工作的正确性；有利于使被聘者迅速展开工作。管理人员能力的发挥要受到他们对组织文化、组织结构及其运行特点的了解。

（2）内部提升制度的弊端。引起同事的不满。在若干个内部候选人中提升一个管理人员，可能会使落选者产生不满情绪，从而不利于被提拔者展开工作；可能造成“近亲繁殖”的现象。从内部提升的管理人员往往喜欢模仿上级的管理方法。这虽然可使老一辈管理人员的优秀经验得到继承，但也有可能使不良作风得以发展，从而不利组织的管理创新，不利于管理水平的提高。

小案例

来了生产总监，停了生产线

经过大半年的招聘，沃达汽车配件公司终于从外资汽配企业招来了周铨任生产总监。然而周铨在沃达状况频出。

先是总经理冯睿对周铨写的报告不满意。冯睿为了让周铨尽快把生产管理的工作抓起来，在周铨进公司不到一个月的时候，就让他写车间改革的报告。可是周铨在报告中仅指出了生产环节上一些皮毛问题，提出的解决方案——5S 现场管理法（下称 5S）也不能让冯睿满意。并且，冯睿对报告中的两个错别字耿耿于怀，因为他觉得一个要推行 5S 的人，更应该注重细节。

由于对周铨的报告不满意，冯睿对周铨推行的 5S 不置可否。而其他部门对 5S 也不配合。例如，周铨根据工人流水线操作步骤，重新划定了堆放原材料的位置，比现有位置往车间里深入了不到 20 米。可是物流部还是照样将原材料搬到原来位置上。为此周铨去找物流部经理沟通，还没开口，物流经理就先诉起苦来：运原材料的推车没法打弯推到新位置，如果一定要放到新位置，就只能让工人一箱箱扛过去。可是一整箱原材料太沉，怎么好意思让工人们搬？周铨听后没有与物流经理多理论。因为他知道，公司里的人对他这个新来的总监根本不买账。

冯睿对此有自己的看法。周铨是个好好先生，但他的好脾气里缺少了点原则，有时候涉及生产部的利益，他居然不主动争取。周铨事事谦让的做法，大家都认为生产部的要求或许没那么紧迫，所以对周铨提出的配合需求也都不怎么上心去完成。

而生产管理总监白天觉却认为，周铨在其他部门当好好先生，是因为他与工人们不是一条心。就拿原材料堆放来说，白天觉建议物流部在送原材料之前，先拆除一部分外包装，这样不仅便于物流部的工人搬运，也免去了生产部工人拆除包装的前序工作量。可周铨对此建议没当回事儿。后来白天觉在周铨与物流经理面前说起自己的建议，话没说完，就被周铨打断了："物流部的工作也挺繁重的，拆包装这事儿，你们就自己做了吧。"

（三）管理人员选聘的标准

管理人员的选聘必须先确定一定的选聘标准，不同类型的公司选聘标准可能会有差异，但总体而言，以下各项标准可作为众多公司的选聘标准。

1. 管理的欲望

强烈的管理欲望是有效地进行管理工作的基本前提。担任管理工作，对某些人来说，它意味着在组织中取得较高的地位、名声以及与之相应的报酬，但对成功的管理人员来说，它意味着可以利用制度赋予的权力来组织他人的劳动，意味着通过他人的劳动来实现自己制定的、符合组织需要的目标，并从中获得心理上的满足。

小测试

你在一个大型组织中从事管理的动机有多强?

下面的问题用来评价你在一个大型组织中从事管理的动机。他们基于7种管理者工作的角色维度。对每一个问题，在最能反映你的动机强烈程度的数字上画个圆圈。

	弱						强
(1) 我希望与我的上级建立积极的关系	1	2	3	4	5	6	7
(2) 我希望与我同等地位的人在游戏中和体育比赛中竞争	1	2	3	4	5	6	7
(3) 我希望与我同等地位的人在与工作有关的活动中竞争	1	2	3	4	5	6	7
(4) 我希望以主动和果断的方式行事	1	2	3	4	5	6	7
(5) 我希望吩咐别人做什么和用法令对别人施加影响	1	2	3	4	5	6	7
(6) 我希望在群体中以独特的和引人注目的方式出人头地	1	2	3	4	5	6	7
(7) 我希望完成通常与管理工作有关的例行职责	1	2	3	4	5	6	7

参考答案：

你在一个大型组织中从事管理的动机有多强? 加总你的分数，你的得分为7～49分。评分标准为：

7～12= 较低的管理动机

22～34= 中等

35～49= 较高的管理动机

2. 正直诚信的品质

正直和诚信是每个组织成员都应具备的基本品质，管理人员尤其如此。管理人员必须是道德高尚的，值得信赖的，必须具有正直的品质。管理人员缺乏了这种品质就可能涣散人心。当然，只有这种品质而无工作的能力不能成为合格的管理者，然而，有能力而无正直诚信品质的管理人员，则可能给组织造成巨大的破坏，且能力越大，破坏越大。

3. 冒险的精神

管理的任务不仅在于执行上级的命令，维持系统的运转，而且要在组织系统或部门的工作中不断创新。只有不断创新，组织才能充满生机，才能不断发展。而创新意味着打破原有机制的束缚，做以前没有做过的事，没有现成的程序或规律可循。因此，需要冒风险。

4. 决策的能力

管理人员不仅要计划和安排自己的工作，而且更重要的是要组织和协调部属的工作。管理人员在组织下属工作的过程中要进行一系列的决策，因此，掌握一定的决策能力对管理人员来说也是非常重要的。当然，拥有决策的能力，并不一定要求每位管理人员都能娴熟地运用定性或定量的决策方法，但管理者至少必须具备分析问题的能力和果断抉择的魄力。

5. 沟通的技能

组织成员之间的相互理解是组织成功的基本保证。理解要借助信息的沟通来达成。

（三）管理人员的选聘程序与方法

管理人员的选聘需遵循一定的程序，如图 3-9 所示。

图 3-9　管理人员的选聘

1. 公开招聘

当组织中出现需要填补的管理职位时，根据职位所在的管理层次，建立相应的选聘工作委员会或小组。选聘工作机构要以相应的方式，通过适当的媒介，公布待聘职务的数量、性质以及对候选人的要求等信息，向企业内外公开“招聘”，鼓励那些自认为符合条件的候选人参加。

2. 初选

应聘者的数量可能很多。选聘小组不可能对每一个人进行详细的研究和认识，否则所花费用过高。这时，需要进行初步筛选。

3. 对初选合格者进行知识与能力的考核

在初选的基础上，要对入选的应聘者进行考核和评价。包括：

（1）智力与知识测验。

（2）竞聘演讲与答辩。这是知识与智力测验的补充。

（3）案例分析与候选人实际能力考核。可以利用各种情景模拟的方法。

4. 民意测定

在对初选合格者运用各种方法进行考核合格以后，还要进行民意测定，在很多组织，这种民意测定可能表现为匿名投票、公示等形式。

5. 选定

参考民意测定的结果，选定合适人选。

引例解析

何平需要认清一个事实，作为一名管理者，工作技能和人际关系两种特质他都必须具备，才能出人头地。我们在社交中，可以挑选共度时光的人；但工作上，就不应该挑剔，更不能像何平这样自闭。唯一的解决方案并不是拒绝与人合作，而是想出办法建立一种和谐的关系，这样大家才能一起有效地合作共事。

工作任务 3-3

模拟竞聘演讲

任务分析：

针对网上公开发布的某个招聘岗位，模拟竞聘演讲。

操作步骤：

1. 确定公开发布招聘信息的某一公司岗位，了解公司背景及岗位要求；
2. 拟订竞聘提纲；
3. 在班级进行竞聘演讲；
4. 师生交流评价。

任务四

实施绩效管理

引例

考核制度的力量

18 世纪末期，英国为了开发澳洲，需要向澳大利亚大批移民，英国政府决定把犯了罪的英国人统统发配到澳大利亚去。

一些私人船主承包了从英国往澳大利亚大规模运送犯人的工作。当时那些运送犯人的船只大多是一些破旧的货船改装的，船上设备简陋，没有什么医疗药品，更没有医生，船主为了牟取暴利，尽可能多地装入犯人，使船上条件十分恶劣。

因英国政府实行的办法是以上船的犯人人数支付船主费用，这样一来，一旦船只离去，船主按人数拿到了政府的钱，对于所装载犯人是否能活着到达澳大利亚就不管不问了。有些船主为了降低费用，甚至故意断粮断水。

三年以后，英国政府发现：运往澳大利亚的犯人在船上的平均死亡率达 12%，其中最严重的是一艘船上 424 个犯人死了 158 人，死亡率高达 37%。不仅英国政府遭受了巨大的经济损失和人力资源损失，英国民众对此也极为不满。

为此，英国政府想了很多办法：每一条船上都派一名政府官员监督，再派上一名医生负责犯人的医疗卫生，同时对犯人在船上的生活标准做了硬性规定。

但是死亡率不仅没有降下来，有些船上的监督官员和医生竟也不明不白地死了。原来一些船主为了贪图暴利，便贿赂官员，如果官员不肯同流合污，就被扔到大海里喂鱼了。

政府又采取新办法，把船主都召集起来进行教育培训，教育他们要珍惜生命，要理解去澳大利亚开发是为了英国的长久之计，不能把金钱看得比生命更重要。但是情况依然没有好转，死亡率一直居高不下。

一位英国议员想到了制度问题。他发现，运送犯人这件事之所以出问题，原因是那些私人船主钻了制度的空子。而规则的缺陷在于政府给船主报酬是以上船人数来计算的。他想，既然问题出在这里，为什么不从改变制度开始呢？假如倒过来，政府以到澳大利亚上岸的人数为准计算报酬呢？政府采纳了他的建议，不论这些船主在英国上船装多少人，到了澳大利亚上岸的时候再清点人数支付报酬。

这样一来，问题迎刃而解，船主不仅不再虐待犯人，甚至主动请医生跟船，在船上准备药品，改善生活，尽可能地让船上的每一个人都能健康地到达澳大利亚，因为在澳大利亚上岸一个人就意味着一份收入。此后，船上的死亡率降到了 1% 以下，有些运载几百人的船只，经过几个月的航行竟然没有一人死亡。

小思考

在组织中，一般绩效管理措施往往让所有人满意，为什么？

一、绩效管理的内涵与作用

（一）绩效和绩效管理

绩效是指对应职位的工作职责所达到的阶段性结果及其过程中可评价的行为表现。绩效管理是指管理者与员工之间就目标与如何实现目标上达成共识的基础上，通过激励和帮助员工取得优异绩效从而实现组织目标的管理方法。绩效管理的目的在于通过激发员工的工作热情和提高员工的能力和素质，以达到改善公司绩效的效果。

绩效管理所涵盖的内容很多，它所要解决的问题主要包括：如何确定有效的目标？如何使目标在管理者与员工之间达成共识？如何引导员工朝着正确的目标发展？如何对实现目标的过程进行监控？如何对实现的业绩进行评价和对目标业绩进行改进？在绩效管理中，绩效首先是一种结果，即做了什么；其次是过程，即是用什么样的行为做的；第三是绩效本身的素质。因此绩效考核只是绩效管理的一个环节。

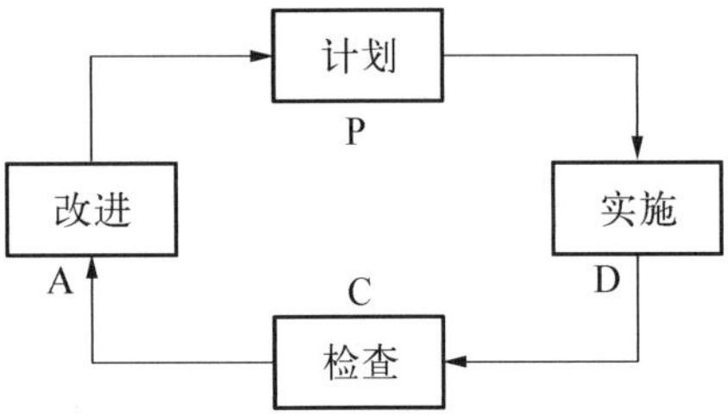

图 3-10 绩效管理的 PDCA 循环

绩效管理是通过管理者与员工之间持续不断地进行的业务管理循环过程，实现业绩的改进，所采用的手段为 PDCA 循环，如图 3-10 所示。

知识拓展

PDCA 循环

PDCA 循环，是美国质量管理专家休哈特博士首先提出的，由戴明采纳、宣传，获得普及，从而也被称为“戴明环”。它是全面质量管理所应遵循的科学程序，如图 7-1 所示。

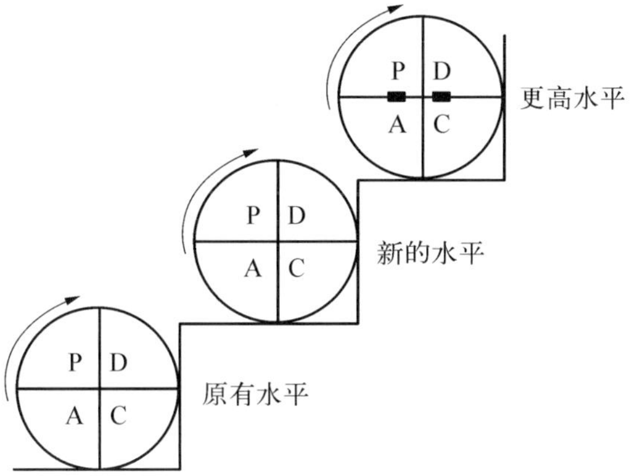

图 7-1　PDCA 循环

PDCA 新解：

P（planning）——计划职能包括三个部分：目标（goal）；实施计划（plan）；收支预算（budget）。

D（design）——设计方案和布局。

C（4C）——4C 管理：check（检查）；communicate（沟通）；clear（清理）；control（控制）。

A（2A）——act（执行，对总结检查的结果进行处理）；aim（按照目标要求行事，如改善、提高）。

PDCA 循环的七个步骤：

（1）分析现状，发现问题。

（2）分析质量问题中各种影响因素。

（3）找出影响质量问题的主要原因。

（4）针对主要原因，提出解决的措施并执行。

（5）检查执行结果是否达到了预定的目标。

（6）把成功的经验总结出来，制定相应的标准。

（7）把没有解决或新出现的问题转入下一个 PDCA 循环去解决。

（二）绩效管理的作用

1. 绩效管理能促进组织和个人绩效的提升

绩效管理通过设定科学合理的组织目标、部门目标和个人目标，为企业员工指明了努力方向。管理者通过绩效辅导沟通及时发现下属工作中存在的问题，给下属提供必要的工作指导和资源支持，下属通过工作态度以及工作方法的改进，保证绩效目标的实现。

另一方面，绩效管理通过对员工进行甄选与区分，保证优秀人才脱颖而出，同时淘汰不适合的人员。通过绩效管理能使内部人才得到成长，同时能吸引外部优秀人才，使人力资源能满足组织发展的需要，促进组织绩效和个人绩效的提升。

2. 绩效管理能促进管理流程和业务流程优化

企业管理涉及对人和对事的管理，对人的管理主要是激励约束问题，对事的管理就是流程问题。所谓流程，就是一件事情或者一个业务如何运作，涉及因何而做、由谁来做、如何去做、做完了传递给谁等几个方面的问题，上述四个环节的不同安排都会对产出结果有很大的影响，极大地影响着组织的效率。

在绩效管理过程中，各级管理者都应从公司整体利益以及工作效率出发，尽量提高业务处理的效率，应该在上述四个方面不断进行调整优化，使组织运行效率逐渐提高，在提升了组织运行效率的同时，逐步优化公司管理流程和业务流程。

3. 绩效管理能保证组织战略目标的实现

企业一般有比较清晰的发展思路和战略，有远期发展目标及发展目标，在此基础上根据外部经营环境的预期变化以及企业内部条件制定出年度经营计划及投资计划，进而制定企业年度经营目标。企业管理者将公司的年度经营目标向各个部门分解就成为部门的年度业绩目标，各个部门向每个岗位分解核心指标就成为每个岗位的关键业绩指标。

二、绩效管理过程

绩效管理过程是一个循环过程，包括四个阶段，如图3-11所示。

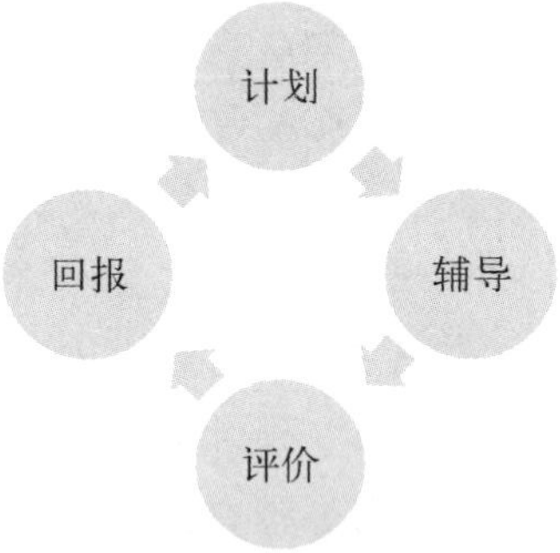

图 3-11 绩效管理过程

（一）绩效管理中的计划

1. 制定绩效目标计划

绩效目标分为两种：

（1）结果目标：指做什么，要达到什么结果，结果目标来源于公司的目标、部门的目标、市场需求目标以及员工个人目标等。

（2）行为目标：指具体怎样做。确定一个明智的目标就是既要确定要实现什么结果又要确定怎样去做，才能更好地实现要达成的目标。

管理故事

唐僧团队的绩效考核

话说，唐僧团队乘坐飞机去旅游，途中飞机出现故障需要跳伞。不巧的是，四个人只有三把降落伞，为了做到公平，唐僧就对各位徒弟进行了考核，考核过关就可以得到一把降落伞，考核失败就自由落体，自己跳下去。

于是，唐僧问孙悟空："悟空，天上有几个太阳？"悟空不假思索地答道："一个。"唐僧说："好，答对了，给你一把伞。"接着又问沙僧："天上有几个月亮？"沙僧答道："一个。"唐僧说："好，也对了，给你一把伞。"八戒一看心里暗喜："啊哈，这么简单，我也行。"于是，摩拳擦掌，等待唐僧出题。唐僧的题目出来了，八戒却自己跳下去了，因为唐僧出的问题是："天上有多少星星？"八戒当时就傻了，直接就跳了下去。这是他们的第一次旅游。

过了些日子，唐僧四人又乘坐飞机去旅游，结果途中飞机又出现了故障，同样只有三把伞，唐僧如法炮制，再次出题考大家，先问悟空："中华人民共和国是哪一年成立的？"悟空答道："1949 年 10 月 1 日。"唐僧说："好，给你一把。"又问沙僧："中国有多少亿人口？"沙僧说："14 多亿。"唐僧说："好的，答对了。"沙僧也得到了一把伞，轮到八戒了，唐僧的问题是："14 多亿人口的名字分别叫什么？"八戒当时晕倒，又一次以自由落体的方式结束旅行。

第三次旅游的时候，飞机再一次出现故障，这时候八戒说："师傅，你别问了，我跳。"然后纵身一跃，跳了下去。唐僧双手合十说："阿弥陀佛，殊不知这次有四把伞啊。"

2. 对目标计划的讨论

在确定目标计划后，组织员工进行讨论，推动员工对目标达到一致认同，并阐明每个员工应达到什么目标与如何达到目标，共同树立具有挑战性又可实现的目标，管理者与员工之间的良好沟通是达成共识、明确各自目标分解的前提，同时也是有效辅导的基础。

（二）绩效管理中的辅导

在确定了阶段性的目标和通过会议明确了各自的目标之后，作为管理者的工作重点就是在各自目标实现过程中进行对员工进行辅导。辅导的方式有两种：

1. 会议式辅导

会议式辅导是指通过正式的会议实施辅导过程。

2. 非正式辅导

非正式辅导是指通过各种非正式渠道和方法实施对员工的辅导。

对员工实现各自目标和业绩的辅导应为管理者的日常工作，在辅导过程中既要对员工的成绩认可，又要对员工实现的目标进行帮助和支持。帮助引导达到所需实现的目标和提供支援，同时根据现实情况双方及时修正目标，朝着实现的目标发展。这也是对怎样实现目标（行为目标）过程进行了解和监控。需要强调指出的是：良好的沟通是有效辅导的基础。对于员工的参与，要求员工能够描述自己所要达到的目标（或实现的业绩），对自己实现的目标进行评估。

（三）绩效管理中的评价

在阶段性工作结束时，对阶段性业绩进行评价，以便能公正地、客观地反映阶段性的工作业绩，目的在于对以目标计划为标准的业绩实现的程度进行总结，进行业绩的评定，不断总结经验，促进下一阶段业绩的改进。

通过实际实现的业绩与目标业绩的比较，明确描述并总结业绩的发展表现趋势。在对阶段性业绩评价之前，要进行信息收集，尤其是对实现目标过程的信息收集，在沟通和综合员工与管理者双方所掌握的资料后，通过会议的形式进行阶段性业绩的评价，包括对实际业绩与预期业绩的比较、管理者的反馈、支持与激励、业绩改进建议、本阶段总结、确定下阶段的计划等。

在评价过程中需要管理者具备较好的交流技能：如提问、倾听、反馈和激励等。

（四）以考核为基础的个人回报

个人绩效回报形式包括：工资、奖金、股权、福利、机会、职权等。通过员工职位的 KPI（员工的业绩衡量指标）的设定，评定职位的输出业绩，对关键的业绩进行考核，综合工作能力、工作态度等方面，并将它们与报酬相结合。

三、绩效评估的实施

（一）确定绩效评估标准

评估员工绩效时，管理人员所选定的评估标准，对员工行为有重要影响。例如，如果一家就业机构，其服务项目是帮助求职者找到合适的工作，帮助雇主找到合适的员工。这家机构对面试考官的绩效考核标准是他们完成面试的次数。根据评估标准影响行为的原则，面试考官追求的是完成面试的数量，而不是为多少顾客安排好了工作。管理人员到底应该评估什么？以下是三个常用的评价标准：

1. 个人的任务结果

如果重要的是结果而不是手段，那么管理者就应对员工任务完成的结果进行评估。使用任务结果来评价一个工厂经理的标准可以是产量、次品率、单位产出的成本。同样，销售人员的评估标准可以是他所辖地区的总销售量、利润、新增客户的数量。

2. 行为特征

在许多情况下，很难确定可以直接归结为员工活动的具体结果，对于职能岗位的人员和工作任务属于群体工作一部分的个人来说，这一点尤其突出。在后一种情况下，群体的绩效可能易于评价，但每个群体成员的贡献很难甚至不可能清楚地区别开来。在这种情况下，管理者对员工的行为进行评价就很必要了。例如，可以作为绩效评估标准的工厂经理的行为包括：上交月底报告的及时性和领导风格。销售人员的行为标准可以是他平均每天电话的数量和每年请假天数。

3. 个人特质

个人特质是最弱的一个标准，但应用很广泛。之所以说它比任务结果和行为弱，是因为它离实际的工作绩效最远，像“态度好”“自信”“可靠”“合作”“具有丰富经验”这样的特质，不一定与良好的绩效高度相关，但不能忽视这样一个事实，这些特质经常被组织用作评价员工绩效水平的标准。

（二）确定绩效评估主体

谁来评价员工绩效，传统方法中是直接上司，实际上，其他人做这项工作，可能效果会更好。通常评价员工绩效的主体包括以下几个。

1. 直接上司评价

直接上司评价的优点是对工作性质、员工的工作表现比较熟悉，考核可与加薪、奖惩相结合，有机会与下属更好地沟通，了解其想法，发现其潜力。但也存在一定缺点，由于上司掌握着切实的奖惩权，考核时下属往往心理负担较重，不能保证考核的公正客观，可能会挫伤下属的积极性。

2. 同事评价

同事评价的优点是对被考评者了解全面、真实。但由于彼此之间比较熟悉和了解，受人情关系影响，可能会使考核结果偏离实际情况。最适用的情况是在项目小组中，同事的参与考核对揭露问题和鞭策后进起着积极作用。

3. 自我评价

自我评价是最轻松的考核方式，不会使员工感到很大压力，能增强员工的参与意识，而且自我考核结果较具建设性，会使工作绩效得到改善。缺点是自我考核倾向于高估自己的绩效，因此只适用于协助员工自我改善绩效，在其他方面（如加薪、晋升等）不足以作为评判标准。

4. 直接下属评价

直接下属评价，可以帮助上司发展领导管理才能，也能达到权力制衡的目的，使上司受到有效监督。但下属考核上司有可能片面、不客观；由下级进行绩效考核也可能使上司在工作中缩手缩脚，影响其工作的正常开展。

5. 全方位评估法（360 度评估）

全方位评估法所提供的绩效反馈比较全面，员工在日常工作中可能接触到的所有的人都参与考核。这种方法比较适用于实行团队式工作的组织。通过利用员工的同事、顾客、下属提供的多种反馈，这些组织希望在评估过程中给每个人更多的参与感，并因此而得到对员工绩效的更准确的评估结果。

（三）绩效评估具体方法

常用的绩效评估或绩效考核法，总体上分为：结果导向性的绩效评估方法，例如，业绩评定表法、目标管理法、关键绩效指标法等；行为导向性的绩效评估方法，例如，关键事件法、行为观察比较法、行为锚定评价法、360 度绩效评估法等；特质性的绩效评估方法，例如，图解式评估量表等。以下列举出几种常用的评估方法。

1. 业绩评定表法

业绩评定表法也称为评分表法，是一种出现比较早且常用的方法，它是利用所规定的绩效因素（例如，完成工作的质量，数量等）对工作进行评估，把工作的业绩与规定表中的因素进行逐一对比打分，然后得出工作业绩的最终结果，它分为几个等级，例如优秀、良好、一般等。这种方法的优点是可以作定量比较，评估标准比较明确，便于做出评价结果。它的缺点是标准的确定性问题，需要对工作有相当了解的评定表制定者；评估者可能带有一定的主观性，不能如实评估。

衡量绩效性有效的标准

2. 关键绩效指标法

关键绩效指标法把对绩效的评估简化为对几个关键指标的考核，将关键指标当作评估标准，把员工的绩效与关键指标作出比较的评估方法。关键指标必须符合 SMART 原则：具体性（specific）、衡量性（measurable）、可达性（attainable）、现实性（realistic）、时限性（time-bound）。这种方法的优点是标准比较鲜明，易于做出评估。它的缺点是对简单的工作制定标准难度较大；缺乏一定的定量性；绩效指标只是一些关键的指标，对于其他内容缺少一定的评估，应当适当地注意。

3. 主管述职评价

主管述职评价是指由岗位人员作述职报告，把自己的工作完成情况和知识、技能等反映在报告内的一种考核方法。主要针对企业中、高层管理岗位的考核。述职报告可以在总结本企业、本部门工作的基础上进行，但重点是报告本人履行岗位职责的情况，即该管理岗位在管理本企业、本部门完成各项任务中的个人行为，本岗位所发挥作用状况。

4. 关键事件法

关键事件法是客观评价体系中最简单的一种形式，由美国学者弗拉赖根和贝勒斯在 1954 年提出的，通用汽车公司在 1955 年运用这种方法获得成功。它是通过对工作中最好或最差的事件进行分析，对造成这一事件的工作行为进行认定从而做出工作绩效评估的一种方法。这种方法的优点是针对性比较强，对评估优秀和劣等表现十分有效；缺点是对关键事件的把握和分析可能存在某些偏差。

引例解析

考核指标的设计非常重要，直接关系到考核的效果。案例体现的就是制度的力量，在管理过程中，靠人性的自觉、靠说服教育、靠他人的监督都解决不了问题的时候，对考核制度、考核指标进行重新修订有可能会完美地解决问题。

工作任务 3-4

为学校某一学生服务部门设计绩效评估标准

任务分析：

根据自身对学生服务部门工作的了解，结合调查访谈，设计适合某一岗位的绩效评估标准。

操作步骤：

1. 确定部门岗位；
2. 调查访谈；
3. 设计绩效评估标准。

项目四

领导、激励与沟通

知识目标

1. 掌握领导的基本概念和内涵。
2. 了解各种激励手段的优劣势。

能力目标

1. 通过技能训练提高指挥和协调能力。
2. 能够从不同层面分析领导风格并采取对策。
3. 能根据岗位特点设计合适的激励方法。

素养目标

1. 进一步提高自身沟通表达能力。
2. 通过案例学习强化爱党爱国爱家意识。

典型工作任务

1. 设计激励方法。
2. 描述领导风格。
3. 掌握沟通技巧。

任务一

认识领导角色

引例

字节跳动领导原则——领导角色与领导力

字节跳动创始人张一鸣说，说话做事不模棱两可。这很难，因为做出明确判断，就意味着承担责任。

张一鸣在字节跳动召开的“CEO 面对面”沟通会中提到，有判断力，很重要的体现就是知道什么时候做什么事情，什么时候不做什么事情。

比如在 2012 年的时候，字节跳动只有少数人在做电脑端，因为当时他们就很明确，要用全部精力做手机端。比如，当时有人提议做读书，读书也是阅读，但张一鸣坚决不做，不做小说，因为当时的竞争对手中，有人花了公司一半的人力和资金在做长内容，但这个市场并没有很大，也没有做起来。

现在回头看，张一鸣的判断是很正确的，他是天生有这样的判断力和勇气吗？他没有做过错误的判断吗？肯定不是，他在早期的职场生涯中，一定也做过一些错误的判断和决策，也一定付出过代价，但每一次的决策都会得到反馈，每一次的反馈都会帮助他提升决策的能力。

但如果你从不主动去做决策，你永远不知道每一个决策背后需要思考哪些维度，决策力也就无从谈起了。

张一鸣说开会的时候，自己根本不敢先提想法，因为自己想法一提出来，大家立刻就安静了，不会再有新的想法出现。甚至有些人会顺着领导的意思说话做事，揣测领导的意图。

如果不是因为组织文化必须要这么做，那就尽量不要这么做。因为对于个人，你失去了独立思考的机会，即便你提出的观点跟领导很不一样，不是最好的，但被否决的过程其实就是成长的机会。而对于组织，如果允许不同的意见出现，这时候就是一种战略决策备份，是决策建议的补充。

小思考

为什么独立思考对于管理者的成长极为重要？

一、领导的含义

（一）领导定义

“领导”这个词，在现代汉语中作为名词是指“领导人”“领导者”；作为动词用是指领导活动，而领导活动是指领导者在一定的环境下，为实现既定目标，对被领导者进行统御和指引的行为过程。把两者结合，领导，就是领导者运用权力指挥下属或者依靠个人影响追随者为实现组织目标的一种行为或行为过程，该职能包含以下三个含义：

（1）领导者一定要有领导的对象。领导者一定要与群体或组织中的其他成员产生联系，这些人就是领导者的下属，或者说是追随者，没有追随者，领导工作就失去意义。

（2）领导者拥有影响其下属思想和行动的权力。领导者拥有相对应的权力，可以影响组织中其他成员的行为；而组织中其他成员却没有这样的权力，或者说其所拥有的权力并不足以改变其领导的地位。领导者在权力方面的优越性是领导工作得以顺利进行的基础。

（3）领导者通过影响追随者实现组织目标。领导的本质是影响力。正是由于影响力的存在，领导者才能够对组织的活动施加影响，并使得组织或群体成员追随与服从，以实现组织的目标，使领导过程成为可能。

（二）领导的本质特征

领导是一种影响力，是影响个体、群体、组织来实现所期望目标的各种行动过程。领导被理解为一个动态的过程，它是领导者、被领导者、环境相互作用和相互结合以实现组织目标的过程。

领导者的影响力包括权力性影响力和非权力性影响力。

领导能力强，被领导者积极性高，环境条件好，领导效率就高，目标实现程度就高；反之，领导能力弱，被领导者积极性差，环境条件不好，领导效率就低，目标实现程度就低。

（三）领导的作用

领导的作用就是提高组织的活动效率，实现组织的目标。具体来说，它主要涉及指挥、协调、激励、控制四个方面。

1. 指挥

在组织活动中，需要头脑清醒、胸怀全局，能高瞻远瞩、运筹帷幄的领导者帮助组织成员认清环境和形势，指明活动的目标和达到目标的路径。主要体现于正确地规划目标，提出任务和制定实现任务的方法。

2. 协调

组织在内外因素的干扰下，需要领导者来协调部门之间和组织成员之间的关系和活动，朝着共同的目标前进。由于组织内部各个部门利益的配置、权力的大小不同，其中包含的矛盾和冲突很多；同时，组织每个成员的工作态度、个人价值观以及事业观在差异，力量的发挥程度也就有很大不同，也会产生矛盾。领导协调作用主要通过三种途径得以完成：一是通过制定政策与目标获得组织活动的协调；二是通过行政组织的层级结构获得协调；三是通过正式沟通（与命令、指示、政策有关的沟通和非正式的沟通）获得协调。

3. 激励

领导者应当经常深入组织内部中，了解成员的疾苦和要求，善于与成员沟通，关心成员、爱护成员，激发成员的积极性，使组织保持强大的战斗力。因此，领导实际上就成为一门激励艺术。如何开发下属的潜能，就成为领导要研究的重要内容。

4. 控制

领导的控制作用包括按照行政法规和规章所进行的规范控制，对组织活动过程中的问题和缺陷加以纠正的组织行为控制，以定期考核和奖惩作为表现形式的个人行为控制，以及通过情感沟通和个人魅力所进行的非正式组织控制。

小案例

钢铁般的统帅

在优衣库，无论是负责人还是临时员工，思想中都渗透着柳井正（优衣库创始人）倡导的铁一般的纪律。这里不允许员工有“我会努力的”“我再考虑”等托词。偷懒的店长被降职，执行董事也接二连三离开了公司。

柳井正的著作《成功一日可以丢弃》里有这样一段话：“所谓公司，如果什么都不做的话，就一定会垮下去。我们在经营公司的过程中必须带着‘正常的危机感’。如果想要公司有所发展的话，那么‘满足现状’简直就是愚蠢透顶。我们必须不断地否定现状，然后经常进行改革。而做不到这一点的公司只有死路一条。”尽管公司财务状况非常稳定，柳井正还是有着强烈的危机感，这也是他被称为“天才经营者”的理由之一。

【请思考】柳井正对企业运营拥有的过度的危机意识，这种意识正常吗？

提示：无论公司的业绩多么好，柳井正还是会有危机感，他总是担心着公司是不是哪天就会经营不善了，他需要能够激起员工们的挑战精神，他也在不断地寻找着新的商业契合点。

二、领导与管理

领导和管理有着密切的关系，从表面上看，领导者和管理者都是在组织中拥有权力的个体，在组织中处在举足轻重的位置，他们工作的最终目标都是为了组织发展，他们的工作对组织的发展产生重大影响，两者似乎没有什么差别。但实际上两者既有密切联系，又有很大差异。美国管理学教授斯蒂芬·P. 罗宾斯认为：管理者是被任命的，他们拥有合法的权力进行奖励和处罚，其影响力来自他们所在的职位所赋予的正式权力。领导者则可以是任命的，也可以是从一个群体中自发产生的。因为，领导从根本上来讲是一种影响力，是一种追随关系，领导者可以不运用正式权力来影响他人的活动。所以，领导者既可以存在于组织中，也可能存在于一定的群体中，既可以存在于正式组织中，也可能存在于非正式组织中。因此，领导者不一定是管理者，管理者也并不一定是领导者。领导者与管理者的区别如表 4-1 所示。

表 4-1　领导者与管理者的区别

管　理　者	领　导　者
多	唯一
建立在合法的、有报酬的和强制性的权力基础上的对下属命令和指挥	用个人魅力影响下属
强调的是完成目标的过程是否符合要求，有无偏差	看重的是结果是否符合他的预计，不过多关注过程
关注生产	注重人
解决问题	提出问题
注重制度与结构	工作方法灵活性强
控制	激励
着眼于盈亏	着眼于远大前程

典型任务举例

有的人虽然有经理头衔，但很少能影响到他人的行为和工作；也有的人并无正式职权或经理之名，但却能以个人的身份和感染力去影响他人的行为。后者不是管理者，但却是一个领导者，一个至关重要的非正式领导。

小案例

韩信点兵，多多益善

刘邦有一次与韩信对话，刘邦问韩信："你能带多少兵？"韩信答："多多益善。"刘邦又问："你看我能带多少兵？"韩信答："十万。"刘邦又问："为什么我只能带十万，你却多多益善？"韩信答："我能带兵，你却能带将。"

【请思考】刘邦带兵，为何不是多多益善？

提示：领导人不一定什么都懂，关键是管好将领。

综上所述，领导者与管理者虽有相同之处，但绝不可以混为一谈，正确认识两者的区别与联系有助于对日常的管理活动进行更好的把握，从而促进组织的发展。

三、领导风格

领导者能力评价与角色锻炼

领导风格是指领导者进行活动时对待下级部属态度行为的表现。每一个领导者在对待下级和部属时，都有不同的态度和行为，对如此丰富多彩的态度和行为进行抽象和提升，就可以总结出不同的风格。所以，领导风格实际上体现了一种模式化的领导行为。领导行为理论认为，个人可以通过合适的、最优的领导行为的学习和培训而使其更加有效地开展领导工作。

（一）基于权力运用的领导风格分类

1. 专制式领导风格

特点：领导者独自负责决策，命令下属执行。

优点：决策制定和执行速度快，使问题在较短的时间内得到解决。

缺点：下属依赖性大，领导者负担较重，易抑制下属的创造性和工作积极性。

2. 民主式领导风格

特点：领导者在采取行动方案或作出决策之前听取下属意见，或者吸取下属参与决策的制定。

优点：集思广益，决策质量高，减少执行阻力，提高工作热诚。

缺点：决策制定过程长，耗用时间多。

3. 放任式领导风格

特点：领导者极少行使职权，留给下属很大的自由度，让其自行处理事情。

优点：培养下属的独立性。

缺点：各自为政，容易造成意见分歧，决策难以统一。

4. 仁慈专制式领导风格

特点：是专制式领导风格向民主式风格的一种变异。

优点：领导者决策时可能仔细听取下属的意见，执行命令时允许下属提出疑问并以说服式使下属接受决策。

缺点：作决定时专断。

5. 支持式领导风格

特点：民主式领导风格的一种变异。

优点：对受挫员工起到极大的支持和引导作用。

缺点：对员工不完全信任。

（二）基于态度与行为取向的领导风格分类

1. 以任务为中心的领导风格

领导者最关心工作任务的完成，总把工作任务放在首位，对人际关系不甚关心。

2. 以人员为中心的领导风格

领导者把精力放在下属身上，关注他们的感性和人际关系及成长。

3. 关心任务和关心人员结合式的领导风格

领导者对工作任务和人员的关心都有高标准的要求，通过鼓励互信、互敬及相互协作的团队精神来取得关心任务和关心人员两方面的有效结合，是最理想的领导风格。

（三）领导工作依情境而权变的领导方式

与特定情境相适合的领导方式，是有效的领导方式；而与特定情境不适合的领导方式，则往往是无效的领导方式。

1. 依被领导者素质而权变的领导方式

（1）命令式。高任务与低关系，适用于下属缺乏接受和承担任务的能力与愿望，既不能胜任又缺乏自信的成熟度很低的情形。领导者需要为被领导者确定工作任务，并以下命令的方式告诉他们做什么，怎么做，何时何地做。

（2）说服式。高任务与高关系，适用于下属愿意承担任务，但缺乏足够的能力，有积极性但缺乏技能的成熟程度中等偏低的情形。领导者需要对其工作任务做出决策，但在决策下达过程中宜采取说服的方式让被领导者了解所做出的决策，并在决策任务执行中给予大力的支持和帮助，使其高度热诚充满信心地产生预期行动。

（3）参与式。低任务与高关系，适用于被领导者有能力但不愿意承担责任的中等偏高（较高）成熟程度的情形。需要让被领导者参与做出决策，领导者则从中给予支持和帮助。

（4）授权式。低任务与低关系，适用于被领导者既有能力也有意愿承担责任的高度成熟的情形。领导者很少下达指令，也很少给予支持，而是让被领导者自己决定和控制整个工作过程，领导者只起到监督的作用。

【小探讨】 唐僧是哪种风格的领导，其领导方式是怎样的？

2. 依环境条件而权变的领导行为

菲德勒的领导的随机制宜理论指出，领导行为的有效性受环境条件的强烈影响。从领导行为取向的角度来看，究竟是采用任务中心式的还是人际关系中心式的领导行为更有效，取决于领导工作所面临的环境条件。这种要求领导行为随机制宜的环境条件由三方面因素构成。

一是职位权力，即领导者所拥有的正式权力的大小及上级和组织对他支持的程度。二是任务结构，即下属所承担任务的明确化和常规化的程度。三是领导者同下属的关系，即被领导者对领导者的信任和忠诚程度。依其对领导工作的有利程度分为三种状态：有利、不利和中等状态。面对有利和不利环境的领导者，宜采用任务中心式的领导行为；反之，领导者若处在中等程度有利和中等程度不利的环境中，则采取人际关系中心式的领导行为，这样匹配会取得较好的领导效能。

引例解析

字节跳动作为我国互联网领域的代表性企业，在世界范围内产生了极大的影响。其创始人张一鸣的杰出思考力和领导力，充分说明了领导者和领导工作的重要性。领导是一种重要的管理职能，也是人类社会活动的重要因素。任何一个组织都离不开领导和领导者。那么，如何做一个有效的领导者呢？本项目将就此进行探索。

管理游戏

对别人的肯定

1. 形式：集体参与。
2. 时间：15 分钟。
3. 材料：无。
4. 场地：不限。
5. 应用：（1）沟通技巧。（2）领导艺术。

一、目的

鼓励参与者说出对别人肯定的看法。

二、程序

将人员分成两人一组，要求每个人写下4～5件在同伴身上注意到的事，但必须全部是肯定的（如：穿着整齐、声音悦耳、善于倾听等）。在他们写了几分钟后，每两人组成一个小组进行讨论，每人说出他/她写了同伴哪些事情。

三、讨论

1. 这个练习让你感到自在吗？如果不自在，为什么？（对别人给出肯定的看法或接受对自己肯定的看法可能都是一种全新的经历。）

2. 怎样才能让自己更容易对别人给出肯定的看法？（首先建立一种亲密关系；给出确切的证据；选择适当的时机）

3. 怎样才能让自己更容易接受别人肯定的看法？（试着欣然接受；在质疑之前先拿定主意思考一下其真实性；允许自己自我感觉良好）

任务二

掌握权力与指挥

引例

谋定而后动：周总理的政府管理智慧

周恩来担任国家总理26年，功勋卓著，被人民群众称为“人民的好总理”。在政府管理方面，周恩来把马克思主义普遍真理与中国政府管理的具体实际结合起来，形成了一系列重要的政府管理方法，并通过悠久而深厚的中国文化表达出来。他思考事物的周密有如水银泻地，处理问题的敏捷有如电火行空；他可以几天几夜不眠不休地工作，精力充沛，好像不知道疲劳；他对党和人民、对国家、对领袖始终忠心耿耿。这还与他的思想方法和工作方法分不开，他高度重视马克思主义中国化，善于把马克思主义普遍真理同中国具体实际结合起来，创造性地开展工作。

一、求同存异

中华人民共和国成立后，求同存异是周恩来对包括外交工作在内的政府管理的一个重要方法，是周恩来政府管理智慧中最具魅力的范畴之一。

中华人民共和国从成立之日起，就面临着如何在同各国建立和发展正常关系的过程中正确处理各国间差异的问题。周恩来及时地将求同存异的思想方法运用到外交工作中，为解决这一问题开辟了正确的途径。他在万隆会议上提出“我们的会议应该求同而存异”，为会议的成功奠定了基础。在指导推进中国同主要西方大国英国、美国、日本的关系时，他提出：“我们的态度是求同而不求异。”“通过双方坦率地交换意见，弄清楚彼此之间的分歧，努力寻找共同点，使我们两国的关系能够有一个新的开始”。怎样才能和平共处？周恩来的观点是：“先把双方不同的立场说清楚，然后找共同点，这才是诚实的态度，这样才能相处下去。”

在内政管理上，他指出：“人心不同，各如其面。人们的智慧、才能、性格各有不同，相互之间有时是有矛盾的。团结就是在共同点上把矛盾的各方统一起来。善于团结的人，就是善于在共同点上统一矛盾的人。”“我们在自己的队伍中，就是要强调统一与团结。统一矛盾并不妨碍个性的发展”。从而调动一切可以调动的积极因素，团结一切可以团结的力量为国家建设服务。

二、以大事小

在中国漫长的封建社会里，当官的被称为“大人”，如“知县大人”“知府大人”，属下百姓则被称为“小民”。尽管贤明的思想家和官员们深知得民心者得天下的道理，但“小民”从未被放在主人的位置上。与以往的统治者不同，中国共产党是依靠人民，为人民谋幸福的党，政府工作人员是人民的公仆，都要“以大事小”，服务好老百姓。周恩来认为国家总理这样的“大官”也就是人民的“总服务员”。他要求各级政府管理者，都要服务好老百姓，当好人民的服务员。他指出：“对人民，我们要如对孺子一样地为他们做牛的。要诚诚恳恳、老老实实为人民服务。”“人民的世纪到了，所以应该像条牛一样，努力奋斗，团结一致，为人民服务而死”。

“小”是“大”的基础，没有小就没有大。江海之所以成为一切小河流的领袖，是因为它善居其下，有容乃大。周恩来的“以大事小”的思想方法，反映了大国对小国善居其下的智慧，反映了政府管理者“人民至上”的理念。

三、同福同难

政府管理中，如何协调和处理不同地区、不同部门的利益矛盾，最大限度地调动全体人民的积极性，实现社会和谐？周恩来的思想方法是“有福同享，有难同当”。

中华人民共和国成立初，周恩来就指出：“每个单位必须有整体观念，要在总的财经计划中找到自己的位置，认识自己的方向，有重点有计划地恢复生产和发展生产。这样才能不犯本位主义，不单纯依赖国家，并在各自的范围内做出最大的成绩。”他关于正确处理城乡关系、内外关系、工商关系、公私关系、劳资关系和上下关系的论述，处处体现着顾全大局，有福同享、有难同当的思想方法。

在国家建设中，周恩来坚决反对只顾局部不顾整体的观点和行为，既要求大家合作、齐心协力搞建设，也要求大家共同发展、共同享受发展的成果。他指出：“如果不把我们的祖国建设成为一个现代化的社会主义国家，是不能摆脱贫困落后的状态的。要摆脱这种状态，只有我们五十多个民族，大家合作起来，共同发展，把我国建设成为一个强大的社会主义的现代化国家。我们社会主义的民族政策，就是要使所有的民族得到发展，得到繁荣。”

四、戒慎恐惧

随意性和急躁冒进，是政府管理的大敌。周恩来认为政府管理千头万绪，“稍不慎就会出乱子”，“不能急躁，不能草率，必须谨慎从事”，需要“戒慎恐惧”。他指出：“在我们这样一个地区广阔、情况复杂并且经济上正在剧烈变革的国家里，任何疏忽大意，都可能发生重大的错误，造成重大的损失。”“我们这样一个人口多、经济落后的国家要在经济上翻身，这是一个艰巨的任务。我们应该有临事而惧的精神。这不是后退，不是泄气，而是戒慎恐惧。建设时期丝毫骄傲自满不得，丝毫大意不得”。

周恩来以“戒慎恐惧”的思想方法抓水利、人造卫星上天，抓外交和国家建设，避免了重大决策的失误，避免了可能出现的奇灾大祸和巨大浪费，也是这些方面取得一系列重大成就的重要原因之一。

五、瞻前顾后

政府管理中，如何协调和处理眼前利益与长远利益、当代人与后代人的关系？如何实现经济社会的可持续发展？周恩来的思想方法是“瞻前顾后”。他认为订计划要瞻前顾后留有余地，全面安排也需要瞻前顾后，政府工作就要抓“全面规划，瞻前顾后，分期进行”。

他坚决反对只顾眼前不顾将来的短视行为。他指出：“我们不能够只看到眼前的利益而忽视了长远的利益。为着我们子子孙孙的幸福，我们不能不暂时把许多困难担当起来。”在生产和生活的关系上，不能只想着提高眼前的生活水平。“最主要的事情，就是我们人人都要关心提高我们国家的生产力”“只有生产不断地增加，不断地扩大，才能逐步地克服我们人民的贫困，才能巩固我们革命的胜利，才能有我们将来的幸福”“生产、技术的发展慢吞吞的，生活要求提得很高，那就错了；应该生产、技术的发展要求很高，生活提高还要慢慢来”。

六、中和守衡

事物都是对立统一的，而周恩来是善于将对立的两个方面统一起来，善于中和的辩证法大师。例如，周恩来领导治水，高超地处理了缓急、标本、蓄泄、前后、利害、福难、统分、上中下游、左右岸、群众与专家、理想与现实、战略与战术、目标与步骤等对立面的统一，体现出他对唯物辩证法，特别是对对立统一规律的运用自如。

在处理中央和地方的关系时，他反对走向任何一个极端。他指出：“在中央的统一领导下发挥地方的积极性，才能使各方面的工作生气勃勃，否则就死气沉沉。”几个月后，他又指出：“处理好上下关系，既要做到集中统一，又要因地制宜，二者必须都照顾到。”

事物都是在相对平衡中存在、发展的，他是善于守衡并将中和与守衡结合起来的辩证法大师。

七、博采众长

周恩来认为，“一切国家，一切民族，都有长处，也有短处，有优点，也有缺点”。他号召“向一切国家的长处学习”，“必须把世界上一切好的东西都学来”。怎么学？“我们应该有批判地学习，不是盲目地学习。有批判地学习，就是要学人家的长处和优点；不盲目地学习，就是不要把人家的短处和缺点也学来。”他指出：“敢于向一切国家的长处学习，就是最有自信心和自尊心的表现，这样的民族也一定是能够自强的民族。”

在国家建设中，每个重大项目都会有多种不同的意见和方案。专家们从不同的立场、不同的经验、不同的理论水平、不同的视角和兴趣出发，其看法和主张之间的分歧是不可避免的。周恩来提出对这些不同的意见和方案要进行比较，“集中对的，去掉不对的，坚持真理，修正错误。这样才能不断前进”。

八、谋定而后动

在外交工作和国家建设中，如何处理目标与步骤、谋划与行动的关系？周恩来的方法是“谋定而后动”。他重视事前的谋划、运筹，强调预备好了才行动，不打无把握之仗，不打无准备之仗，强调有目标地稳步前进。

小思考

请举例说明，周总理治国方略对于当今社会发展的指导意义。

一、权力的含义

（一）权力的定义

德国社会学家马克斯·韦伯对权力的定义是："权力意味着在一定社会关系里哪怕是遇到反对也能贯彻自己意志的任何机会，不管这种机会是建立在什么基础之上。"美国社会学家帕森斯认为："权力是一种保证集体组织系统中各单位履行有约束力的义务的普遍化能力。"也有人认为权力是指产生某种特定事件的能力或潜力。这些定义均没有揭示权力的真正本质。因为人为了更好地生存与发展，必须有效地建立各种社会关系，并充分地利用各种价值资源，这就需要人对自己的价值资源和他人的价值资源进行有效的影响和制约，这就是权力的根本目的。总之，权力的本质就是主体以威胁或惩罚的方式强制影响和制约自己或其他主体价值和资源的能力。

（二）权力的形成

1. 领导权力

领导的权力广义上来自两个方面：

一是来自职位的权力，这是由管理者在组织中所处的地位赋予的，并由法律、制度明文规定，属于正式权力。这种权力直接由职务决定其大小，以及拥有与丧失。

二是来自管理者自身的个人权力。这种权力主要靠管理者自身素质及行为赢得的。因职位而拥有的正式权力称为职权，也即狭义上讲的权力。而个人权力则是包括在广义的权力概念中，它在相当程度上属于威信范畴。

2. 权力的形成机制

（1）影响权力的因素，包括：① 组织；② 管理者；③ 被管理者；④ 其他因素。

（2）被管理者追随与服从心理分析，如图 4-1 所示。

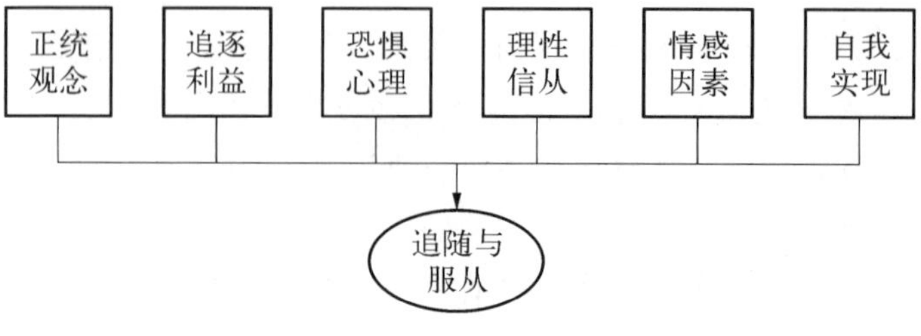

图 4-1　被管理者追随与服从心理

（三）权力类型

为了研究权力及其运用的效果，学者们通常都将其进行类型上的划分。目前流行的观点是将组织中的权力划分为两类五种：职位权力（制度权、奖励权、强制权）、非职位权力（专家权、参照权）。

1. 职位权力

职位权力是领导者依据其职位所取得的权力，是领导者行使指挥与统领过程的支配性影响的实质条件。职位权力与职位高低相对称。它同领导职位一样，都须有法律的认可和确认，并都会对领导效能产生一种双向的影响。职位权力主要是指：

（1）制度权。制度权是指因拥有组织中的正式职位而获得的权力。制度权是由法律赋予拥有一定职位的领导者在其职权范围内依法行使的权力，其行为的后果是由组织承担的。制度权要想得到有效运用，领导者必须做到：① 要求要有礼节。傲慢的要求不仅不会使成员顺从，而且还会因此抗拒。② 要求要明确。领导者要使其下属清楚地了解其要求并加以理解。③ 要求要合法。非法的要求会被忽视或抗拒，特别是人们反对去做的事情。④ 要求应有合理的解释。理性的解释与说服可以加速下级对合法要求的接受。⑤ 要求要坚持得到服从。领导者应避免下级明显地拒绝贯彻某一命令或要求的事情发生，如果破例一开，那么就会降低领导者在组织成员中的威信。如果要求合法合理，领导者应行使权威，要求下级服从。

（2）奖励权。奖励权是指对于领导者施加的影响，被领导者基于这样一种信念，如果接受这一影响，就必然会得到某种程度的奖励。通常情况下，同领导者奖励权的大小密切相关的因素有：① 被领导者对领导者实施奖赏的能力的信任程度。被领导者只有在认为领导者具备这种能力时才会接受他的影响。② 领导者实施的奖励与被领导者所期望的奖励的吻合程度。这种吻合时间越长，领导者的影响力持续得也就越久，吻合的程度越高，领导者的影响力就越大。③ 领导者所实施的奖励大小。奖励越大，领导者的影响力就越大。

（3）强制权。强制权与奖励权相对应，强制权是建立在组织成员认为不接受服从便会受到惩罚的基础之上。它是领导者对其下属不服从其领导所给予的一种强制性剥夺。强制权通常会立即见效，但它易产生抑制和报复、破坏信任以及破坏人与人之间的关系等后果。所以，对于一个成功的领导者来说，除非必需，应尽量避免使用强制权。领导者使用强制权时应注意将规定和罚则明示，在处罚之前有足够的警告，在处罚之前了解事实真相，处罚要适度，惩罚要公正等。

2. 非职位权力

非职位权力又称个人权力，是指与组织的职位无关的权力。也就是说，领导者非职位权力的获得不是依赖于他在组织中的职位，而是因为领导者具备某方面的特质。非职位权力主要是指专家权和参考权。

（1）专家权。专家权是指专家在他们的专业知识和技能领域所具备的权威。在日趋高度专业化和精细分工的组织背景下，具有专门知识和技能的专家在组织中的地位越来越高。应用专家权时应注意以下几点：① 建立专家形象，即领导者应使其下属、同事和上级确知其教育背景和相关的工作经验以及在专业领域显著的成就；② 维持信用，即领导者对于不太了解的事情应避免随意评论，否则，领导者的专家权会大打折扣；③ 做到果敢而自信，特别是在危急时刻，领导行使专家权要果敢而自信；④ 保持信息灵通，即领导者必须了解和掌握相关专业领域的发展和变化；⑤ 避免伤害下属的自尊心。

（2）参照权。参照权是指一个人的行为、意见、态度、气质等个人特质成为他人采取行为模式、表达意见和参照的对象。也就是说，领导者的参照权是建立在组织成员对领导者的忠诚、敬仰和个人情感的基础之上。参照权主要包括：① 个人魅力权，它是由领导者个人的魅力所“派生”出来的权力，人们由于受领导者的魅力所吸引而成为他的追随者；② 背景权，这种权力来自一个人的辉煌经历或特殊的人际关系背景、血缘关系背景；③ 感情权，即一个人由于同被影响者的感情融洽而获得的一种权力。

小案例

没有权力的领袖

为了取缔南非的种族歧视，曼德拉多次被捕入狱。1962 年，南非政府判处他 5 年监禁，1964 年 6 月，他又被指控犯有阴谋颠覆罪而被判无期徒刑。曼德拉 27 年的狱中生涯，受尽了白人看守的种种歧视和虐待，但出狱后在成功当选南非总统的就职仪式上，曼德拉除了介绍了各国政要，还特别介绍了到场的几名看守并向他们致礼。他宽宏大量的胸襟令世人肃然起敬。

【请思考】曼德拉有权力吗？

提示：领导者的权力不仅仅靠法定权力，还靠他个人的魅力。

（四）获取影响力的路径

人的影响力从哪里来

影响力是领导者向被领导者施加影响的基础。在领导活动中，不同组织成员的个人目标往往有所不同。因此，要想使组织成员为实现共同的组织目标而努力，领导者就必须借助影响力来对组织成员施加影响。那么，影响力是如何获得的呢？应该说情况不同，获取的方式也不一致。通常情况下，影响力获取的路径主要有以下几个方面。

1. 尽可能地展现自己的能力

对资源的占有以及合理使用是拥有权力的必备前提之一。但要想拥有影响力，还必须存有谋求影响力的动机。也就是说，一个拥有影响力资源的人要想真正拥有影响力，那他还必须在这种影响力动机之下千方百计地得到更多的影响力资源并充分利用它们。任何一个组织在选择它的领导者时，无不把一个人的领导能力作为首要的因素加以考虑，任何一个追随者，都不会去追随一个没有能力的领导者，因为这与他的切身利益密切相关。要想成为领导者并拥有实际的影响力，就意味着必须抓住一切机会，在恰当的时间和空间来证明自己的能力。“领导是成长起来的，而不是创造出来的”，这充分说明，只有将自己的能力展示在组织和众人面前，赢得人们的信赖与支持，才有可能成为领导者和被追随者。

2. 完成关键工作

任何一个组织都会有诸多不同的工作，而且这些不同的工作对于组织的意义也不尽相同，它们或主或次，或关键或一般。通常情况下，上层领导会对那些在组织中具有关键意义的工作给予更多的关注。因此，要想获取影响力，就必须想方设法去争取获得完成这些工作的机会。然而，对于这些工作，并不是所有的人都能够胜任，也就是说，有了机会并不表明已经胜任这一关键工作。因此，追逐影响力者还须施展自己的才华，尽可能地将工作做得圆满、出色。只有这样，才可能真正赢得上层领导的信任以及组织成员的尊重。

3. 乐于助人

乐于助人是指要能适时地进行感情和利益的投放。追求影响力者应该时刻关注周围的人，在他们需要的时候立刻伸出援手，提供适当的支持与帮助，这种感情和利益的投放实际上也是一种恩惠的储存。在你追逐权力的过程中如果有需要的话，他们也会向你投放感情和利益，即向你提供相应的支持和帮助。

4. 帮助组织克服危机

在一般情况下，一个人要想获得迅速提升是一件非常困难的事情，但如果在组织发生危机时，他能够临危不惧、挺身而出，并带领组织走出危机，那他就能获得影响力。因为组织在处于危机时，组织原来的权力构架十分容易被打破，如果谁能够在这个时候抓住机会，谁就能够获得成功。所以，追逐影响力者在组织处于动荡与危机之时，必须全力以赴，帮助组织克服危机。

5. 谨慎地寻求顾问

一个人不管他的智商有多高，如果仅依靠他自己一个人的力量，那也很难获得成功。因此，要想获取影响力，追逐影响力的人还必须寻求他人的帮助，即寻找相关领域的专家来帮助自己收集信息、分析情况、发现机会并做出正确决策。但是影响力追逐者在寻求他人帮助或指点的过程中要注意“度”的把握，也就是说，在这个过程中，既要注意对专家的意见进行分析采纳，又要注意不可过分地依赖专家。否则，一旦失去专家的支持，自己就会立即陷入困难的境地。

6. 不断增加自己人力资本的储备

一个人要想获取影响力，成为一个理想的领导者，他是否具备应变能力至关重要，因为环境是处于不断变化之中的。无论是对于一个组织来讲，还是对于某一个人而言，想要适应不断变化的环境，他们的领导者就必须具有极强的环境适应力与应变能力。要增强自己的适应能力与应变能力，不断增加人力资本的储量是唯一的途径，追逐影响力者必须随时注重通过不断的学习、实践提高自己的知识水准、专业技能，使自己逐步发展成为某一领域的权威，扩展自己的专长权。专长权不仅能为一个人获取职位权提供基础，而且还能为提高一个人的适应能力创造条件。

（五）权力的运用

1. 正确处理权力的自主与制衡

正确处理权力的自主与制衡是指既要保证管理者依据法定职权，不受外来干预，独立地运用权力，又要建立必要的权力制衡体制，防止滥用权力。

2. 科学地使用权力

科学地使用权力是指坚持从实际出发，按客观规律办事；运用权力要同民主管理相结合，要同思想工作相结合，要同身教相结合；正确处理相关人员的职权关系。

3. 加大奖惩力度

加大奖惩力度，放大奖惩效应，做到“令行禁止”，可以有效引导和规范组织成员行为，激发组织成员持久的活力，激发组织的内生动力。

知识拓展

善用五种资源

个人权力就是个人魅力，与他人沟通和给人以激励的能力，以及领导才能。定位好自己的个人权力，就会持久地发展。很多人事业上发展不顺利不是因为能力不够，而是选择了并不适合自己的工作，很多人并没有认真地思考一下“我是谁”“我适合做什么”，也因为不清楚自己要什么，而无法体会如愿以偿的感觉。

人际关系权力来自在工作中所建立、培养和保持的关系网和朋友圈；来自公司内其他部门的同事。现代人都很重视人际关系。人际关系处理好不好，在很大程度上决定着一个人的生活质量。而人际关系如何，取决于个人的处世态度和行为准则。

职位权力直接与公司组织结构中的地位有关。公司业主、总裁和首席执行官有很大的职位权力，而接待员、办事员或勤杂人员一般没有什么职位权力。定位准确，就会抵抗外界的干扰，就不会轻易地放弃。

知识权力是对具体工作、所在部门、机构的某种特殊专长或知识。会善用自己的资源，集中精力地发展，而不是“多元化发展”，这是职业知识发展的一个规律。

任务权力存在于分配的工作任务中，有些工作其本质上较其他工作对公司的健康发展更为重要。比如说销售人员，其工作是通过销售产品和服务来为公司赚取利润，他们通常有较高的任务权力。定位准确，就会让合适的用人单位招聘你，或者让你的上司正确培养你，或者让你的所有关系帮助你。很多人在写简历和面试的时候，不能准确地介绍自己，使得面试官不能迅速地了解你，有的在职业上摇摆不定，使得单位不敢委以重任。定位不准，就好像游移的目标，让人看不清真实的面目。

二、指挥

（一）指挥的含义

指挥者通过下达命令、指示等形式，使系统内部个人的意志服从于一个权威的统一意志，将计划变成全体成员的统一行动，使全体成员履行自己的职责，全力以赴完成所担负的任务。行使指挥权的人应注意以下问题：

（1）透彻地了解手下的人员，做到知人善用。

（2）淘汰不胜任的人，以保证组织始终处于良好的运转状态。

（3）通晓约束企业和其雇员的协议。

（4）领导人员做出好榜样。

（5）对组织及其账目进行定期检查。

（6）利用会议和报告的形式达到指挥的统一和力量的集中。

（7）不要陷入琐碎事务。

（8）力争在职工中保持团结、积极、主动和忠诚的精神。

（二）指挥的原则

1. 权威原则

权威（权力）形成机制模型如图 4-2 所示。

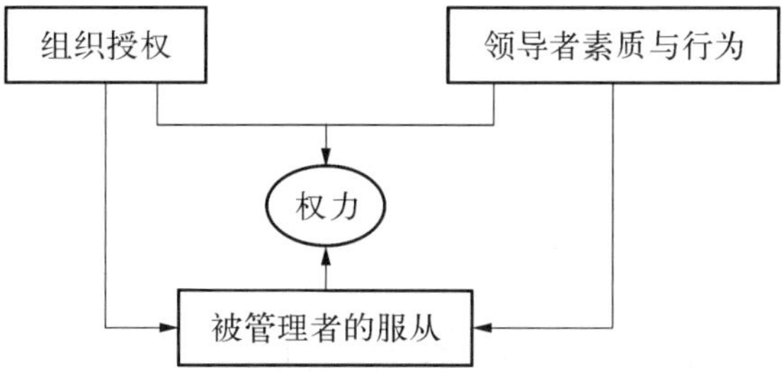

图 4-2　管理者的权威（权力）形成机制模型

2. 统一原则

要做到“五统一”，即统一目标、统一思想、统一纪律、统一指挥、统一行动。

3. 首长负责制原则

组织内部各个层次主要负责人对其职权管辖范围内的各项事务有最后决定权，并负个人责任。

4. 坚定果断原则

要有坚定的立场和果断的信念。

（三）指挥的方式

1. 口头指挥方式

口头指挥方式是指利用口语来表达指挥员意志的指挥方式，是指挥员常用的一种面对面的指挥方式。

2. 书面（文件）指挥方式

书面（文件）指挥方式是指通过文字书面语言来表达指挥员的意志的方式，如表4-2所示。

表4-2 书面指挥方式

指挥方式	适 用 条 件
命令	发布重要法规，采取重大的强制性行政措施，任免，嘉奖和惩罚
指令	发布经济、科研等方面的指示性和规定性相结合的措施或要求
决定	对某些问题或重大行动做出安排
决议	经过会议讨论，通过要求贯彻执行的事项
指示	对下级机关布置工作，阐明工作活动的指导原则
布告	对公众发布的应当遵循的事项
公告	向国内外宣布重大事件
通告	在一定范围内，对群众或者机关团体公布应当遵守或需要知道的事项
通知	传达上级指示，转发上级机关公文
通报	表扬好人好事，批评错误，传达重要情况以及需要各机关知道的事项
批复	答复请示事项

书面（文件）指挥方式的优点体现在：① 多层次、广地域，更准确有效；② 可较长时间保留，便于管理资料的储存，备查；③ 比口头形式有更强的强制性、权威性。

3. 会议指挥方式

会议指挥方式是口头指挥常用的一种重要形式，除口头指挥形式的特点外，与书面指挥比较，有如下特点：不受文字限制；可结合理论与实际做出说明与解答；可进行有效协调；可能进行交流，加深理解。

知识拓展

在日本东京钨公司的会议室里，贴着《会议七条规定》，开头第一句是“要有效地开会”。

（1）不开没有明确议题的会。

（2）会议时间控制在 90 分钟以内。

（3）要很好地考虑问题，采取建设性意见。

（4）不要固执己见。

（5）按多数人的意见作决议。

（6）结论要在当场确认。

（7）中途不要退席。这是少开会，开短会的有力证明。

4. 现场指挥方式

现场指挥方式是指事先进行深入调查，找出问题和解决的办法，把有关负责人找到现场，大家提问题，谈看法，弄清情况，当场做决定，及时解决问题的指挥方式。

管理人物

王传福

王传福，男，汉族，1966 年 2 月 15 日生，安徽芜湖人，中共党员，1987 年毕业于中南工业大学（现中南大学）冶金物理化学专业，同年进入北京有色金属研究总院攻读硕士，1990 年毕业后留院工作，1995 年辞职，创办比亚迪公司，短短几年时间，发展成为中国第一、全球第二大电池制造商，2003 年进入汽车行业。现任比亚迪股份有限公司执行董事。

比亚迪非同凡响。其掌舵人王传福，被称为“技术狂人”。他带领的这家深圳公司白手起家，其间建立了涉及电池制造、手机配套、汽车等领域产值约 200 亿元的高端制造企业。通过把可充电电池和电动汽车两个主业的嫁接，比亚迪声称要在2025年成为全球第一大商用车制造企业。

1995年，王传福从做房地产的表哥手中借到250万元，他一头扎进手机电池行业。从镍电池到锂电池，比亚迪从容不迫地赶超，一度令索尼、三洋等行业大佬恐惧。正当人们为王传福在电池行业咄咄逼人的态势惊叹时，他鸟枪换炮，又一头挤进竞争白热化的汽车业。如今，有人说比亚迪是丰田汽车未来的真正对手。

媒体如同发现了“中国的金刚”。有人评说，王传福蔑视现有的商业秩序和游戏规则，“他信赖年轻的工程师胜过资深的欧美技术专家，他认为什么都可以自己造，而且造的比高价买的更管用，他觉得技术专利都是‘纸老虎’”。

的确，王传福改变了中国企业家的形象。那些在全球产业分工链条上苦苦挣扎、为了获得一份低端打工仔职位而不断压低身份、不惜血本甚至自相残杀的人群中，终于走出来一位“技术派”领军人物，以拆解跨国公司的技术壁垒为己任，狂热追求技术创新，并组织起了一支真正能征善战的本土化技术研发和制造队伍。

“我们从不对核心技术感到害怕。别人有，我敢做，别人没有，我敢想。比亚迪每个单位遇到问题，我们都会说，你解决不了，不是因为没有能力，而是因为你缺少勇气。”比亚迪一位副总裁这样解释他们的企业哲学。

王传福的看法更实际。针对中国企业普遍面临的“技术恐惧症”，他说，这种恐惧正是对手给后来者营造的一种产业恐吓，他们不断地告诉你做不成，投入很大，研发很难，直到你放弃。汽车？说穿了不过就是“一堆钢铁”。能让飞船上天的民族，不可能只干些低端加工业！

他拥有独特的解决之道。投资一条电池生产线，要几千万元，没钱怎么办？自己造。王传福“土办法”看上去很笨拙：自己动手制造生产设备，把生产线分解成一个个可以由人工完成的工序。没钱，难道还没有人？比亚迪的“制造秘诀”，是“半自动化加人工”，也有人称“小米加步枪”。从电池生产线到汽车模具，王传福把人力资源开掘到了极致，二十名工程师怎么也能顶上一台机械手吧。在日本、欧美，工业化意味着大机器制造，尽量减少人工。经过比亚迪改造的“中国特色工业制造”，却是“人海战术”，或者叫作工程师制胜。

自己动手，丰衣足食。“比亚迪制造模式”不但大幅降低了成本，而且将技术的消化吸收和工艺改进自始至终地融入制造业的各个环节。他们发现，“半自动化人工”的准确率并不比全自动化低，而且避免了批量加工出错后的大规模召回难题，它可靠又灵活。

更可贵的是，对人工和技术研发的极度推崇，让比亚迪格外注重产业链的“垂直整合能力”。只要客户提出要求，他们就能提供从方案设计到最终生产一站式服务。王传福说，代工只是比亚迪的一种服务，背后卖的是零部件，卖我们自己的技术。

想和别人竞争，还要走别人走过的路，那就是自寻死路。“你和别人一模一样的打法，你凭什么打赢？”王传福说。所以，必须“你打你的，我打我的”。

你把人仅仅看作劳动力，他就只能打工。而你把人看作创造者，他就是设计师。比亚迪的企业战略，其实从根本上就是要破除中国人力资源只能走廉价、低端路线这一迷信。

在王传福看来，中国的工程师创造力是最棒的，因为他们总是工作第一，享受在后。“我觉得中国企业家很幸运，上帝照顾了我们，把这么优惠的东西放到我们这边来。而我们过去只懂管工人，不懂怎么把工程师组织起来。”

他强调，利用好中国的人才资源，让其淋漓尽致地发挥才能，才是“中国制造”的真正优势。

工作任务 4-1

校园模拟指挥

任务分析：

通过情景设定和决策模拟，培养现场指挥和应变能力。

操作步骤：

1. 设置一定的管理情景，由学生即时进行决策或指挥。

2. 管理情景为：夏天凌晨一点多钟，某女生宿舍三楼由于学生在寝室点蚊香引燃衣物发生火灾，此时楼门和校门已经关闭，人们都沉睡在梦中，只有邻近的几个学生宿舍惊醒。火势不断蔓延，情况非常紧急，假如你身处其中，如何利用你的指挥能力化险为夷。

3. 课下先进行分组讨论，然后各小组分别表述本组应急方案，看谁的方案最好。

任务三

建立激励机制

引例

西门子冰箱的领导艺术：激励员工

十个失败的企业，九个忽视激励员工。事实上，激励别人是很容易的。简单地拍拍人家的背，表现出自己的友善，自己也不会有什么损失，同时还能让接收者受益无穷。最近的一项研究结果表明，称赞别人所产生的激励效果与用金钱激励的效果不相上下。所以，我们的领导层一定要认真学一学激励的技巧和方法。请先了解一下西门子的案例：

西门子冰箱部门拥有出色的员工，能提供给客户优秀的产品和服务。而如何有效地调动西门子冰箱员工的积极性，让员工充满热情和敬业地服务好客户，这就需要西门子冰箱的领导者们能够识别与招募优秀的人才，任人所长，避其所短，进行有效的激励，帮助人才不断成长并最终取得成功。

西门子冰箱领导者非常注重管理的领导艺术，认为领导者自身的领导艺术是调动西门子冰箱员工积极性、激励员工、留住人才的重要因素。西门子冰箱领导者认为，一名出色运用领导艺术的领导者应该达到知识、经验、能力三方面的要求。知识方面主要是指专业知识、业务流程知识以及商业方面的知识；经验主要是指相关专业的工作经验、项目管理的经验、领导的艺术和跨文化方面的经验。能力方面包括 4 大方面 17 种能力，如沟通能力、计划与组织能力、学习能力、分析能力、制造变革的能力等。

严谨的西门子人重视领导艺术，在西门子冰箱，领导者非常重视向员工授权，充分信任自己的员工，并千方百计为员工实现目标排忧解难。西门子冰箱领导者认为，授权的前提是信任；信任的前提是员工能够做；要让员工能够做，经理就必须是教练；要教员工就必须与员工对话、沟通；对话的目的是承诺，要给员工值得憧憬的目标，要给员工实实在在的发展空间。

所以，西门子冰箱领导者的领导艺术，强调的是授权、对话、承诺。他们深知，对话与承诺都是双向的，但这一切都建立在“信任”的基础之上，“信任”就像部门的血液，支持着庞大的肌体，每一个业务部门，每一个职能部门，上下级之间被信任的血液滋润……

西门子冰箱领导者和员工之间这样充满信任的上下级关系，就像是亲密无间的战友。

小思考

授权是不是任何时候都能够产生激励作用？为什么？

一、激励的含义

（一）激励的含义

激励是指通过外部刺激（例如，设立适当的奖酬机制），借助于必要的信息沟通，激发人的需求或动机，以便引导、维持、同化或使之出现有利于组织目标的行为。激励在本质上就是激发、鼓励和努力调动人的积极性的过程。激励是领导的重要职能之一，在领导过程中，激励具有广泛的适应性和普遍性。如图 4-3 所示。

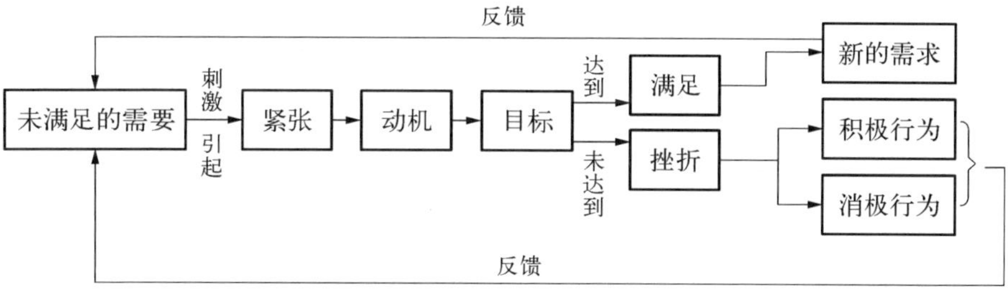

图 4-3　激励过程基本模型

（二）激励的作用

1. 激励能够调动组织成员的积极性和创造性

激励能够调动组织成员的创造性和积极性，是他们始终保持旺盛战斗力的关键所在。它的主要作用是通过动机的激发，调动被管理者工作的积极性和创造性，自觉自愿地为实现组织目标而努力，其核心作用是调动人的积极性。

一般来说，每一位组织成员总是由一种动机或需求而激发自己内在的动力，努力去实现某一目标。当达到某一目标后，他就会自觉或不自觉地衡量自己为达到这个目标所作的努力是否值得。因此，绝大多数人总是把自己努力的过程看作是为获得某种报酬的过程。如果他的努力得到了相应的报酬，那么，就有利于巩固和强化他的这种努力。因此，激励的目的就是要调动员工的积极创造性，并使这种积极创造性保持和发挥下去。

2. 激励能够发挥组织成员的能动作用

激励作为一种管理手段，就是要激发员工的主观能动性。因此，激励不仅可以提高人们对自身工作的认识，还能激发人们的工作热情和兴趣，使成员对本职工作产生强烈的积极的情感，并以此为动力，以自己全部精力、自觉、自愿地为实现组织的目标而努力，有利于充分发挥员工的主观能动性。

3. 激励能够挖掘人的潜力，提高工作效率

员工的积极性与组织的绩效密切相关，在组织行为学中有这么一个公式：

$$绩效 = f（能力，激励，环境）$$

从这个公式中可以看出，组织的绩效本质上取决于组织成员的能力、被激励的情形和工作环境条件。由此可见，激励是提高绩效的一种很重要的有利因素，当然，能力和环境也都是不可或缺的。

4. 激励能够增强企业凝聚力

企业是由若干员工个体、工作群体组成的，为保证企业作为一个整体协调运行，除了用严密的组织结构和严格的规章制度进行规范外，还需通过运用激励方法，满足员工的多种心理需求，调动职工工作积极性，协调人际关系，进而促进内部各组成部分的协调统一，增强企业的凝聚力和向心力。

小案例

日本松下公司员工激励方法

日本松下公司每季度都要召开一次各部门经理参加的讨论会，以便了解彼此的经营成果。开会以前，把所有部门按照完成任务的情况从高到低分别划分为 A、B、C、D 四级。讨论会上，A 部门首先报告，然后依次是 B、C、D 部门。

【请思考】为何安排先后报告可以激励员工？

提示：这种做法充分利用了人们争强好胜的心理，因为谁也不愿意排在最后。

二、激励理论

激励主要是研究人动机激发的因素、机制与途径等问题，心理学家和管理学家进行了大量研究，形成了一些著名理论，这些理论大致可划分为三类：内容型激励理论、过程型激励理论、行为改造型激励理论。

（一）内容型激励理论

内容型激励理论重点研究激发动机的诱因，主要包括：马斯洛的“需要层次论”、赫茨伯格的“双因素理论”、麦克利兰“成就需要理论”等。

1. 需要层次理论

需要层次理论是由美国社会心理学家和行为学家亚伯拉罕·马斯洛于 1943 年在其

所著的《人的动机理论》一书中提出来的。他将人类的需要归为五个层次，即生理需要、安全需要、社交需要、尊重的需要和自我实现的需要。按这五种需要的重要性和其先后次序排列成一个需要层次，如图 4-4 所示。

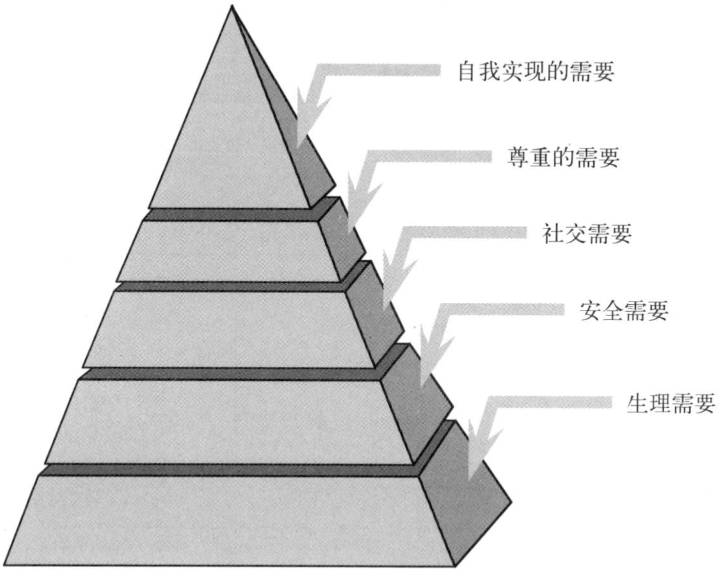

图 4-4　马斯洛的需要层次理论

（1）生理需要。生理需要是指维持人类自身生命所必需的各种物质上的需要，比如衣、食、住、行的基本需要。

（2）安全需要。安全需要是指人们希望避免人身危险和不受丧失职业、财物等威胁方面的需要。比如生活得到基本保障，不会失业，生病和老年时有所依靠等。马斯诺将各种形式的保险都统归入这一需要之内。

生理需要和安全需要同属于物质需要。

（3）社交需要。社交需要是指人们希望与别人交往，避免孤独，与人和睦相处、关系融洽、得到别人的友爱的欲望，以使自己在感情上有所寄托和归属。这种需要是感情和归属方面的需要，比如在工作上，希望被组织上的人员所承认，能得到别人的帮助，得到友谊，也能对别人进行帮助等。

（4）尊重的需要。尊重的需要是指受人尊敬或地位上的需要，它包括自尊和受人尊重两个方面，比如自信心、自尊心和对知识名誉地位方面的需要，要求得到别人的承认和尊重等。这类需要的满足程度有很大的差别，也难以得到全面的满足。

（5）自我实现的需要。自我实现的需要是人类最高一级的需要，是指使人能最大限度地发挥潜能，实现自我理想和抱负的欲望。这种需要突出表现为工作胜任感、成就感和对理想的不断追求，比如"中国航天之父"钱学森放弃美国的优厚待遇，回到百废待兴的新中国，以报效祖国。

社会需要、尊重的需要、自我实现的需要属于精神需要。

针对马斯洛需要层次理论的激励措施如表 4-3 所示。

表 4-3 针对马斯洛需要层次理论采取的激励措施

需要的层次	追求的目标	管理策略
生理需要	待遇 健康的工作环境 各种福利	工资、奖金 医疗保健制度 工作时间的长短 住房等福利设施
安全需要	职业保障 意外事故的防止	雇佣保证 劳动保障制度 退休金制度
社交需要	友谊（良好的人际关系） 团体的接纳 组织的认同	团体活动计划 互助金制度 群众组织 教育培训制度
尊重的需要	地位、名次 荣誉 权力、责任 与他人收入的比较	人事考核制度 晋升制度 表彰制度 奖励制度
自我实现的需要	能发挥个体特长的环境 具有挑战性的工作	决策参与制度 提案制度 革新小组

马斯洛需要层次理论的优点：马斯洛将人类的各种需要划分为五类，并指出人的需要是从低层次向高层次发展的，在一定程度上反映了人类行为和心理活动的共同规律，对管理学尤其是激励理论的发展做出了杰出的贡献。因此管理者必须注意目前对职工起主要作用的需要，以便有效地激励他们。

马斯洛需要层次理论的不足：需要层次理论过分强调个人需要，以个人私利为出发点，忽视了个体与整体、社会的关系。而且对于人的需要层次的划分过于简单、机械；没有提出衡量各层次需要满足程度的具体标准；也没有考虑到一种行为结果可能会满足一层以上需要的情况（如适当的薪酬不仅能满足生理和安全的需要，也能满足自尊的需要）等。

2. 双因素理论

双因素理论是美国的行为科学家弗雷德里克·赫茨伯格于 1959 年提出来的，又称激励–保健理论。双因素理论是他最主要的成就，在工作丰富化方面，他进行了开创性的研究。

20 世纪 50 年代末期，赫茨伯格通过调查访问发现，使职工感到满意的都是属于工作本身或工作内容方面的；使职工感到不满的，都是属于工作环境或工作关系方面的。他把能带来满意的因素叫作激励因素，把能够防止不满意的因素叫作保健因素。

（1）激励因素。这是属于和工作本身相关的因素，包括成就、赏识、挑战性的工作、增加的工作责任，以及成长和发展的机会等因素，这些因素能够满足个人自我实现的需要。当人们得不到这些方面的满足时，工作缺乏积极性，但不会产生明显的不满意；当人们得到这些方面的满足时，会对工作产生浓厚的兴趣和积极性，就能带给人们明显的激励作用。

（2）保健因素。这是属于和工作环境或条件相关的因素，包括公司政策、管理措施、监督、人际关系、职务地位、工资、福利、工作安全等因素。当这些因素恶化到人们认为可以接受的水平以下时，就会产生对工作的不满意。但是，当人们认为这些因素很好时，它只是消除了不满意，并不会导致积极的工作态度，这就形成了某种既不是满意、又不是不满意的中性状态。

此外，赫茨伯格修正了传统的认为满意的对立面就是不满意的观点。他指出满意与不满意实质的差别，认为满意的对立面是没有满意，不满意的对立面是没有不满意，激励和保健因素如表 4-4 所示。

表 4-4　激励和保健因素

激励因素	保健因素
成就 认可 工作本身 责任 晋升 成长	监督 公司政策 与监督者的关系 工作条件 工资 同事关系 个人生活 与下属的关系 地位 保障

双因素理论就如何针对需要激励员工进行了更深入的分析，提出要调动和保持员工的积极性，必须首先具备必要的保健因素，防止员工不满情绪的产生；但只是如此还不够，更重要的是要针对激励因素努力创造条件，使员工在激励因素方面得到满足。

3. 成就激励理论

“成就激励理论”是由美国心理学家大卫·麦克利兰于 20 世纪 50 年代提出三种需要满足的社会性需求，即成就的需求、权力的需求、归属的需求，这是人类行为的三种基本的驱策力。个人会因为对这些需要的优先次序的不同而多样。很多工作行为可以用人们对成就、权利和归属的需要强度来解释，尤其是成就需要的高低对一个人、一个组织的发展和成长起着特别重要的作用。

（1）成就的需求。成就的需求是指人们追求卓越、追求成就的内驱力。他们敢于接受挑战，敢于冒风险，愿意努力奋斗想方设法去实现自己的人生目标，把追求成就和成就的取得看成人生的最大乐趣。

（2）权力的需求。权力的需求是指一种想直接影响和控制别人的欲望。具有这种需求的人对谋求领导职位、影响和控制他人表现出极大的关心，这样的人一般会寻求领导者的地位。

（3）归属的需求。归属的需求是指对良好人际关系和真挚友情的追求。有高度归属感的人，常常因被人喜爱而感到快乐，并尽力避免因被某个团体或社会组织的拒绝而带来痛苦。

按照麦克利兰的理论，人们会对自己认为最有意义的需要产生偏好。这三种驱动力是和管理特别有关系的，其中成就的需求是最为重要的。

在大量研究的基础上，麦克利兰对成就的需求与工作绩效的关系进行了十分有说服力的推断。虽然对权力的需求和归属的需求的研究相对较少，但其结果是较为一致的。首先，高成就需求者喜欢能独立负责、可以获得信息反馈和中度冒险的工作环境。在这种环境下，他们可以被高度激励。其次，高成就需求者并不一定就是一个优秀的管理者，尤其是对规模较大的组织而言。然后，归属的需求与权力的需求和管理的成功密切相关，最优秀的管理者是权力的需求很高而归属的需求很低的人。最后，员工可以通过训练来激发他对成就的需求。

麦克利兰的激励理论是否具有普遍性，还值得研究，成就的需求、权力的需求不一定是每一个人的需求。

（二）过程型激励理论

过程型激励理论重点研究从动机的产生到采取行动的心理过程，主要包括弗鲁姆的“期望理论”、亚当斯的“公平理论”等。

1. 期望理论

期望理论是由管理学家弗鲁姆于 1964 年提出来的，是研究人的需要与工作目标之间的关系的一种激励理论。该理论认为：人们对某项工作积极性的高低，取决于他对这种工作能满足其需要的程度及实现可能性大小的评价。当人们认为实现预定目标可能性很大时，且实现这种目标又具有很重要的价值，这时该目标对激励的影响程度最大；反之，若对实现的目标不感兴趣，或者虽然感兴趣，但是根本没有希望达到目标，那他就不会有努力做好这项工作的积极性。因此决定激励程度的因素有两个：期望值和效价，激励的程度是期望值和效价的乘积所决定的。

用公式表示为：
$$M = E \times V$$

式中，M 为激励程度，反映一个人工作积极性的高低和持久程度，它决定着人们在工作中会做出多大的努力。E 为期望值，是指人们对想要实现的既定目标的主观概率，即主观估计达到目标的可能性大小。V 为效价，是指人们对某一目标的重视程度与评价高低，即人们在主观上认为实现目标后获得奖酬的价值大小。

效价高 × 期望值高 = 激励程度高
效价中 × 期望值中 = 激励程度中
效价低 × 期望值低 = 激励程度低
效价高 × 期望值低 = 激励程度低
效价低 × 期望值高 = 激励程度低

由此可见，要使激励程度达到最大，必须同时保持高的效价和高的期望值。当然，$M=V \times E$ 这一期望理论公式，只是从影响激励力量的期望值和效价这两个因素来分析的。其实，影响激励水平的还有个人的努力与成绩、成绩与奖酬、关联性等因素。

2. 公平理论

公平理论是美国心理学家亚当斯于 1965 年提出来的，这一理论的研究重点在于研究工资报酬分配的合理性、公平性及其对职工生产积极性的影响。

公平理论认为，人们的工作动机，不仅受到其所得的绝对报酬的影响，而且更受到相对报酬的影响，因此，每个人都会不自觉地把自己所获报酬以及自己付出的代价，与他人所获报酬及他人付出的代价进行社会比较，以此来确定自己所获报酬是否合理，比较的结果将直接影响今后工作的积极性。根据亚当斯的理论，有关工作成果方面的报酬应包括：工资报酬，组织对其的承认和尊重的程度，职位的提升，人际社会关系的变化及其心理上的报酬（感到被承认，更安全，更快乐）等；在工作中所付出的代价包括：时间，教育，经验，努力程度和负责精神等。

员工进行公平比较的方式有纵向比较和横向比较。

（1）纵向比较，即拿自己不同时期的付出与报酬进行比较。用公式表示为：

$$\frac{O_p}{I_p} = \frac{O_h}{I_h}$$

式中，O_p 为自己对现在所获报酬的感觉；O_h 为自己对过去所获报酬的感觉；I_p 为自己对个人现在投入的感觉；I_h 为自己对个人过去投入的感觉。

当上式为不等式时，可能出现以下两种情况：

① $\frac{O_p}{I_p} < \frac{O_h}{I_h}$。当出现这种情况时，人们会有不公平的感觉，这可能导致工作积极性下降。

② $\frac{O_p}{I_p} > \frac{O_h}{I_h}$。当出现这种情况时，人们不会因此产生不公平的感觉，但也不会觉得自己多拿了报酬从而主动多做些工作。

（2）横向比较，即在同一时间内以自身同其他人相比较，只有相等时，他才认为公平。这种比较的思想用公式表示如下：

$$\frac{O_p}{I_p} = \frac{O_c}{I_c}$$

式中，O_p 为自己对所获报酬的感觉；O_c 为自己对他人所获报酬的感觉；I_p 为自己对个人所作投入的感觉；I_c 为自己对他人所作投入的感觉。

当上式为不等式时，可能出现以下两种情况：

① $\frac{O_p}{I_p} < \frac{O_c}{I_c}$。在这种情况下，有两种办法，第一种办法是他可能要求增加自己的收入或减小自己今后的努力程度；第二种办法是他可能要求组织减少比较对象的收入或者让其今后增大努力程度以便使右方减小，使等式趋于相等。此外，他还可能另外找人作为比较对象，以便达到心理上的平衡。

② $\frac{O_p}{I_p} > \frac{O_c}{I_c}$。在这种情况下，他可能要求减少自己的报酬或在开始时自动多做些工作，但久而久之，他会重新估计自己的技术和工作情况，最后觉得他确实应当得到那么多的报酬。

公平理论给管理者的重要启示是：加强体制改革，贯彻效益优先、兼顾公平、按劳分配、多劳多得，奖勤罚懒的原则，建立公平公正的人力资源政策和制度。另外，激励时应力求公平，使等式在客观上成立，尽管有主观判断的误差，也不至于造成严重的不公平感，因为公平感是员工的主观感受，应经常注意了解员工的公平感，注意对被激励者公平心理的引导，对于有不公平感的员工应予以及时的引导或调整报酬，使其树立正确的公平观。

（三）行为改造型激励理论

行为改造型激励理论重点研究激励的目的（即改造、修正行为），主要包括美国心理学家斯金纳的“强化理论”、美国社会心理学家韦纳的“归因理论”等。

1. 强化理论

强化理论认为人或动物为了达到某种目的，会采取一定的行为作用于环境，当这种行为的后果对他有利时，这种行为就会在以后重复出现；不利时，这种行为就减弱或消失。人们可以用这种正强化或负强化的办法来影响行为的后果，从而修正其行为。

强化是指对一种行为的肯定或否定的后果（报酬或惩罚），它至少在一定程度上会决定这种行为在今后是否会重复发生。

这一理论运用于管理工作中，可通过如下四种方式进行：

（1）正强化。这是指在行为发生之后，立即用物质的或精神的奖励来肯定这种行为。正强化通常包括增加工资、发给奖金和奖品、表扬、赞赏、让某人干更有意义的工作等。

（2）负强化。负强化也称逃避性学习，是指一个人为避免自己所不希望的后果而不产生不良行为。例如学生上课迟到要受到老师的批评，不想受到批评的学生会努力做到不迟到。由此可见，负强化不仅能使一些不良行为减少或结束，而且还能使积极行为得到强化。

（3）自然消退。这是指对行为取消正强化，以表示对该种行为的某种程度的否定。一种行为如果长期得不到正强化，就会逐渐自然消退。

（4）惩罚。这是指以某种强制性和威胁性的后果来表示对某种行为的否定，借以消除此种行为重复发生的可能性。惩罚的方式有多种多样，如批评、降职、降薪、解雇等。但是，惩罚往往会带来不满、反抗甚至敌意，因此，正强化要比惩罚有效得多，管理者应尽量避免采用惩罚的手段。

斯金纳认为，强化理论具体应用应遵守的原则如下：

（1）不能以同样的方式强化所有的人。每个人的需要不同，因而对同一种强化物的反应也各不相同。这就要求具体分析强化对象的情况，针对他们的需要特点确定强化物。只有这样，才能达到强化的目的。

（2）要遵循目标强化的原则。要确定强化的目的或目标，明确预期的行为方向，使预期的行为方向同组织的目的或目标一致。同时，强化的目标应尽量明确、具体，使人易于理解，又便于衡量，才能激发起人的行为动机，起到强化的作用。

（3）及时反馈。为了实现强化的目的，就必须通过反馈的作用，使被强化者及时地了解自己的行为后果，并及时兑现相应的报酬或惩罚。

（4）正强化比负强化更有效。惩罚不能简单地改变一个人按照原来想法去做的念头，甚至会促使他们学会如何避免惩罚。过多地运用惩罚，会造成被惩罚者心理上的创伤，引起对抗情绪，乃至采取欺骗等手段来逃避惩罚。但是，有时又必须运用惩罚的方式。为了尽可能避免惩罚所引起的消极作用，应把惩罚与正强化结合起来。

强化理论有助于对人们行为的理解和引导。因为，一种行为必然会有后果，而这些后果在一定程度上会决定这种行为在将来是否会重复发生。那么，与其对这种行为和后果的关系采取一种碰运气的态度，倒不如加以分析和控制，使人们都知道应该有什么后果最好。但是强化理论只讨论外部因素对行为的影响，忽略了人的内在因素和主观能动性对环境的反作用。

2. 归因理论

归因理论认为，对行为归因的不同，会影响个体完成任务、解决问题时的行为动力。这一结论在管理工作中有较为现实的指导意义。

努力程度、能力大小、任务难度、运气和机会是人们在解释成功和失败时察觉到的四种主要原因。

（1）努力程度（相对不稳定的内因）。

（2）能力大小（相对稳定的内因）。

（3）任务难度（相对稳定的外因）。

（4）运气和机会（相对不稳定的外因）。

而每一种原因又可以从控制点、稳定性和可控性三个维度进行分析：

（1）控制点（原因源）：是外在归因，还是内在归因。

（2）稳定性（稳定程度）：是稳定原因（领导的原因或个人能力的原因），还是不稳定的原因（运气、心境）。

（3）可控性（可控程度）是可以控制的原因（如努力工作），还是不可控制的原因（任务太难）。

归因理论指出：在一个成就情境中，一个人总是要评价自己是成功或者失败，并以一般情绪方式（肯定或否定）对这一判断做出反应。这些情绪使人在三个维度（原因源、稳定与不稳定、可控与不可控）上，寻找导致结果的原因，也就是说导致了因果归因。然后产生未来成就期望和更加特殊的情绪反应，如骄傲或羞愧，然后期望和情绪共同决定后继的成就行为。

归因理论认为：一个人解释自己行为结果的原因会反过来影响他的行为动机，导致他的行为、期望和情感反应产生变化。这一模式更多地集中在归因如何影响未来的期望、情绪和实际操作等，它既有动力性的一面，又重视了时间的变化。在这一典型的成就情绪中，人们首先判断自己是成功了还是失败了，并相应地感到愉快或不愉快，然后对结果进行归因，并由此产生了具体分化的情绪。例如，把成功归因于内部原因，会使员工感到满意和自豪；归因于外部原因，会使员工产生惊奇和感激的心情。把失败归因于内部原因，会使员工产生内疚和无助感；归因于外部原因，会产生气愤和敌意。把成功归因于稳定因素，会提高工作的积极性；归因于不稳定因素，工作的积极性可能提高也可能降低。把失败归因于稳定因素，会降低工作的积极性；归因于不稳定因素，则可能提高工作的积极性。

在很多情况下，归因总是有意识地进行的。归因的目的，并不只是为了追究事情为什么会产生，更重要的是为了激发员工的工作积极性或控制未来事件的发生。

三、激励方法

（一）激励原则

1. 参与原则

现代人力资源管理的实践经验和研究表明，现代的员工都有参与管理的要求和愿望，创造和提供一切机会让员工参与管理是调动他们积极性的有效方法。因此，让职工恰当地参与管理，既能激励职工，又能为企业的成功获得有价值的知识。通过参与，形成职工对企业的归属感、认同感，可以进一步满足自尊和自我实现的需要。

2. 沟通原则

当部属知道工作的意义时，他们对于成果就有关联感，你获得的支持就会增加。

3. 肯定原则

对于部属的成就予以肯定，可以加强他对工作的投入，利用赞美来激励他投入。

4. 授权原则

权与责相对，你授权，他出力。

（二）物质激励

物质激励是指以物质利益为诱因，通过调节被管理者物质利益来刺激其物质需要，以激发其动机的方式与手段。它主要包括以下具体形式：

1. 金钱激励

金钱并不是唯一能激励人的力量，但在现实生活中，金钱作为一种很重要的激励因素是不可忽视的。无论采取工资的形式，还是采取其他鼓励性报酬、奖金、优先认股权、红利、公司支付的保险金，或在作出成绩而给予人们的其他东西等形式，金钱都是重要的因素。物质需要始终是人类的第一需要，是人们从事一切社会活动的基本动因，所以，物质激励仍是激励的主要形式。使用金钱激励，管理者要注意以下几点：① 对于不同的人，采用不同的金钱激励方式；② 金钱激励必须公平公正；③ 金钱激励不能平均主义，需要差别奖励；④ 物质激励应与相应制度结合起来。

2. 处罚

激励并不全是鼓励，它也包括许多负激励措施，在经济上对员工进行处罚，是一种管理上的负激励，属于一种特殊形式的激励。按照激励中的强化理论，激励可采用处罚方式，即利用带有强制性、威胁性的控制技术，如批评、降级、罚款、降薪、淘汰等来创造一种令人不快或带有压力的条件，以否定某些不符合要求的行为。

处罚易给员工造成工作不安定感，同时还会使员工与上级主管之间的关系紧张，同事间关系复杂等。因此在应用这种方式时要注意，在进行处罚时必须有可靠的事实根据和政策依据，做到令人信服；处罚的方式与处罚量要适当，既要起到教育作用，又不能激化矛盾；同时要与思想政治工作相结合，注意疏导，尽可能减少其副作用，化消极为积极，真正起到激励作用。

（三）精神激励

精神激励，是指对员工精神上的一种满足和激励，让员工能够感觉到来自组织的关怀，精神激励的方法有许多，比如尊重、关爱、赞美、宽容员工：给员工提供公平公正的竞争环境；让员工明确自己应该奋斗的目标；帮助员工规划自己的职业发展蓝图等。精神激励主要有以下四种：

1. 目标激励

目标激励，是指确定适当的目标，诱发人的动机和行为，达到调动人的积极性的目的。目标作为一种诱引，具有引发、导向和激励的作用。目标激励会产生强大的效果，其主要有三类：工作目标、个人成长目标和个人生活目标。目标激励既要尽可能地增大目标的效价又要尽可能增加目标的可行性，只有通过努力能够实现的目标，才能真正地起到激励作用。因此，在设计目标水平时要先进合理，要具备相应的实施条件和可操作性，使下级能充分认识到目标实现的可能情形。

2. 工作激励

管理者要善于调整和运用各种工作因素，进行工作设计，如使工作内容丰富化和扩大化，并创造良好的工作环境，还可通过员工与岗位的双向选择，使职工对自己的工作有一定的选择权等，通过一系列措施，使工作本身变成更具有内在意义和更高的挑战，让下级满足于自身的工作，给职工一种自我实现感，以实现最有效的激励。

3. 参与激励

参与激励是指在不同程度上让职工和下级参与组织决策和各级管理工作的研究和讨论，调动职工和下级的积极性和创造性。让下属或职工参与管理，有利于集中群众意见，防止决策失误；有利于满足下属或职工归属感和受人赏识的心理需求，可使职工或下级感受到上级主管的信任、重视和赏识；从而体验到自己的利益同组织的利益及组织发展密切相关而产生的责任感；有利于职工对决策的认同，从而激励他们自觉地去推进决策的实施。事实证明，参与管理会使多数人受到激励。正确的参与管理既对个人产生激励，又为组织目标的实现提供了保证。

4. 荣誉激励

荣誉是个人或组织对个体或群体的崇高评价（如发奖状、证书、记功、通令嘉奖、表扬等），是满足人们自尊需要，激发人们奋力进取的重要手段。它可以调动人们的积极性，形成一种内在的精神力量。从人的动机看，人人都有荣誉感，具有自我肯定、光荣、争取荣誉的需要，因此管理者要设法让员工们感觉到、认识到荣誉感的崇高性。精神激励主要体现在：让每个人充分发挥出聪明才智，真正做到人尽其才，为他们创造发展才能的机会，激发其献身精神，满足其成就感；同时荣誉激励成本低廉，但效果很好。

小案例

IBM 公司的“百分之百俱乐部”

美国 IBM 公司有一个“百分之百俱乐部”，当公司员工完成他的年度任务，他就被批准为“百分之百俱乐部”成员，他和他的家人会被邀请参加隆重的集会。

结果，公司的雇员都将获得“百分之百俱乐部”会员资格作为第一目标，以获取那份光荣。这一激励措施有效地利用了员工的荣誉需求，取得了良好的激励效果。

【请思考】IBM公司的“百分之百俱乐部”为何会取得激励效果？

提示：IBM员工的需求层次决定了精神激励的重要性。

（四）激励策略

人的需要具有多样性、多层次性特点，动机的繁复性特点，调动人的积极性也应有多种方法。综合运用各种动机激发手段使全体员工的积极性、创造性和企业的综合活力达到最佳状态。

1. 了解员工的真实需求和动机

管理者应对所属员工的需要进行细致分析和划分，从而找到激励的切入点。只有针对性地抓住员工最强烈的需求进行激励，才能使员工产生最强的动机，解决激励不足的问题。

2. 物质奖励与精神奖励相结合

人的多样性和需求的多样性决定了单一激励措施的效果是有限的。员工需要精神和物质的混合激励因素。如果总是采用物质激励，员工工作中只会一切向“钱”看，对于企业的前途和发展漠不关心，更不会提出创造性的见解。管理者只有将两者有机地结合，才能取得更佳、更持久的激励效果。

3. 短期利益与长远发展相结合

企业在发挥员工的积极性、注重工资和奖金的短期激励的同时，还要重视他们的长期性培养，为长远发展准备力量和资源。管理者应采取长期激励措施，将员工的切身利益与企业的经营业绩联系起来。一些企业推行股票期权、职工持股和参股计划，使员工具有劳动者和投资者的双重身份，更加具有关心和改善企业经营成果的积极性，激励效果明显。

4. 个人目标与组织目标相结合

管理者应把个人利益和需要的满足作为基本点，引导员工将个人目标统一于组织的整体目标，促进个人目标与组织目标的共同实现。如微软公司对科技人员推行“内部企业家”制，高层关键科研人员拥有公司股票，成为内部企业家，有更多的自由，也就会更加全身心地投入工作。

5. 激励与约束相结合

组织目标实现过程中，对个体行为进行正向强化的同时，也要进行负向约束，即对符合组织目标的行为给予适当的奖励，对阻碍组织目标实现的个体行为进行适当处罚。要建立一套完善的激励与约束机制，做到奖罚分明，有理有据。

工作任务 4-2

设计激励方案

任务分析：

通过激励方案设计，体会激励的作用及方法。

操作步骤：

1. 选择附近一家中大型超市，观察员工的精神面貌和工作状态；

2. 结合在本项目所学的知识，为超市设计提高店员激励水平的计划，目的是使员工即便在没有人监督的情况下，也能为客户提供迅速、及时、优质的服务。

3. 班级讨论，比较各组激励方案的可行性及优劣。

任务四

进行协调与沟通

引例

研发部的梁经理

研发部梁经理才进公司不到一年，工作表现颇受主管赞赏，不管是专业能力还是管理绩效，都获得大家肯定。在他的缜密规划之下，研发部一些悬而未决的项目，都在积极推行当中。

公司分管领导李副总发现，梁经理到研发部以来，几乎每天加班。他经常看到梁经理电子邮件的发送时间是前一天晚上10时许，接着甚至又看到当天早上7点多发送的另一封邮件。这个部门下班时总是梁经理最晚离开，上班时第1个到。但是，即使在工作量吃紧的时候，其他同仁似乎都准时走，很少跟着他留下来。平常也难得见到梁经理和他的部属或是同级主管进行沟通。李副总对梁经理怎么和其他同事、部属进行沟通工作觉得好奇，开始观察他的沟通方式。原来，梁经理都是以电子邮件交代部署工作。他的属下除非必要，也都是以电子邮件回复工作进度及提出问题，很少找他当面报告或讨论。对其他同事也是如此，电子邮件似乎被梁经理当作和同仁们合作的最佳沟通工具。但是，最近大家似乎开始对梁经理这样的沟通方式反应不佳。李副总发觉，梁经理的部属对部门逐渐没有向心力，除了不配合加班，还只执行交办的工作，不太主动提出企划或问题。而其他各主管，也不会像梁经理刚到研发部时，主动到他房间聊聊，大家见了面，只是客气地点个头。开会时的讨论，也都是公事公办的味道居多。

李副总找到另一部门陈经理，以闲聊的方式了解到梁经理工作相当认真，可能对工作以外的事就没有多花心思。李副总也就没再多问。这天，李副总刚好经过梁经理房间门口，听到他打电话，讨论内容似乎和陈经理业务范围有关。他到陈经理那里，刚好陈经理也在打电话。李副总听谈话内容，确定是两位经理在谈话。之后，他找了陈经理，问他怎么一回事。明明两个主管的办公房间就在隔邻，为什么不直接走过去说说就好了，竟然是用电话谈。陈经理笑答，这个电话是梁经理打来的，梁经理似乎比较希望用电话讨论工作，而不是当面沟通。陈经理曾试着要在梁经理房间当面沟通。发现梁经理不是以最短的时间结束谈话，就是眼睛还一直盯着计算机屏幕，让他不得不赶紧离开。陈经理说，几次以后，他也宁愿用电话的方式沟通，免得让别人觉得自己过于热情。了解这些情形后，李副总找到梁经理聊聊，梁经理觉得效率应该是最需要追求的目标，所以他希望用最节省时间的方式，达到工作要求。李副总以过来人的经验告诉梁经理，工作效率虽然重要，但是良好的沟通绝对会让工作的进行顺畅许多。

小思考

电子邮件沟通和当面沟通各有何利弊？请举例说明。

一、协调的含义

协调是指正确处理组织内外各种关系，为组织正常运转创造良好的条件和环境，促进组织目标的实现。从一定意义上讲，管理者的任务就是协调关系。通过协调可以使个人目标与组织目标一致，促进组织目标的实现；能够解决冲突，促进协作；也能够提高组织效率。协调的内容包括既包括对各生产要素、企业与股东关系、组织内部人际关系等的组织内部关系的协调，又包括消费者、政府、新闻界、社区等的外部协调。

二、协调的原则

（一）目标统一原则

组织的目标统一，才能使员工方向明确、有的放矢。协调是实现组织分工协作、目标统一的有效工具。

（二）效率原则

协调通过发现问题、解决问题，使部门之间、个体与个体之间更好地分工、合作，从而提高组织效率。

（三）责任明确原则

明确责任是协调的基本手段。明确责任就是规定各部门、各岗位在完成组织总目标方面所应承担的工作任务和职责范围。

（四）加强沟通原则

协调能够加强沟通，消除误解，化解矛盾。

三、沟通

（一）沟通的含义

沟通也称为信息交流，是指发讯者把信息（也包括发送信息者的思想、知识、观念、想法等在内）用任何方式传递给收讯者的过程。

沟通应具备以下三个条件：一是沟通必须在两个或两个以上的主体之间进行；二是沟通必须有一定的沟通媒介，如语言、文字等；三是沟通必须交换或分享信息。

（二）沟通过程

由于受多种因素的影响，沟通的过程非常复杂。一些专家和学者总结了沟通过程的一般模型，并将沟通过程恰当地分解成为沟通过程的五大要素。

1. 编码和译码

编码是指发送者将其信息与意义符号化，编成一定的文字等语言形式或其他形式的符号。发送者在编码过程中必须充分考虑接受者的经验背景，注意内容、符号的可读性（相对于接受者）。译码是指接受者接到信息后，把信息符号还原成信息与含义，并理解其信息内容与含义的过程。而接受者在译码过程中也必须考虑发送者的经验背景，这样才能正确理解收到信息的本来意义。

2. 通道

通道是指沟通的通道或渠道，具有丰富性和多样性。如现在已经被企业利用的管理沟通电子渠道有：电子数据库，电子数据交换，个人电子邮件，群发电子邮件，可视电子会议，手机及电脑与网络共同传递的电子短信息，企业内联网，企业独立网站，企业互联网，企业电子刊物等一些新渠道。作为管理信息传递的媒介物，沟通渠道的选择是相当重要的，渠道会影响信息传送的速度和有效性、完整性。从理论上讲，沟通比以前速度更快、信息容量更大、覆盖面积更宽、准确性和成功率更高。

3. 反馈

反馈是指接受者把收到并理解了的信息返送给发送者，以便发送者对接受者是否正确理解了信息进行核实。

4. 沟通背景

沟通总是在一定的历史、地理、政治、经济、文化背景中发生的。任何形式的沟通，都会受到各种环境因素的有力影响。在现代信息经济时代，多文化、多元化的企业、企业集团、跨国公司的跨地区、跨国家的团队沟通问题越来越受到专家的重视。

5. 沟通噪声

沟通噪声是指一切影响沟通的消极、负面、阻碍因素。管理沟通噪声存在于管理沟通过程的各个环节，给沟通造成失误、失败、损耗或失真。主要包括发送噪声、传输噪声、接受噪声、系统噪声、环境噪声、背景噪声及数量噪声七大噪声。

（三）沟通的目的和作用

沟通的目的是管理者通过和员工的沟通，使员工确立共识的理念（对组织的认同），使全体成员的一切思想、行动都要在此理念的指导下，组织更有向心力、凝聚力。良好的沟通有以下作用：

1. 沟通能够提高决策的质量

管理者必须从广泛的企业内部的沟通中获取大量的信息情报，然后进行决策，或建议有关人员作出决策，才能迅速解决急需解决的问题。下属人员也可以主动与上级管理人员沟通，提出自己的建议，供领导者作出决策时参考，或经过沟通，取得上级领导的认可，自行决策。企业内部的沟通为各个部门和人员进行决策提供了信息，增强了判断能力。

2. 沟通能够提升工作效率

企业中各个部门和各个职务是相互依存的，依存性越大，对协调的要求越高，而协调只有通过沟通才能实现。缺乏适当的沟通，管理者对下属的了解不充分，下属就可能对分配给他们的任务和要求他们完成的工作有错误的理解，使工作任务不能正确圆满地完成，给企业带来损失。

3. 沟通能够提升员工的士气

沟通有利于领导者激励下属，建立良好的人际关系和组织氛围，提高员工的士气。领导的表扬、认可或者满意能够通过各种渠道及时传递给员工，就会造成某种工作激励。同时，企业内部良好的人际关系更离不开沟通。思想上和感情上的沟通可以增进彼此的了解，消除误解、隔阂和猜忌，即使不能达到完全理解，至少也可以取得谅解，使企业有和谐的组织氛围，“心往一处想，劲往一处使”就是有效沟通的结果。

四、沟通的类型

沟通作为管理活动中的一个不可忽视的重要方面，已经被越来越多的企业管理者所重视，其带来的影响也越来越大。良好的内部沟通机制不仅能够充分体现企业对员工的尊重与重视，同时也能够及时发现企业在生产管理方面的问题。要改善企业内部的沟通状况，建立好全方位的沟通机制，首先要了解沟通的种类。

（一）按沟通的组织系统分类

1. 正式沟通

正式沟通是指在组织系统内，依据一定的组织原则所进行的信息传递与交流。例如组织与组织之间的公函来往，组织内部的文件传达、召开会议、上下级之间定期的情报交换等。另外，团体所组织的参观访问、技术交流、市场调查等也在此列。

正式沟通的优点：沟通效果好、比较严肃、约束力强、易于保密，可使信息沟通保持权威性。重要的信息和文件的传达、组织的决策等，一般都采取这种方式。

正式沟通的缺点：速度慢、方式比较刻板，也存在信息失真和扭曲的可能。

2. 非正式沟通

非正式沟通是指正式沟通渠道以外的信息交流和传递，它不受组织监督，可自由选择沟通渠道。例如团体成员私下交换看法，朋友聚会，传播谣言和小道消息等都属于非正式沟通。

非正式沟通的优点：沟通形式不限，直接明了，速度很快，容易及时了解到正式沟通难以提供的“内幕新闻”。非正式沟通能够使成员在团体中保持良好的人际关系。

非正式沟通的缺点：沟通难以控制，传递的信息不确切，易于失真、曲解，而且它可能导致小集团、小圈子，影响人心稳定和团体的凝聚力。

（二）按沟通的流动方向分类

按沟通的流动方向分类可以分为上行沟通、下行沟通和平行沟通。

1. 上行沟通

上行沟通是指团体成员和基层管理人员通过一定的渠道与管理决策层所进行的信息交流。它有两种表达形式：一是层层传递，即依据一定的组织原则和组织程序逐级向上反映。二是越级反映，这里指的是减少中间层次，让决策者和团体成员直接对话。

上行沟通的优点：员工可以直接把自己的意见向领导反映，获得一定程度的心理满足；管理者也可以利用这种方式了解企业的经营状况，与下属形成良好的关系，提高管理水平。

上行沟通的缺点：在沟通过程中，下属因级别不同造成心理距离，形成一些心理障碍；害怕“穿小鞋”，受打击报复，不愿意反映意见。同时，向上沟通常常效率不佳。有时，由于特殊的心理因素，经过层层过滤，导致信息曲解，出现适得其反的结果。

2. 下行沟通

下行沟通是指上级管理人员向下级人员进行的沟通。传统的管理方式偏重向下沟通，管理风格趋于专制；而现代管理方式则是向下沟通与向上沟通并用，强调信息反馈，增加员工参与管理的机会。

下行沟通的优点：它可以使下级主管部门和团体成员及时了解组织的目标和领导意图，增加员工对所在团体的向心力与归属感。它也可以协调组织内部各个层次的活动，加强组织原则和纪律性，使组织机器正常地运转下去。

下行沟通的缺点：如果这种沟通的方向使用过多，会在下属中造成高高在上、独裁专横的印象，使下属产生心理抵触情绪，影响团体的士气。此外，由于来自最高决策层的信息需要经过层层传递，容易被耽误、搁置，有可能出现事后信息曲解、失真的情况。

3. 平行沟通

平行沟通是指在组织系统中层次相当的个人及团体之间所进行的信息传递和交流。

平行沟通的优点：可以使办事程序、手续简化，节省时间，提高工作效率；可以使企业各个部门之间相互了解，有助于培养整体观念和合作精神，克服本位主义倾向；可以增加职工之间的互谅互让，培养员工之间的友谊，满足职工的社会需要，使职工提高工作兴趣，改善工作态度。

平行沟通的缺点：沟通头绪过多，信息量大，易于造成混乱；平行沟通尤其是个体之间的沟通也可能成为职工发牢骚、传播小道消息的一条途径，造成团体士气涣散的消极影响。

（三）按沟通的方法分类

1. 书面沟通

书面沟通是指以文字为媒介的信息沟通方式。如文件、报告、信件、协议等。采用文字进行沟通的原则有：

（1）文字要简洁，尽可能采用简单的用语，删除不必要的用语和想法。

（2）如果文件较长，应在文件之前加目录或摘要。

（3）合理组织内容，一般最重要的信息要放在最前面。

2. 口头沟通

口头沟通是指以语言为媒介的信息沟通。如交谈、讲座、讨论会、电话等。

3. 其他形式沟通

人们衣着的不同可给对方传达一定的信息。因为衣着可明显影响人们对不同的地位、不同的身份、不同的群体的认知。利用人体及其各种举止进行沟通可以传达许多信息，尤其是面部表情最具有代表性，所以了解肢体语言所代表的意义是有效沟通的一个重要组成部分。

4. 电子沟通

电子沟通又称计算机网络沟通，是指利用计算机作为讯息传送的设备，透过网络将数字化的资料与讯息在使用者之间自由传递与交换，借由计算机中介沟通的应用系统软件让使用者彼此产生实质的互动，使单向、双向，甚至多向的沟通顺利。常见的电子沟通工具有：电子邮件（E-mail）、电子布告栏（BBS）、万维网（WWW）视讯等。

（四）按沟通渠道所形成的网络分类

1. 单向沟通

单向沟通是指上级只用指令和训话与下属员工表达自己的意志意愿，不听也不管下属员工有何反馈。这种单向的管理沟通，首先，如果下属员工没有形成与其要求相对应的意志意愿，对下属员工的约束作用较弱。其次，不沟通也就不可能确切地知晓下属员工是否具备做好工作的能力、是否明了工作做好的标准要求、是否知道承担工作的具体方法程序等一系列的问题。

2. 双向沟通

双向沟通是指上下级为形成共同的约定而在互动的基础上，充分进行有效的沟通。要使被管理者接受约束，无论其内涵是否与被管理者的意志相违背，都必须与其进行充分的沟通，以获得被管理者的理解和认同。只有上下级都理解和认同了的约定，才能对被管理者具有充分的约束力。

五、沟通的障碍及其克服

（一）沟通的障碍

1. 语义的障碍

（1）语言表达有相当程度的限制性，尤其是观念、感觉的沟通更是如此。

（2）由于专业化而产生的一些专门术语造成沟通上的困扰。

（3）文书沟通相较口语更困难。

（4）同样的话，由于场合的不同，可能造成不同的语义。

2. 地位的障碍

（1）下行沟通比上行沟通容易：通过组织制度及权力达到信息传递。

（2）上行沟通不好的因素；信息沟通的成败主要取决于上级与下级、领导与员工之间的全面有效的合作。但在很多情况下，这些合作往往会因下属的恐惧、自保心理以及沟通双方的个人心理品质而形成障碍。如果主管过分威严，给人造成难以接近的印象，或者管理人员缺乏必要的同情心，不体恤下属，都容易让下属形成恐惧自保心理，影响信息沟通的正常进行。

3. 环境因素的障碍

工作场所的变化，比如在自己的办公室（主场）和上级（客场）的办公室与上级或其他人沟通，可能有不同的效果；另外，环境噪声、光线过强或过暗、温度高低等，都有可能对信息沟通产生障碍。

4. 人格因素的障碍

在管理中，信息沟通往往是依据组织系统分层次逐层传递的，然而，在按层次传递同一条信息时往往会受到个体素质的影响，比如消极、自卑、冷漠、愤怒等。从而降低信息沟通的效率。

5. 年龄的障碍

由于年纪和个人经历不同，造成思想上的差距。因此年纪差距较大的人进行沟通，会存在一定的代沟。

6. 学历、经验的障碍

在信息沟通中，如果双方经验水平和知识水平差距过大，就会产生沟通上的障碍。在现实生活中，人们往往会凭经验办事。一个经验丰富的人往往会对信息沟通做通盘考虑，谨慎细心；而一个初出茅庐者缺乏经验，容易不知所措。信息沟通的双方容易依据各自的经验去判断处理信息，这使两者对信息含义的理解差距拉大，形成沟通上的障碍。

7. 性别的障碍

（1）女性在沟通上通常较敏感、细腻，更为感性。

（2）男性在沟通上通常简短、直接，更为理性。

（二）影响有效沟通的因素

1. 个人因素

（1）人们对人对事的态度、观点和信念不同造成沟通的障碍。例如，人们在接收信息时，符合自己利益需要又与自己切身利益有关的内容很容易接受，而对自己不利或可能损害自己利益的则不容易接受。

（2）个人的个性特征差异引起沟通的障碍。在组织内部的信息沟通中，个人的性格、气质、态度、情绪、兴趣等差别，都可能引起信息沟通的障碍。

（3）语言表达、交流和理解造成沟通的障碍。同样的词汇对不同的人来说含义是不一样的。在一个组织中，员工有着不同的背景，有着不同的说话方式和风格，对同样的事物有着不一样的理解，这些都造成了沟通的障碍。

管理故事

沟通的策略

春秋战国时期，耕柱子是一代宗师墨子的得意门生。不过，他老是挨墨子的责骂。有一次，墨子又责备了耕柱子，耕柱子觉得自己很委屈，因为在许多门生之中，大家都公认耕柱子是最优秀的人，但又偏偏常遭到墨子指责，让他面子上过不去。一天，耕柱子愤愤不平地问墨子：“老师，我没有比别人好的地方吗？”墨子听后，对他的门生耕柱子感到生气，墨子说：“假如我要上太行山去，用一匹好马或一头牛来驾车，你将鞭打哪个？”耕柱子说：“那我当然鞭打好马了。”墨子说：“为什么要鞭打好马而不鞭策牛呢？”耕柱子说：“因为好马值得驾驭。”墨子说：“我也认为你值得鞭策，所以我对你生气。”耕柱子这才恍然大悟。

【请思考】如果耕柱子不主动与墨子沟通，结果会怎么样？

提示：耕柱子主动沟通、墨子巧妙沟通化解矛盾。

2. 人际因素

人际因素主要包括沟通双方的相互信任程度和相似程度。

信息传递不是单方面，而是双方的事情，因此，沟通双方的诚意和相互信任至关重要。在组织沟通中，当面对来源不同的同一信息时，员工最可能相信他们认为的最值得信任的那个来源的信息。上下级之间的猜疑只会增加抵触情绪，减少坦率交谈的机会，也就不可能进行有效的沟通。沟通的准确性与沟通双方间的相似性也有着直接的关系。沟通双方的特征（性别、年龄、智力、种族、社会地位、兴趣、价值观、能力等），相似性越大，双方沟通的效果也会越好。

3. 结构因素

在管理中，合理的组织机构有利于信息沟通。但是，如果组织机构过于庞大，中间层次太多，那么，信息从最高决策传递到下属单位不仅容易产生信息的失真，而且还会浪费大量时间，影响信息的及时性。有的学者统计，如果一个信息在高层管理者那里的正确性是 100%，经过多层传递到了信息的接收者手里可能只剩下 20% 的正确性。因此，如果组织机构臃肿，机构设置不合理，各部门之间职责不清，分工不明，形成多头领导，或因人设事，人浮于事，就会给沟通双方造成一定的心理压力，影响沟通的进行。

（三）有效沟通的实现

要实现有效沟通，必须消除上述沟通障碍。在实际工作中，可以通过以下方式努力实现。

1. 领导者的言行认可

领导者要认识到沟通的重要性，并把这种思想付诸行动。企业的领导者必须真正地认识到与员工进行沟通对实现组织目标十分重要。如果领导者通过自己的言行认可了沟通，这种观念会逐渐渗透到组织的各个环节中去。

2. 提高沟通的心理水平

要克服沟通的障碍必须注意心理因素的作用。

（1）在沟通过程中要认真感知，集中注意力，以便信息准确而又及时地传递和接收，避免信息错传和接收时减少信息的损失。

（2）增强记忆的准确性是消除沟通障碍的有效心理措施，记忆准确性水平高的人，传递信息可靠，接收信息也准确。

（3）提高思维能力和水平是提高沟通效果的重要心理因素，较高的思维能力和水平对于正确地传递、接收和理解信息，起着重要的作用。

（4）培养稳定的情绪和良好的心理气氛，创造一个相互信任、有利于沟通的小环境，有助于人们真实地传递信息和正确地判断信息，避免因偏激而歪曲信息。

3. 正确地使用语言文字

语言文字运用得是否恰当直接影响沟通的效果。使用语言文字时要简洁、明确，叙事说理要言之有据，条理清楚，富于逻辑性；措辞得当，通俗易懂，不要滥用辞藻，不要讲空话、套话。非专业性沟通时，少用专业性术语。可以借助手势语言和表情动作，以增强沟通的生动性和形象性，使对方容易接受。

4. 学会有效的倾听

有效的倾听能增加交流信息双方的信任感，是克服沟通障碍的重要条件。要提高倾听的技能：

（1）使用目光接触；

（2）展现赞许性的点头和恰当的面部表情；

（3）避免分心的举动或手势；

（4）要提出意见，以显示自己在充分聆听；

（5）复述，用自己的话重述对方所说的内容；

（6）要有耐心，不要随意插话；

（7）不要妄加批评和争论；

（8）使听者与说者的角色顺利转换。

一般来讲，人的倾听有五个层次：一是忽视，根本没有听；二是假装听，一边想其他的事情；三是选择性倾听，只听自己关注和感兴趣的部分；四是留意地听，比较注意；五是同理心倾听，同理心就是正确了解他人的感受和情绪，进而做到相互理解、关怀和情感上的融洽，将心比心，这是最高层次的倾听。倾听的目的是要知道对方讲话的动机是什么，他说了什么，他用什么方式说，他有什么感受。倾听要做到耐心、虚心、会心。只有做到有效倾听，才能真正了解、设身处地地站在当事人的角度看问题，沟通起来才能减少障碍或无障碍。

小案例

学会倾听

在一个家庭聚会上，一位客人测试主人的孩子说：“假如你驾驶飞机载着乘客在空中飞行，突然发现飞机有问题，出现故障，没油了，你怎么办？”

这孩子直截了当地说：“我就赶快跳伞，让他们在飞机上等着我，我要第一个跳伞！”

许多客人听后不待孩子说完便哈哈大笑起来，觉得这孩子真狡猾，飞机发生故障他要第一个跳伞，首先想到要自己跳伞逃生。

然而这时，孩子爸爸接着问孩子：“然后呢？”

这个孩子说：“我去取汽油，然后回来救他们。”

听到这句话，客人们的笑声戛然而止。他们没想到在孩子这看似“狡猾”的举动中，包含着一颗善良的心。

【请思考】这位爸爸有一个十分可贵的地方是什么？

提示：就是他能继续引导倾听孩子讲话，最终了解了孩子的真实想法。

5. 缩短信息传递链，拓宽渠道

信息传递链过长，会减慢信息流通速度并造成信息失真。因此，要减少组织机构重叠，拓宽信息渠道。另一方面，管理者应激发员工自下而上地沟通。例如，运用交互式广播电视系统，允许员工提出问题，并得到高层领导者的解答；公司内部刊物设立有问必答栏目，鼓励员工提出自己的疑问。此外，在利用正式沟通渠道的同时，可以开辟非正式的沟通渠道，让领导者走出办公室，亲自和员工们交流信息。坦诚、开放、面对面的沟通会使员工觉得领导者理解自己的需要和关注，取得事半功倍的效果。

总之，有效的沟通在企业的管理中起着非常重要的作用。成功的企业把沟通作为一种管理的手段，通过有效的沟通来实现对员工的控制和激励，为员工的发展创造良好的心理环境。因此，组织成员应统一思想，提高认识，克服沟通障碍，实现有效沟通，为实现员工和组织的共同发展而努力。

工作任务 4-3

实地交际与沟通

任务分析：

通过人际互动，培养与陌生人交流的能力。

操作步骤：

1. 主动同一位相关专业的陌生人士交流某个专业问题。
2. 同一位认识的人，沟通解决一个难题。
3. 运用交际与沟通理论，探讨交际与沟通的艺术。
4. 事先要有精心的策划，必要的时候要进行简要的小结。
5. 完成沟通实录卡并在班级组织一次交流活动，介绍交际与沟通的过程及体会。

项目五

控制与危机管理

知识目标

1. 掌握监督的基本要求和方法。
2. 掌握控制的基本方法。

能力目标

1. 能够运用控制方法开展管理实践。
2. 能够以管理突破为切入点探索控制效能。

素养目标

1. 提升守规意识，加强自身修养建设和自制能力建设。
2. 通过工作任务训练提升沟通协调能力。

典型工作任务

1. 分析理解控制的含义及流程。
2. 分析理解控制的原理。
3. 运用控制的技术和方法。

任务一

理解控制的含义及流程

引例

让世界爱上中国造

珠海格力电器股份有限公司（以下简称“格力电器”）成立于1989年，总部位于珠海，是集研发、生产、销售、服务于一体的国际化家电企业，主营业务覆盖空调及其上游核心零部件、生活电器、精密模具、智能装备等领域，公司拥有8万多名员工，在全球建有11个生产基地。公司业务遍及全球200多个国家和地区，家用空调年生产能力超过6 000万台套，商用空调年生产能力超过550万台套，生产规模位居全球首位。

一、“让世界爱上中国造”格力完美质量管理模式

“让世界爱上中国造”其中的“爱”体现了格力电器对消费体验的尊重，时刻以满足顾客对美好生活的需要为己任，“中国造”是指格力电器作为中国制造业的一员，勇于为中国制造奉献的责任担当和使命追求，以及质量自信的匠人匠心。

二、完美质量管理模式

“完美质量”体现出格力电器秉承精益求精的理念，对卓越品质的不懈追求和矢志不渝的努力，完美质量包括构建完美的体系、培育完美的人才、输出完美的产品和服务，满足顾客对美好生活的追求。

完美质量管理模式以振兴中国制造为使命、以完美质量为终极目标、通过顾客需求引领，独创“质量技术创新循环D-CTFP”和“质量预防五步法”，解决制约企业质量水平持续提升的关键问题，获得持续的质量突破，企业总体质量水平获得大幅度提升。

三、质量管理经验

“让世界爱上中国造”格力完美质量管理模式由董明珠董事长提出并创建，并于2012年在格力电器进行全面实施。该模式的主要特点是“四纵五横、有机结合、系统集成、创新驱动”。其中“五横”是指模式中五个重点优化的要素，包括目标管理系统、技术系统、组织系统、标准系统和信息系统（图5-1）。“四纵”是进行集成应用创新的四个主要价值创造过程。该模式的运行核心，是格力电器独创的“质量预防五步法”和

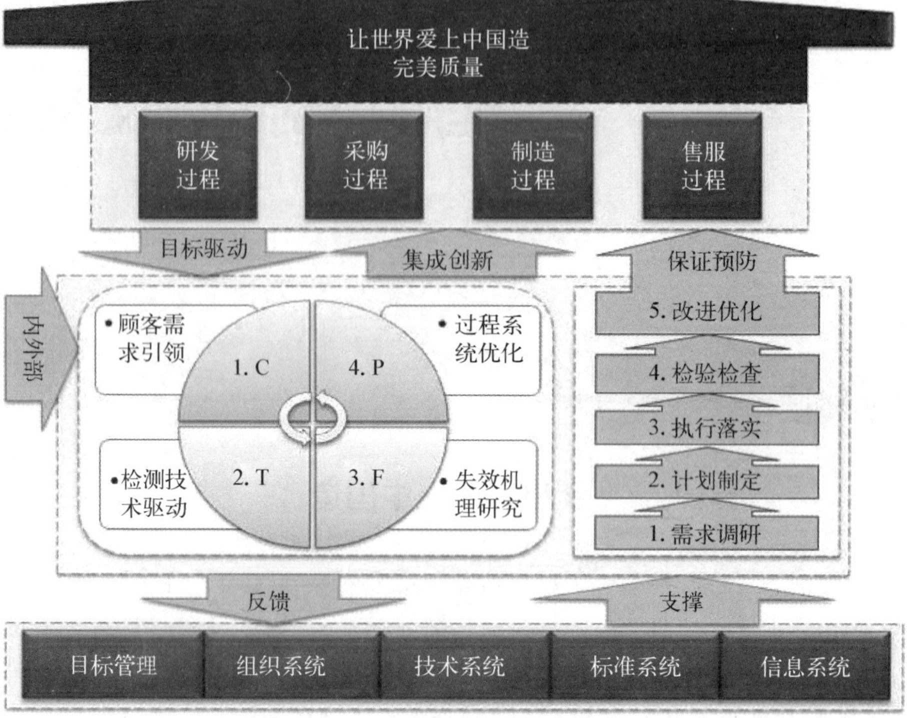

图 5-1　格力电器质量管理模型

“质量技术创新循环 D-CTFP”方法论。

“质量预防五步法”是指需求调研、计划制定、执行落实、检验检查、改进优化五个步骤，对研发、采购、制造、售服等价值创造过程进行严格的过程管控，将质量问题消除在消费者使用产品之前。

四、“质量技术创新循环 D-CTFP”

“质量技术创新循环 D-CTFP”是一种质量技术创新方法论。包括“顾客需求引领（C）、检测技术驱动（T）、失效机理研究（F）、过程系统优化（P）”四个步骤。每个步骤都推荐了适宜的质量工具和方法，保证了质量技术创新的效率和成功率，确保了组织质量水平的持续提升。

在该模式的推进过程中，格力电器推动了组织管理的一系列变革，也就是持续优化模式的“五横”，确保模式运行核心运转更有效率。

五、主要的管理举措

建立以“自主创新”为核心的质量文化，采取开放合作的态度，让开放性合作与自主创新有机结合。

以顾客需求为引导，全面提高关注、理解和转化顾客需求能力，结合信息化技术和高效的组织，确保顾客需求的问题能迅速转化为课题，驱动全过程的质量技术创新，全面提高组织的过程能力。

全面开展质量测量（检验、检测、试验）和失效机理的基础研究和创新，通过质量技术创新来解决质量管理中遇到的瓶颈和问题。在质量控制中对关键质量特性、关键影响因子优先采用全检控制和防错技术，并促进质量技术在有效性、自动化、高效等方面获得创新突破。

开展全员参与创新活动，建立高效的创新平台，确保每个员工都能够积极参与到质量技术创新活动中来。

重视整合和利用内外部资源，通过充足的资源投入来保证质量技术创新活动的开展。

进行有效的目标管理，建立过程与结果并重，注重核心细节的绩效指标体系，对逆向驱动质量技术创新活动进行全面考核。

重视并推进标准化工作，通过持续改进，促进工艺、技术标准的进一步创新完善，形成组织标准的自我创新循环。

开展系统性集成应用创新，使质量技术与自动化、信息化和网络化技术充分融合，并进行系统集成应用创新。

将创新的结果进行充分的展开和整合，通过对各类过程的系统性优化，不断提高组织整体的质量水平。

六、“让世界爱上中国造”格力完美质量管理模式的运行，给企业带来显著成效

格力电器已成为全球集研发、生产、销售、服务为一体的专业化空调企业，同时也是我国精密机床、模具、智能机器人和中高端家用电器的制造商。创造了卓越的民族品牌效应和经济社会效益。

通过“让世界爱上中国造”格力完美质量管理模式的有效运行，格力空调产品连续多年在“顾客满意度”“忠诚度”“整体品牌形象”“行业感知质量”等细分维度上都稳居行业第一。格力电器创新和推广的技术及产品，为建设“资源节约型、环境友好型”社会做出了良好的示范效应。

小思考

格力的质量控制体系体现了什么样的管理文化？

一、控制的含义

对于一个组织而言，其目前的所作所为将影响到组织的未来。组织的成长、兴盛抑或失败，是一系列管理行为的结果。其中，管理者的决策行为是决定性的。

（一）控制的一般含义

控制是指获得和使用信息，并通过一定的作用机制来改变某个或某些受控对象的功能或状态的过程。

控制的基础是信息。一切信息传递都是为了控制，而任何控制又都有赖于信息反馈来实现。信息反馈是控制论中的一个重要概念。通俗地讲，信息反馈就是由控制系统把信息输送出去，又把其作用结果反馈回来，并对信息的再输出产生影响，起到控制的作用，从而达到预定的目的。

控制有两个前提条件：① 有控制标准。控制标准是开展控制工作的依据。制定控制标准的依据是计划、组织目标以及具体工作的专业规范，这些标准包括质量标准、消耗标准、利润标准等。② 有控制机构。即计划要有明确、完整的组织结构。这包含了两个方面的内容：一是要有专司控制职能的组织结构，即明确由何部门、何职位、何人来负责何种控制工作。没有明确的控制机构，控制职能就无法落实。二是对各部门、各岗位的职责必须有明确的规定。只有这样，通过控制工作发现的偏差，才能明确应由谁来承担责任和应由谁来采取必要的纠正措施。

控制的三个基本要素：① 控制标准。② 偏差信息。偏差信息即实际工作情况或结果与控制标准之间的偏离情况。只有掌握、理解了偏差信息，才能决定是否采取纠正措施以及采取怎样的纠正措施。③ 纠正措施。并非一有偏差就需要采取纠正措施，纠正措施通常是在偏差达到一定界限时才需要的。而且，只有当纠正措施的投入产出效果令人满意时，采取纠正措施才是必要的。

（二）管理中的控制工作

作为管理的一项职能，控制是指主管人员对下属的工作成效进行测量、衡量和评价，并采取相应纠正措施的过程。从组织活动的整体看，控制工作就是根据既定的目标和各种标准，监督检查计划的执行情况，发现偏差，找出原因，采取措施，进行纠正，并根据已变化的情况对原有的设想、打算进行调整，以确保组织目标的实现。根据控制对象，管理控制或控制工作包括质量控制、财务控制、成本控制等多种类型。

任何组织、任何活动都需要进行控制。控制的必要性是由以下 3 个因素决定的：

1. 外部环境的变化

计划从构思、制定到执行一般都要经历较长的时间。在这段时间内，组织外部环境必然会发生变化，从而影响到已定的计划和目标。为了适应变化的环境，组织必须有一个有效的控制系统，来根据变化的环境采取相应的对策。计划的时间跨度越大，控制就越显重要。

2. 组织内部的变化

受到组织内部环境因素的影响，组织成员的思想、组织结构、产品结构和组织业务活动范围都有可能发生变化。计划的变化对计划的执行也会产生影响。

3. 组织成员的素质

计划要靠人去执行、实现，而组织成员的才能、动机和工作态度是非均质的、不断变化的，人们对计划的理解也不相同。因而，人的素质对计划的执行也会产生影响。

上述因素的存在，使计划执行过程充满不确定性。为保证计划执行不偏离正确的方向，就必须将控制工作穿插其中。有效的控制工作不仅能衡量计划执行的速度、发现偏差并采取纠正措施，而且在许多情况下，它还可以导致确立新的目标、提出新的计划，甚至改变组织结构、改变人员配备以及在领导方法上做出重大改革。

控制工作通过纠正偏差的行动与其他 4 个职能紧密地结合在一起，使管理过程形成一个相对封闭的系统。

（三）一般控制与管理控制的异同处

共同之处在于：

（1）同是一个信息反馈过程。通过信息反馈，发现管理活动中存在的不足，促进系统进行不断的调整和改革，使其逐渐趋于稳定、完善，直至达到优化状态。

（2）都有两个前提条件：即计划指标在控制工作中转化为控制标准，都有相应的监督机构和人员。

（3）都包含三个基本步骤：拟定标准、衡量成效和纠正偏差。

（4）都是一个有组织的系统。

管理控制与一般控制的不同之处在于：

（1）一般控制所面对的往往是非社会系统，如机械系统。其衡量成效和纠正偏差过程往往可以按照给定程序而自动进行。其纠正措施往往是在接收到反馈信息后即刻就付诸实施的。而在管理控制中，主管人员面临的是一个社会系统，其信息反馈、识别偏差原因、制定和纠正措施的过程比较复杂。

（2）一般控制的目的在于使系统运行的偏差不超出允许范围，维持系统活动在某一平衡点上。管理控制活动不仅要维持系统活动的平衡，而且还力求使组织活动有所前进、有所创新，使组织活动达到新的高度和状态，或者实现更高的目标。

管理人物

鲁冠球

鲁冠球（1944—2017），男，汉族，出生于浙江省杭州市萧山区宁围镇。中国乡镇企业协会原会长，浙江万向集团董事局原主席。

鲁冠球于 20 世纪 70 年代末期创建了万向集团公司（以下简称万向集团），他把当时的一个生产农业机械的小作坊，发展成了中国第一个为美国通用汽车公司提供零部件的原始设备制造商（OEM）。鲁冠球凭借良好的商业嗅觉和早年打下的根基，1992 年后的万向集团已在跨国并购和金融领域实现了更深层次的扩张，一个庞大的商业帝国已经呼之欲出。1994 年万向美国公司正式成立，这是鲁冠球为整合海外资源而投下的一枚重要棋子。万向美国公司最初主要负责将中国生产的产品销售到美国，通过“股权换市场”“设备换市场”和“让利换市场”等方式，整合海内外两套资源。1997 年 8 月，万向集团生产的万向节正式敲开世界汽车业巨头美国通用汽车公司大门，成为美国通用汽车公司的配套产品。2001 年 8 月 28 日，他收购美国上市公司 Universal Automotive Indastries（UAL）。鲁冠球已经将 40 多家海外企业揽入自己的企业帝国版图之内，在美国就有 28 家。国际市场万向集团占了十分之一,万向集团在中国成了一块举世瞩目的世界名牌。

鲁冠球依法合理谦虚谨慎，务实低调与时俱进，万向集团在鲁冠球的带领下始终处于领导潮流的地位。

凤凰网曾评价鲁冠球：“从一个铁匠铺掌柜到 30 多年后的万向老总，从 4 000 元创业到创造每年数百亿元营业额的跨国集团，鲁冠球被誉为民营企业老总中的‘不倒翁’。作为中国最受尊敬的第一代企业领袖之一，鲁冠球还见证了万向集团从一个小工厂发展成国内最大民营企业之一的全过程，只有初中文化的鲁冠球向我们展示了一个农民传奇般的成长故事。”

新浪网曾评价鲁冠球：“他被誉为中国企业家中的常青树。他是一个稳健中带有冒险气质的人。就是这样一个人，他主宰了万向集团从一个小乡镇企业发展成国内最大民营企业之一的全过程。鲁冠球如影随形的危机感，胜败亦然的平常心，刻苦谦卑的学习态度和几十年如一日的持之以恒。”

改革开放初期，鲁冠球以开拓者的胆识，主动与乡政府签订厂长个人风险承包合同，开创了浙江企业承包改革的先河，并首创浮动工资制。在他的带领下，万向集团从一个小作坊发展为第一个进入美国市场的中国汽车零部件企业，并开创乡镇企业收购海外上市公司的先河，向世界展示了中国企业家勇于改革实践的智慧和担当。

二、控制工作的流程

（一）拟订标准

标准是衡量实际或预期工作成果的尺度。由于计划工作是进行控制的依据，因此从逻辑上讲，控制过程的第一步是拟定标准。

拟订标准是从一个完整的计划中遴选出来的、对工作成果的衡量具有重要意义。

最理想的控制标准是可考核的标准。控制标准的类型包括：

（1）实物标准或物理标准。实物标准是非货币形式的衡量标准，普遍适用于基层单位，如使用原材料、雇佣劳动力、提供产品或服务等的标准。这些标准可以反映任务或工作的数量方面，也可以反映任务或工作的质量方面。从某种意义上讲，实物标准是计划工作的基石，也是控制的基本标准。

（2）费用标准或成本标准。费用标准是货币形式的衡量标准。费用标准是以货币价值来衡量因作业造成的消耗，即作业消耗的货币价值形式。同实物标准一样，费用标准也适用于基层单位。

（3）资金标准或资本标准。这是费用标准的变种，是用货币来计量实物项目而引起的。资金标准与投入一个企业的资金有关，而与经营费用无关。对于新的投资和综合控制而言，最广泛运用的标准是投资回收率。资产负债表通常还披露其他资本标准，如流动比率，资产负债率，固定投资与总投资的比率，速动比率，短期负债或债券与股票的比率，以及存货周转率和存货规模的大小等。资金标准与损益表无关。

（4）收入标准或收益标准。收入标准是销售额的货币价值形式。

（5）计划标准或程序标准。在一些工作或任务的评价中需要运用主观判断，时间或其他因素通常被作为客观的判断标准。

（6）无形标准。一些问题要建立清晰的定量和定性标准是极其困难的。例如，主管人员对下属的人事科长或医务主任的能力的评价。在任何一个组织中，都存在着许多无形标准。在这些情形下，主观判断、反复试验、直觉便成为衡量的依据。

（二）衡量成效

衡量成效阶段的具体内容包括：确定衡量的手段和方法；落实进行衡量和检查的人员；通过“衡量—对比”过程获得偏差信息，即确定实际业绩是否满足预定或计划的标准。

按照标准来衡量实际成效的最好办法应当建立在向前看的基础上（即前馈控制），这样可使差错在其实际发生之前就被发现并采取适当的措施加以避免。富有经验与远见的主管人员常常能预见可能出现的偏差。

有些工作其成效是很难精确衡量的，甚至其标准也是难以精确确定的。在这种情况下，尽量要拟定一些可考核的标准，用定量的或定性的“有形”标准去取代那些无形的、笼统的、往往掺杂着许多主观因素的标准。

（三）纠正偏差

纠正偏差是控制的关键，体现了执行控制职能的目的。这一阶段可具体分为两个环节：

（1）纠偏措施。当实际业绩（产出）与计划（预定）的业绩标准发生重大差异时，必须采取特殊的行动去纠正这些情况。下面是纠偏措施的重要步骤：

① 经营阶段。及时调查偏差原因；决定所需纠偏措施；根据决策，对纠正情况及时予以指导；紧密监督纠偏措施，从而确保它是根据指导的要求得以实行的，并确保其

有效性。

② 行政管理阶段。进一步调查重复出现的问题，确定对此负有责任的人为或物质的基本因素；根据情况的要求，采取积极的或消极的惩罚措施；制定创造性计划防止偏差情况的重复出现；认清所处的环境状况，并引入已计划好的措施。

（2）贯彻阶段。仅仅建议纠偏措施是不够的，必须建立具体的程序，并清晰地分配责任以确保纠偏措施得以贯彻执行。

职场攻略

做好不喜欢的工作的四个技巧

1. 如果你不喜欢这份工作，那么也不应该让你的同事和上司知道。
2. 尝试找到你不喜欢这份工作的原因，总有一样是最让你不满意的。
3. 问问自己到底想要什么样的工作。
4. 尝试去喜欢它，让自己去适应和改变它。

我们不能改变世界，唯一能够改变的就是自己。尽管生命无常，生活起伏，人生充满许多不如意的东西，但是有不少东西是完全可以把握的，那就是我们工作和生活的态度。有人说："每个人身上都有一种看不见的法宝。它的一面写着'积极心态'，另一面写着'消极心态'。积极心态可以使你达到人生的顶峰，而消极心态会使你一生贫苦与不幸。"

三、管理突破

在现代管理活动中，无论采取哪种方法来进行控制工作，其基本目的是通过有效控制实现既定目标。

控制工作要达到的第二个目的，是通过有效的控制，使组织适应环境的新变化、新趋势，开创组织发展的新局面。为此，就需要打破现状，修订既定的计划，确定新的发展目标和管理控制标准，使之更先进、更合理。

在一个组织中，往往存在两类问题，一类是经常产生的、可迅速而直接影响组织发展的"急性问题"，另一类是长期存在于组织中、影响组织素质和发展潜力的"慢性问题"。解决急性问题多是为了维持现状，而打破现状，就必须解决慢性问题。要打破现状，解决慢性问题，是需要一定时间的。这段活动时间就叫"管理过程突破"。

在管理过程突破中，必须注意"问题的诊断"和变革过程中的"克服阻力"。

引例解析

“让世界爱上中国造”格力完美质量管理模式以质量技术创新驱动环和质量预防五步法为核心，结合“目标管理”“组织系统”“技术系统”“标准系统”“信息系统”进行优化和资源整合，建立高效机制进行支撑；通过质量创新驱动环和预防五步法的持续创新输出，结合信息化、自动化技术的集成应用，对公司的主要价值创造过程“研发过程”“采购过程”“制造过程”和“售服过程”进行集成应用创新的输出，全面提升过程能力，达到质量水平整体提升，实现跨越式发展的完美质量和卓越绩效目标。

工作任务 5-1

分析理解控制流程（案例分析）

1. 列举格力电器为控制产品质量所采取的各种措施？

2. 这些控制措施内在的逻辑关系是什么？

任务分析：

控制三要素：标准、偏差及纠偏措施。这是分析案例的基本框架。

操作步骤：

1. 收集格力电器的基本信息、业务规模、市场分布等数据；

2. 分析格力质量控制体系与同类企业的异同点。

任务二

掌握控制类型和原理

引例

信用卡公司的客服质量标准控制

某信用卡公司的卡片分部认识到了高质量客户服务是多么重要。客户服务不仅影响公司信誉，也和公司利润息息相关。比如一张信用卡每早到客户手中一天，公司可获得33美分的额外销售收入，这样，一年下来公司将有140万美元的净利润，及时地将新办理的和更换的信用卡送到客户手中是客户服务质量的一个重要方面，但这远远不够。

决定对客户服务质量进行控制来反映其重要性的想法，最初是由卡片分部的一个地区副总裁凯西·帕克提出来的。她说："一段时间以来，我们对传统的评价客户服务的方法不大满意。向管理部门提交的报告有偏差，因为它们很少包括有问题但没有抱怨的客户，抑或是那些只是勉强满意公司服务的客户。"她相信，真正衡量客户服务的标准必须基于和反映持卡人的见解。这就意味着要对公司控制程序进行彻底检查。第一项工作就是确定用户对公司的期望。对抱怨信件的分析指出了客户服务的三个重要特点：及时性、准确性和反应灵敏性。持卡者希望准时收到账单、快速处理地址变动、采取行动解决抱怨。

了解了客户期望，公司质量保证人员开始建立控制客户服务质量的标准。所建立的180多个标准反映了诸如申请处理、信用卡发行、账单查询反应及账户服务费代理等服务项目的可接受的服务质量。这些标准都基于用户所期望的服务的及时性、准确性和反应灵敏性上。同时也考虑了其他一些因素。

除了客户见解，服务质量标准还反映了公司竞争性、能力和一些经济因素。比如：一些标准因竞争引入，一些标准受组织现行处理能力影响，另一些标准反映了经济上的能力。考虑了每一个因素后，适当的标准就成型了，可以开始实施控制服务质量的计划。

计划实施效果很好，比如处理信用卡申请的时间由35天降到15天，更换信用卡从15天降到2天，回答用户查询时间从16天降到10天。这些改进给公司带来的潜在利润是巨大的。例如，办理新卡和更换旧卡节省的时间会给公司带来1 750万美元的额外收入。另外，如果用户能及时收到信用卡，他们就不会使用竞争者的卡片了。

该质量控制计划潜在的收入和利润对公司还有其他的益处，该计划使整个公司都注重客户期望。各部门都以自己的客户服务记录为骄傲。而且每个员工都对改进客户服务做出了贡献，使员工士气大增。每个员工在为客户服务时，都认为自己是公司的一部分，是公司的代表。信用卡部客户服务质量控制计划的成功，使公司其他部门纷纷效仿。无疑，它对该公司的贡献是巨大的。

小思考

如何理解每位雇员在为客户服务时，“都是公司的代表”？

一、控制工作的类型

按控制点的位置或纠正措施的环节划分，管理控制有现场控制、反馈控制和前馈控制，如图 5-1 所示。

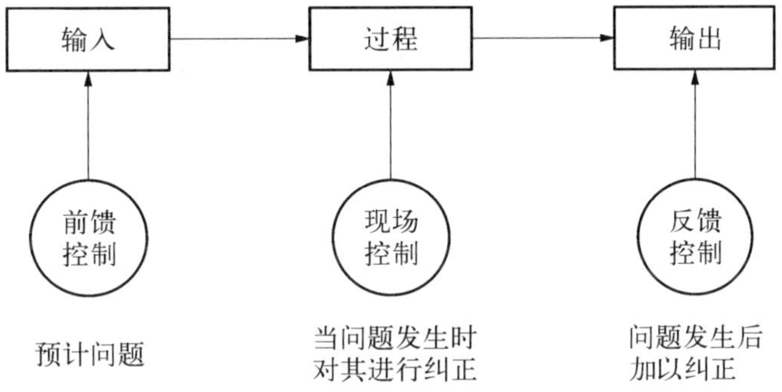

图 5-1　控制过程

（一）现场控制、反馈控制和前馈控制

1. 现场控制

现场控制工作是在活动的进行过程中实施的控制，其纠正措施用于正在进行的计划执行过程。现场控制（或过程控制）是一种主要为基层主管人员所采用的控制工作方法。主管人员通过深入现场来亲自监督检查、指导和控制下属的活动。其主要的控制行为有：① 向下级指示恰当的工作方法和工作过程；② 监督下级的工作以保证计划目标的实现；③ 发现不合标准的偏差时，立即采取纠正措施。

典型的现场控制如：生产制造活动的生产进度控制，每日情况的统计报表，每日对住院病人进行临床检查等。

现场控制是控制工作的基础。一个主管人员的管理水平和领导能力常常会通过这种工作表现出来。

在现场控制中，管理当局授予主管人员的权力使他们能够使用经济的和非经济的手段来影响其下属。控制工作的标准来自计划工作所确定的目标、政策、战略、规范和制度。

现场控制的内容应该与被控制对象的工作特点相适应。例如，对简单重复的体力劳动可以实行严格的监督，而对创造性劳动，应为其创造宽松的工作环境。

在现场控制中，控制工作的有效性取决于主管人员的个人素质、个人作风、指导的表达能力以及下属对这些指导的理解程度。其中，主管人员的“言传身教”具有很大意义。

在现场控制中，主管人员必须避免单凭主观意志进行工作。主管人员必须注意提高自身素质，亲临第一线进行认真细致的观察和监督，以计划（或标准）为控制的依据，服从组织原则，遵从指挥系统的统一指挥，逐级实施控制。

2. 反馈控制

反馈控制（或事后控制）将注意力集中于组织活动的结果方面，即通过分析工作的执行结果，将其与控制标准相比较，发现已经发生或即将出现的偏差，分析其原因和对未来的可能影响，及时拟定纠正措施并予以实施，以防止偏差继续发展或防止其今后再度发生。

在产品质量控制中，只对成品进行质量检验就是典型的反馈控制。这种控制位于活动过程的终点，把好这最后一关，可使错误的态势不致扩大，有助于保证系统外部处于正常状态。但反馈控制有一个致命的缺陷，即整个活动已告结束，活动中出现的偏差已在系统内部造成损害。

反馈控制并非最好的控制，但它目前仍被广泛地使用着。目前，在组织中应用最广泛的反馈控制方法有如下四种：① 财务报告分析；② 标准成本分析；③ 质量控制分析；④ 工作人员成绩评定。其中，最重要、最困难的是“工作人员成绩评定”。

3. 前馈控制

前馈控制是一种预先控制，是在活动开始之前实施控制，即主管人员运用最新信息，包括前一个控制循环中的经验教训，对可能出现的结果进行预测，然后将其与计划要求进行比较，在必要时调整计划或控制影响因素以确保目标的实现。

典型的前馈控制有进厂材料和设备的检查、验收，工厂的招工考试，入学考试，干部的选拔，等等。

前馈控制面向未来，克服了反馈控制中因时间延迟所带来的弊病。反馈控制是纠正式的，与之不同，前馈控制则是预防式的，它作用于计划执行过程的输入环节上，工作重点是防止所使用的各种资源在质和量上产生偏差，而非控制行动的结果。

前馈控制的焦点：

（1）人力资源的前馈控制。是指通过对主管人员与非主管人员的选拔、培养和培训，确保组织成员的技术水平和素质要求。

（2）原材料的前馈控制。是指通过检验样品而不是全部原材料。

（3）资金的前馈控制。首先需要建立一个标准，然后通过计算回收期或投资收益率来决定是否投资和进行资金筹集。

（4）财政资源的前馈控制。主要方法是通过预算，特别是现金和流动资金预算来控制财政资金的来源和支出。

管理故事

扁鹊的医术

魏文王问名医扁鹊说：“你们家兄弟三人，都精于医术，到底哪一位最好呢？”

扁鹊答：“大哥最好，二哥次之，我最差。”

文王再问：“那么为什么你最出名呢？”

扁鹊答：“大哥治病，是治病于病情发作之前。由于一般人不知道他事先能铲除病因，所以他的名气无法传出去；二哥治病，是治病于病情初起时。一般人以为他只能治轻微的小病，所以他的名气只及本乡里。而我是治病于病情严重之时。一般人都看到我在经脉上穿针管放血、在皮肤上敷药等大手术，所以以为我的医术高明，名气因此响遍全国。”

管理心得：事后控制不如事中控制，事中控制不如事前控制，可惜大多数的事业经营者均未能体会到这一点，等到错误的决策造成了重大的损失才寻求弥补。而往往是即使请来了名气很大的“空降兵”也于事无补。

（二）间接控制与直接控制

1. 间接控制

间接控制是指根据计划和标准考核工作的实际结果，分析出现偏差的原因，并追究责任者的个人责任以使其改进未来工作的一种控制方法，多见于上级管理者对下级人员工作过程的控制。

间接控制方式是建立在如下假设基础上的：

（1）工作成效是可以计量的，因而也是可以相互比较的（事实上，很多管理部门或职位的绩效是很难计量和相互比较的。即使确定了定量评价的标准，这些定量标准也可能对其绩效起误导作用）。

（2）人们对工作任务负有个人责任，个人责任是清晰的、可以分割的和相互比较的，而且个人的尽责程度也是可以比较的（实际上，很多活动的责任是多个部门共同承担的，而且工作绩效也可能与个人责任感无关）。

（3）分析偏差和追究责任所需的时间、费用等是有充分保证的（事实上，有时上级主管人员可能不愿意花时间和费用去分析引起偏差的事实真相）。

（4）出现的偏差可以预料并能及时发现。

（5）有关责任单位和责任人将会采取纠正措施（事实上，推卸责任是很普遍的现象）。

间接控制并非普遍有效的控制方法，它存在着许多不完善的地方。

2. 直接控制

直接控制是指通过提高主管人员素质，使他们改善管理工作，从而防止出现因管理不善而造成的不良后果的一种控制方式。

直接控制模式的特点是通过培训等形式，着力提高主管人员的素质和责任感，并在控制过程中实施自我控制。

二、控制的焦点

管理者控制什么？许多控制的努力总是使用在人员、财务、作业、信息和组织的总体绩效五个方面中的一个方面或几个方面上。

（一）人员

管理者是通过他人来实现其目标的。为了实现目标，管理者需要而且必须依靠下属员工，因此管理者使员工按照其所期望的方式去工作是非常重要的。为了做到这一点，管理者最简明的方法就是直接巡视和评估员工的表现。在日常工作中，管理者的任务是观察员工的工作并纠正出现的问题。

管理者对员工的工作进行系统化的评估是一种较为正规的方法，这样每一位员工的近期绩效都可以得到鉴定。表 5-1 列举了一些行为控制方法。在实践中，管理者几乎用到了所有列举的方法来增大员工按照其所期望的方式去工作的可能性。

表 5-1　行为控制手段

具体方法	方法描述
甄选	识别和雇佣那些价值观、态度和个性符合管理当局期望的人
目标	当员工接受了具体目标，这些目标就会指导和限制他们的行为
职务设计	决定着人们可从事的任务、工作的节奏、人们之间的相互作用等
定向	员工定向规定了何种行为是可以接受的和不可接受的
直接监督	管理者亲临现场可限制员工的行为并迅速发现偏离标准的行为
培训	正式培训计划能够向员工传授期望的工作方式
传授	老员工正式或非正式地向新员工传递了“该知道和不该知道”的规则
正规化	正式的规则、政策、职务说明书等规定了可接受的行为和禁止的行为
绩效评估	员工会以符合各种指标的行为方式行事
组织报酬	报酬是一种强化和鼓励期望行为和消除不期望行为的手段
组织文化	通过故事、仪式和高层管理者的表率作用，传递适宜行为的信息

（二）财务

企业的首要目标是获得利润。在追求这个目标时，管理者需要借助于费用（成本）控制来降低成本并使资源得到充分利用。他们可能审阅每季度的收支报告以发现多余的支出，也可能计算几个常用的财务指标，以保证有足够的资金支付各种费用，保证债务负担不至于太重，保证所有的资产都得以有效利用。

用来考察组织在利用资产、负债、库存等方面的效率有以下常用的财务比率指标：流动比率，速动比率；资产负债率，利息收益倍比；存货周转率，总资产周转率；销售利润率，投资收益率。

（三）作业

一个组织的成功，很大程度上取决于它在生产产品或提供服务方面的效率和效果。作业控制方法可以用来评价一个组织的转换过程的效率和效果问题。

典型的作业控制包括：监督生产活动以保证其按计划进行；评价购买能力，以尽可能低的价格提供所需质量和数量的原材料；监督组织的产品或质量，以保证满足预定的目标；保证所有的设备得到良好的维护。

（四）信息

管理者需要信息来完成他们的工作。不精确、不完整、过多的或延迟的信息将会严重阻碍他们的行动。因此，应该开发这样一个信息管理系统，使其能在正确的时间、以正确的数量，为正确的人提供正确的数据信息。

（五）组织绩效

管理者非常关心他们所在组织的绩效，但他们并不是唯一衡量其组织绩效的人。顾客和委托人在他们选择生意对象时也会对此作出判断。证券分析家、潜在投资者、潜在贷款者和供应商也会作出判断。即便是组织雇员，他们也会对组织作出评价。

以上事实证明，为了维持或改进一个组织的整体效果，管理者应该关心控制。但是，衡量一个组织的效果并没有一个单一的衡量标准。生产率、效率、利润、员工士气、产量、适应性、稳定性，以及员工的旷工率等毫无疑问都是衡量整体绩效的重要指标。但是，其中任何一个单独的指标都不能等同于组织的整体绩效。

三、控制工作的原理

（一）反映计划要求的原理

控制标准要反映计划要求，控制标准越能明确、全面、完整地反映计划要求，控制工作就越有效。

（二）组织适宜性原理

组织控制系统设计越合理、岗位职责越明确，控制工作就越有效。

（三）控制关键点原理

控制标准越是能够体现计划的关键点，控制工作就越有效。

（四）例外控制原理

在任何一系列需控制的因素中，总是存在着少数相当重要的因素，而其他许多因素是无关紧要的。因此，在控制工作中有必要对那些重要的点和位置进行重点控制，而无须对所有的点、过程和位置进行控制。

如果管理者能关心其下级工作的关键领域，他的下级也会这样做。如果管理者只关心琐事而忽略了工作的关键领域，其下级也会同样如此。个人监督应当是周期性、系统性的，并辅以随机性的个人关注。在随机性检查中，管理者必须寻找那些可能出现差错的、不寻常的、例外的事件。在控制过程中注重这些例外事件，被称为“例外控制”。

控制关键点原理意味着必须注意那些需要观察的点，而例外控制原理则强调必须观察在这些点上所发生的偏差的大小（特别好或特别差）。

（五）直接控制原理

直接控制原理是指主管人员及其下属的素质越高，就越能胜任所承担的职务，就越不需要间接控制。

小案例

美国再次达到债务上限，会引发金融危机吗？

根据“美国债务时钟”网站数据，2023 年 1 月 18 日上午，美国联邦政府债务规模已突破 31.4 万亿美元的法定限额。而债务上限的到来，意味着美国联邦政府必须向国会寻求提高债务上限以应对各项政府开支。

在此之前，债券评级机构穆迪就曾警告，一旦美国政府违约将导致美国损失约 600 万个工作岗位和 15 万亿美元的家庭财富。白宫经济顾问委员会也警告说，违约风险产生的宏观经济影响可能会持续数月甚至数年。

永不断更的债务闹剧。

在分析美国债务上限危机之前，有必要了解一下什么是“联邦债务上限”。

根据美国财政部官网的解释：债务上限是美国国会授权美国政府总共允许借入的资金总额，从而满足其各项法定开支，如社会保险、医疗服务、军队工资、国债利息支出等。债务上限并未赋予美国政府增加新的开支项目的权利，它仅仅只是赋予政府为了履行其法定义务和偿还债务而借钱的能力。即美国财政部借钱太多超过上限后，就不能向金融市场发债借钱，也意味着其不被允许“借新还旧”。

那么，这些年美国到底欠了多少债？

据美国财政部数据，截至2022年9月30日，美国的政府债务总额达到30.928 9万亿美元，相当于2021年美国GDP的134.5%。2020年新冠疫情，美国政府再次放水拯救经济，政府债务总额占GDP的比重攀升到129%。2021年，美国经济好转，政府债务总额占GDP比重下降到123.6%。根据国际货币基金组织对美国2022年GDP的测算，美国2022年政府债务总额占GDP的比重将下降到122%。

联邦政府对提升债务上限这种手段早就驾轻就熟。美国债务上限自1940年有记录以来总共上调了104次，平均每9个月就要上调一次。第二次世界大战后第一个开启“不要脸借债模式”的总统是里根，任期内一共18次，克林顿8次、布什7次、奥巴马5次、特朗普1次。因为提升债务上限经常被美国国会否决，由此导致了美国政府屡屡“关门”，里根政府曾经8次被迫“关门”，克林顿政府也在1995年两次“关门”。

屡次突破债务上限，原因何在？

客观来说，随着国家职能的扩张和经济发展水平的提高，本身就在要求保证行使这些国家职能的财政支出不断增加。而且，美国在社会福利、基础保障等领域一直都维持在很高水平，民众对公共服务领域的需要不断增加，政府只能继续加大投资力度，因而造成沉重的公共财政负担。据美国国会预算局预测，如果美国现有政策法规不变，到2035年美国财政开销中占比最大的医疗支出占GDP比重将高达9%，社会保障支出占GDP比例将高达6%左右。

而自主性支出是美国财政支出中的另一重要部分，其中最重要的部分是国防支出，因为美国会不断通过军事霸权展现其强盛的军事实力来获利。在2022财年“国防授权法案”中，美国国防预算为7 682亿美元，几乎是世界其他国家军费开支的总和。

此外，赤字依存度是衡量财政质量的重要指标，表现为财政赤字与财政支出的比重。财政赤字依存度越高，证明财政收入供给能力不足，财政支出越依赖财政赤字。从近20年的数据看，美国联邦财政赤字的年平均财政赤字依存度为21.91%，在2020年达到峰值47.8%。财政赤字依存度较高，反映了美国联邦政府筹措收入能力相对不足，财政收入质量不高，经常处于入不敷出的状态。

从制度来看，联邦政府的债务制度几乎形同虚设。

一是法律实践中，国会的监管权被弱化，虽然《债务限额修正案》对国债总额予以限制，赋予了国会对国债的监管权，但在事实上，该法案仅对政府的债务总量进行控制，对于资金流向和使用则缺乏规制和监管。

二是债务上限与美国财政制度存在脱节，提高债务上限既不直接增加也不减少预算赤字。依据美国政府审计办公室的解释，债务限额并不限制联邦政府运行赤字或承担义务的能力，相反，它限制了联邦政府支付已经发生的义务的能力。

美国债务总量能够积累到现在这么高的规模，“党争”也功不可没。2008 年金融危机后，美国两党斗争日趋激烈，议事阻挠次数明显增加，终止辩论次数也逐年攀升。特朗普时期，平均每年要发起 116 次终止辩论请求。随着美国两党政治极化趋势愈加明显，以往相对温和的党争，变成如今你死我活的斗争。债务上限问题最终结局如何，还要看双方的博弈过程。

【请思考】美国政府“关门”危机的症结是什么？

四、控制工作的要求

控制系统和信息是为了协助主管人员行使其管理职能的，因此，建立控制系统必须符合主管人员的情况及其个性。控制工作应确立有效的控制工作要求，有客观的、准确的和适当的标准。控制工作应具有灵活性，讲究经济效益，有纠正措施，具有全局观点，面向未来。

引例解析

本案例展现了质量控制计划给银行带来的巨大变化：不仅客户服务满意度指标大幅提升，更重要的是使整个公司都树立起质量意识，注重客户期望。各部门都以自己的客户服务记录为骄傲。而且每个雇员都对改进客户服务作出了贡献，使员工士气大增。这是对公司文化潜移默化的改变，其意义更甚于客户服务满意度数据的提高。

工作任务 5-2

理解控制原理（案例分析）

1. 该公司控制客户服务质量的计划是前馈控制、反馈控制还是现场控制？

2. 找出该公司对计划进行有效控制的三个因素。

3. 为什么该公司将标准设立在经济可行的水平上，而不是最高可能的水平上？

任务分析：

根据有效控制的三要素对质量控制计划进行分析。

操作步骤：

1. 分析该公司控制客户服务质量计划的控制类型；

2. 找出有效控制三要素；

3. 区别“经济可行”与“最高可能”在企业管理实践上的不同意义。

管理游戏

会议效率指示计

1. 形式：集体参与。

2. 时间：20 分钟以上。

3. 材料：课堂资料。

4. 场地：室内。

5. 应用：有效管理的技巧。

一、目的

增加会议的效率。

二、程序

1. 保留一定的时间在会议结束的时候使用会议效率指示计。

2. 分发给每个参加者“会议效率指示计”的工作记录资料（课堂资料）。

3. 要求每个成员独立地完成指示计的记录。

4. 所有成员分享每一项记录的成果。尤其是在级别高或者级别低时要求队员提供所列等级的证据。

5. 提出对每一项意见的评价。例如，你的意见表明你觉得团队的目的很明确，并且能够在完全理解的基础上进行有效的工作。

三、讨论

1. 如何帮助团队成员改进工作（下次会议期间需要进行的）？

2. 哪个问题最值得我们关注？

会议效率指示计

参加者的工作记录（通过比较下列各项内容思考会议的有效性），会议效率指示计如表 5-2 所示。

表 5-2　会议效率指示计

判　断　项	差 ←——→ 好				证据
	1	2	3	4	
目的是否明确?					
内容是否偏题?					
与会者是否充分参与?					
每个人是否理解所有要点?					
对每一项内容是否有所限制?					
对结论的评价如何?					

任务三

运用控制技术和方法

引例

海尔的小微企业组织结构

海尔从成立至今一直遵循一个原则，即改变组织结构以适应商业模式。企业之间传统单向链条式的契约关系被取缔，演变为纵横交错的网状关系，价值链逐渐向价值网转化。张瑞敏多次表示，传统时代制造业企业要么成为名牌企业，要么成为名牌企业代工厂，而进入互联网时代，企业要么拥有平台，要么被平台拥有。海尔的人单合一双赢模式下的组织结构模式经历了众多阶段，是一个不断更新迭代的过程。海尔经历了多次战略转型，战略转型推动了组织结构的数次变革。在经历“日清日高、事业部制、市场链、自主经营体”后，从 2012 年开始到现在，在企业平台化、员工创客化、用户个性化的网络化战略指导下，海尔的组织结构逐步进入小微、创客阶段。

小微企业通常指的是在自主经营体基础上进一步实现分布式网络，以组织革新和优化控制系统为导向，以自创业、自组织、自驱动为特征的创造用户价值的基本单元。海尔把庞大的企业集团拆分成并联的、灵活的小微企业，由自主管理的员工企业家所经营，借助物联网平台，通过开放的共享平台直接与用户对接，将新的组织重点聚焦于利用物联网时代的零距离、去中心和分布式网络特性。分布式网络需要以扁平化组织为基础，着重在整个组织范围内分配资源，而不是总部强化对资源的控制。小微成员按单聚散，组织和人员不固定，自由选择、自由组合、自主经营、自负盈亏，其规模根据发展需要分为一人到数十人不等，强调组织的适用性和灵活性。小微企业分为创业小微、转型小微和生态小微三大类，比如“雷神小微”“物流小微”“顺逛”等。同时划分为三种人——创客、平台主、小微主。在海尔创建的共享式、开放式创业平台上，目前已经诞生了 200 多个创业小微企业、4 000 多个小微节点和 100 多万个微店，广泛的资源和人才聚合在海尔平台上，创造出巨大的商业价值。

小思考

小微企业组织结构的优缺点分别是什么？

一、预算

（一）预算的概念、目的和作用

预算是一种计划，是用数字编制的反映组织在未来某一个时期的综合计划。预算的内容可以简单地概括为如下 3 个方面：

（1）“多少”，即为了实现计划目标，各种管理工作的收入（投入）与支出（投入）各是多少？

（2）“为什么”，即为什么必须收入（产出）这么多数量，以及为什么需要支出（投入）这么多数量？

（3）“何时”，即什么时候实现收入（产出）以及什么时候支出（投入），必须使得收入与产出取得平衡。

预算也是一种预测。它是对未来一段时期内的收支情况的预计。

预算主要是一种控制手段。编制预算实际上就是控制过程的第一步，即拟订标准。由于预算是以数量化的方式来表明管理工作的标准，从而预算本身具有可考核性。编制预算有助于根据标准来评定工作成效，当计划营业收入（产出）数与计划成本投入数发生巨额差异时，向决策者和责任经理们发出信号，促使他们找出偏差（控制过程第二步），并采取纠正措施，消除偏差（控制过程第三步）。

预算是按财务项目或非财务项目来表明组织的预期成果。其中的财务项目如收入、费用以及资金等，非财务项目如直接工时、材料、实物销售量等。

编制预算有助于改进计划工作，更有效地确定目标和拟定标准。但是，预算的最大价值还在于它有助于改进协调和控制工作。当为组织的各个职能部门都编制了预算时，就为协调组织的活动奠定了基础。同时，由于对预期结果的偏离将更容易被查明和评定，预算也为控制工作中的纠正措施奠定了基础。所以预算可以导致更好的计划和协调，并为控制提供基础，这正是编制预算的基本目的。

要使预算对主管人员具有指导和约束作用，预算就必须反映组织的机构状况。只有充分按照各部门业务工作的需要来制定、协调并完善计划，才有可能编制一个足以作为控制手段的分部门预算。将各种计划缩略为一些确切的数字，有助于主管人员清楚地看到哪些资金将由谁来使用，将由哪些单位使用，并涉及哪些费用开支计划、收入计划和以实物表示的投入量和产出量计划。主管人员明确了这些情况，就可以放手地授权下属，以便使之在预算的限度内去实施计划。

（二）预算的种类、不足及改进方法

1. 预算的种类

预算的种类如图 5-2 所示。

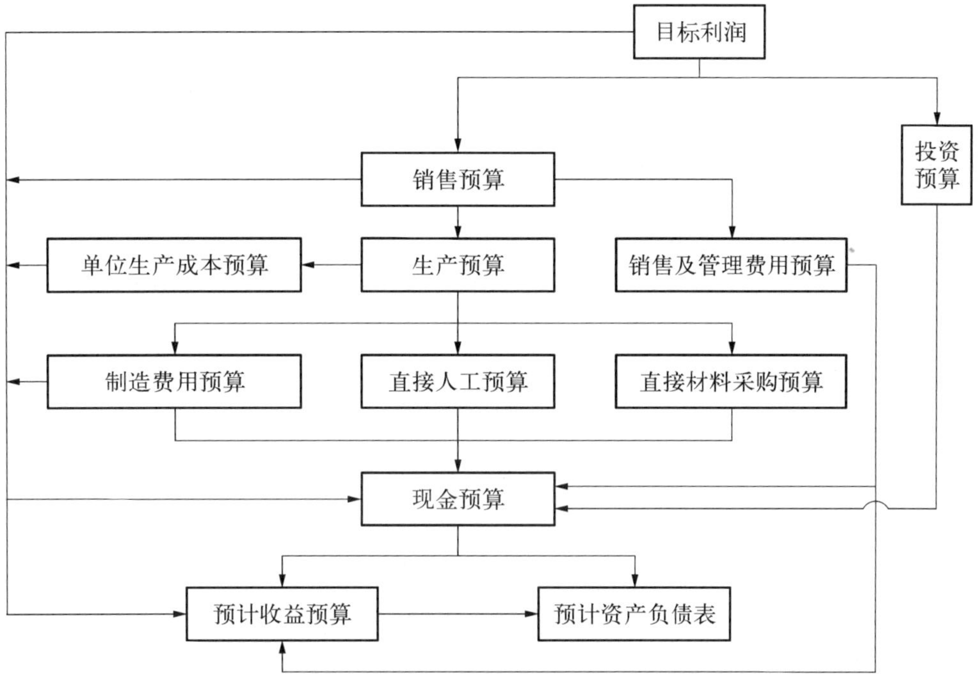

图 5-2　预算的种类

（1）收支预算。这是以货币表示的企业经营管理的收支计划，即企业日常发生的各项基本活动的预算。它主要包括销售预算、生产预算、直接材料采购预算、直接人工预算、制造费用预算、单位生产成本预算、推销及管理费用预算等。其中，最基本的是销售预算，它是销售预测的详细说明。由于销售预测是计划的基石，企业主要是靠销售产品和提供服务的收入来维持经营费用的支出并获利的，因此销售预算是预算控制的基础。

（2）生产预算是根据销售预算中的预计销售量，按产品品种、数量分别编制的。在生产预算编制好后，还应根据分季度的预计销售量，经过对生产能力的平衡，排出分季度的生产进度日程表，或称生产计划大纲。

（3）在生产预算和生产进度日程表的基础上，可以编制直接材料采购预算、直接人工预算（即，直接工资及其他直接支出预算）和制造费用预算。这三项预算构成对企业生产成本的统计。

（4）推销及管理费用预算包括制造业务范围以外预计发生的各种费用明细项目，例如销售费用、广告费、运输费等。

对于实行标准成本控制的企业，还需要编制单位生产成本预算。

（5）时间、空间、原材料和产品产量预算。这是一种以实物单位表示的预算。常用的实物预算单位有：直接工时数、台时数、原材料的数量、占用的平方米面积和生产量。此外，用工时或人时来预算所需要的劳动力也是很普遍的。

（6）投资预算。这是对企业固定资产的购置、扩建、改造、更新等，在可行性研究基础上编制的预算。其基本内容包括：何时进行投资，投资多少，资金从何处取得，何时可获得收益，每年的现金净流量为多少，需要多少时间收回全部投资等。投资预算应当力求和企业的战略以及长期计划相结合。

（7）现金预算。这实质上是一种现金收支预算，主要反映计划期间预计的现金收支的详细情况。完成初步的现金预算后，就可以知道企业在计划期间内需要多少资金，财务主管人员就可以预先安排和筹措，以满足资金的需求。现金预算可用来衡量实际的现金使用情况。从某种意义上讲，这种预算是组织中最重要的一种控制。为了有计划地安排和筹措资金，现金预算的编制期应越短越好。如按季度、按月编制现金预算，甚至逐周、按天编制预算。

（8）资产负债预算表。它可以用来预测将来某一特定时期的资产、负债和资本等账户的情况，或用来反映企业在计划期末那一天预计的财务状况。其编制是以计划期间开始日的资产负债表为基础，然后根据计划期间各项预算的有关资料进行必要调整而形成的。由于其他各种预算都是资产负债表项目变化的资料依据，因而此表可以验证所有其他预算的准确性。

把以上各预算集中起来构成总预算。

2. 预算的不足

预算控制可能过于全面和详细，容易导致控制过细，从而束缚主管人员的手脚。

预算目标可能取代组织目标，容易导致本位主义，使主管人员只把注意力集中于尽量不使本部门的经营费用不超过预算，而忘记自己的基本职责是尽可能地去实现组织的目标。

主管人员倾向于根据过去的费用来编制预算，并习惯于使预算费用的申请数大于实际的需要，这容易导致掩盖效能低下的缺点。

预算最大的缺点是缺乏灵活性。

3. 预算的改进方法

固定预算与弹性预算。在传统的预算编制过程中，某预算期内编制财务预算所依据的成本费用和利润信息都只是在一个预定的产销业务量水平基础上确定的。这种百分之百地依赖一种业务量编制的预算属于一种静态预算，也称为固定预算。显然，一旦预计业务量与实际水平相差甚远时，必然导致有关成本费用及利润的实际水平与预算水平因基础不同而失去可比性，从而不利于考核与控制。

弹性预算是为了克服固定预算的缺陷而设计的。它是在成本习性（成本的变动与业务量之间的关系）分析的基础上，分别按一系列可能达到的预计业务量水平（如按一定百分比间隔）编制的能适应多种情况的预算。由于它能规定不同业务量条件下的预算收支，适用面宽，机动性强，具有弹性，故称弹性预算（也称变动预算）。

一般而言，固定费用在一定的产量范围内基本保持不变。固定费用随产量（或销售量）的变化呈现出一种阶梯状的变化关系。所以，在大多数情况下，弹性预算总是提出一个产量幅度——在这个幅度内，各种固定性的费用要素是不变的。如果产量低于该幅度的下限，就要考虑采用一个更适合于较低产量的固定费用，例如压缩行政人员、处理闲置设备等。如果产量超过了该幅度的上限，那么，为了按较大生产规模来考虑必需的固定费用，例如增加设备、扩大厂房面积等，则应另外编制一个不同的弹性预算。

小案例

控制方式的选择

一家生产电视机的公司发现他的一些主要竞争对手在和他进行一场价格大战。为了保持一定的市场占有率，公司决定也大幅度地降低产品销售价格。为了弥补降低的销售利润，公司经理安排了一项成本削减计划，其主要内容是减少 10% 的原材料成本、15% 的生产成本及 5% 的销售成本。

【请思考】公司可采用哪些控制方式来达成这些目标?

增量预算与零基预算。增量预算是指在基期成本费用水平的基础上，结合预算期业务量水平及有关降低成本的措施，通过调整有关原有成本费用项目而编制预算的方法。这是一种传统的预算方法。其编制方法可归纳为三个步骤：

第一步，以外推法将过去的支出趋势（或上年支出额）延伸至下一年度。

第二步，将数额酌情增加，以适应工资提高和物价上涨引起的人工成本和原材料成本的提高。

第三步，将数额再增加，以满足修改原计划和修改原设计方案所需追加的预算支出。通常这方面达到原预算的 30% 或更多。

编制这种预算时往往不加分析地保留或接受原有成本项目，或按主观臆断平均削减，或只增不减，容易造成浪费，有可能使不必要的开支合理化。

针对传统预算编制方法存在的问题，美国得克萨斯仪器公司开发出“零基预算法”。零基预算法是指在每个预算年度开始时，将所有还在进行的管理活动都看作是重新开始，即以零为基础。根据组织目标，重新审查每项活动对实现组织目标的意义和效果，并在费用—效果分析的基础上，重新排出各项管理活动的优先次序，并据此决定资金和其他资源的分配。

零基预算法的程序包括以下四个步骤：

第一步，在审查预算前，主持这一工作的主管人员应首先明确组织的目标，并将长远目标、近期目标、定量目标和非定量目标之间的关系和重要次序搞清，建立起一种可考核的目标体系。

第二步，在开始审查预算时，将所有过去的活动都当作重新开始。要求凡是在下一年度继续进行的活动或续建项目，都提交计划完成情况的报告；凡是新增项目都必须提交可行性分析报告；所有要继续进行的活动和项目都必须向专门的审核机构证明自己确有存在的必要；所有申请预算的项目和部门都必须提交下一年度的计划，说明各项开支要达到的目标和效益。

第三步，在确定出哪些项目是真正必需的之后，根据已确定的目标体系重新排列各项活动的优先次序。

第四步，编制预算。资金按重新排列的优先次序分配。尽可能满足排在前面的需要。如果分配到最后，对于一些可进行但不是必须进行的活动，如果已无多少剩余的资金可供分配，那么最好将这些活动暂时放弃。

（三）其他传统的控制方法

其他传统的控制方法包括统计分析，专题报告与分析（具有非例行工作的特点，能够使人们重视非一般性问题），盈亏平衡点分析，经营审核和深入现场等。

二、综合控制

综合控制是指对整个组织（而非部门）管理工作的成效进行总的衡量和评价。综合控制很大程度上是通过对组织的财务活动进行控制来实现的，因为财政资源是组织的一种约束力。

（一）总预算

对工作成效进行综合控制所广泛采用的一种形式是总预算。它能准确而全面地描述组织中各种计划，能概括说明企业所有的个别预算。

总预算以及根据它提出的资产负债表和损益计算表可以使主管部门据此衡量各部门的业务工作对整个组织的影响。

（二）损益控制

损益计算书是对组织在一定时期内各种收入和支出情况的说明，是组织工作结果的真正总结。损益控制法通常应用于企业中主要部门（如分公司）的控制。

（三）投资回收率

投资回收率是公司或分公司所取得的利润与归它支配的资金额之比。

利用投资回收率法来控制工作成效的优点是：能够把管理的注意力集中于企业成果的核心问题，即在可用资本的基础上取得最大限度的利润；可以对组织内各部门的经营绩效进行横向比较；有助于帮助主管人员找出组织中存在的弱点。其缺点是：可能导致对新兴事业的投资缺乏灵活性；可能导致过分专注于组织内外的财务情况而忽视诸如人的作用和社会发展、技术发展等环境因素。

引例解析

本案例体现了正负强化和控制在管理中的作用。任何一种管理方式都应该有对权力的制约。

工作任务 5-3

运用控制方法及手段

以小组为单位，讨论以下问题并形成方案：

1. 如何建立合理的运行控制制度，保证学生社团（如创业协会、未来管理者协会等）能够正常运作，长盛不衰。

2. 如果要建立一个创业团队，通过怎样的制度来保证团队的有效运作，并保障所有参与者的利益。

任务分析：

本任务是考察控制技术和手段在社团活动及创业团队中的运用。分析的出发点依然是有效控制的三要素。

操作步骤：

1. 根据实际情况，确定组成或支持的团队或组织名称、活动内容；

2. 结合有效控制原理，以及其他学到的管理学知识，分析团队 / 协会正常运作所应该具备的条件。

项目六

组织文化与社会责任

知识目标

1. 掌握组织文化的基本要素。
2. 理解组织社会责任的内在含义。

能力目标

1. 能够分析和提炼特定企业的社会责任。
2. 能够开展组织文化规划设计。

素养目标

1. 通过对社会责任的学习，提升自身职业道德。
2. 进一步了解国家的社会发展愿景，强化自身社会责任感。

典型工作任务

1. 分析组织文化。
2. 分析和评价企业社会责任感。
3. 分析职业经理人的管理道德。

任务一

建设组织文化

引例

华为的企业文化

在华为的官方主页上，有以下这样一段话："华为30年坚持聚焦在主航道，抵制一切诱惑；坚持不走捷径，拒绝机会主义，踏踏实实，长期投入，厚积薄发；坚持以客户为中心，以奋斗者为本，长期艰苦奋斗，坚持自我批判。"

最后的四句话"坚持以客户为中心，以奋斗者为本，长期艰苦奋斗，坚持自我批判"是华为企业文化中最核心的部分。如果不去全面了解前面的关键词，在学习和对标华为的企业文化过程中难免会出现大的偏差。多年以来，华为始终坚持自主研发，在过程中抵制外部的各种诱惑，踏踏实实做产品，服务客户，长期把大量的利润投入研发增强自己的核心竞争力，对内不断优化管理结构，这些都是华为企业文化形成的基础。华为也特别强调企业文化不能脱离公司经营和公司商业成功的本质，在1997年，华为内部就强调"华为是一个功利集团，它的一切都是为了实现目标而努力的，企业文化是围绕着一种目标来实现的，这个目标就是要具有商业的价值和利益"。

理解华为企业文化的四个关键词之前应该先了解华为企业文化的基本逻辑，对华为企业文化的本源做一些不一样的解读。从四个关键词看华为企业文化经营特质。

关键词一：低调务实

在华为就是踏踏实实地做事，当一个华为人没有什么值得在外面炫耀的。华为2003年开始进入手机市场，在当时的竞争态势下华为内部明确的市场竞争导向是保持通信供应商第二梯队的领先优势即可，称呼竞争对手为"友商"，不允许盲目去争夺什么"×× 产品第一"的市场位置，任正非是拒绝一切媒体曝光的，也不允许公司员工随意接受外部的采访，再加上华为的资料是严禁员工外传的，华为始终对外保持着一种神秘的面纱。业务策略上的谨慎，华为人质朴的工作习惯，形成了内部讲究实效和低调的氛围，并且影响了很多华为员工，甚至过年回家在亲友面前也保持着这样的心态。这几年随着华为终端BG的影响扩大，以及华为面对世界需要澄清一些误解，华为逐渐曝光在媒体之下，但是低调和务实的基因流传至今，这是华为人气质中很重要的一个表现。

关键词二：灰度（开放、妥协和灰度）

这三个词的核心是灰度，这是至高的管理哲学。任正非曾指出："一个领导人重要的素质是方向、节奏。他的水平就是合适的灰度。一个清晰方向，是在混沌中产生的，是从灰色中脱颖而出，而方向是随时间与空间而变的，它常常又会变得不清晰，并不是非白即黑，非此即彼。掌握合适的灰度，是让各种影响发展的要素，在一段时间的和谐，这种和谐的过程叫妥协，这种和谐的结果叫灰度。"灰度不是无原则地包容和"打太极"，不是无原则的妥协和折中，更不是和稀泥。灰度的修炼就是心性的修炼。

以灰度来识人和用人，就是摈弃非黑即白、爱憎分明的思维方式，用人之所长，用人之所宜，不轻易给人下结论，下定语，以长期发展的眼光来考量一个人。

抓组织发展中的主要矛盾，甚至可以把内部矛盾变成团队前进的动力，正确看待组织发展过程中遇到的各种矛盾和冲突，挑战即机遇，塞翁失马，焉知非福。

用灰度来培养和选拔干部，高管就要具备心胸和格局，比如处理犯错的下属，"明"处高举拳头，私下轻轻安抚，既不一棍子打死，也不放任纵容，对事旗帜鲜明，对人宽容妥协。

以灰度把握管理节奏，作为高管，紧紧盯住三个关键点：方向、节奏和人均效率。

关键词三：利出一孔

这不仅仅是企业文化的提炼，也是华为经营策略的精华，这也验证了企业文化是源于业务成功模式的基本逻辑。用几句话来概括就是"聚焦在自己优势所在，充分发挥组织的能力，以及在主航道上释放员工的主观能动性与创造力，从而产生较大的效益"。

其中有一个很重要的业务逻辑：什么样的市场机会才是最适合你的、最适合你去发力的，**商业成功 = 好的产品 + 有效客户资源 + 合理运营**，但是很多时候大部分公司对于自己的判断是盲目乐观和自信，在以上三个条件只满足一两个的时候就急于求成，抵制不了机会诱惑，分散自己有限的资源去险中求胜，赌徒心理或许有成功的可能，但这不是企业长远稳定发展的逻辑。

华为早期提倡的压强原则和竞争策略就是基于利出一孔，华为之前也并非通信设备领域全产品供应商，华为产品之间的差异也非常大，华为起步于交换机，经过三十多年的发展取得了通信行业的霸主地位，不同产品线的发展进度和速度是相差较大的，华为的成功在于任正非独到的战略眼光，对于通信领域的产品和市场布局能力绝对是大师级别的。以无线产品为例，从2G的跟随，到3G的取得局部技术优势，到4G的全面超越和5G的绝对引领，这里面处处能体会到利出一孔的巨大作用。

同时，华为坚持利出一孔的原则。比如华为经营管理团队的宣言，就是表明华为从最高层到所有的骨干层的全部收入，只能来源于华为的工资、奖励、分红及其他，不允许有其他额外的收入（华为基本法规定员工不允许炒股或者以关联交易的行为从中获利）。从组织上制度上，堵住了从最高层到执行层的个人谋私利——通过关联交易的孔，掏空集体利益的行为。

关键词四：深淘滩、低作堰

这是华为商业智慧的集中体现，非常值得企业管理者去认真揣摩。“深淘滩”，就是确保增强核心竞争力的投入，确保对未来的投入，即使在金融危机时期也不动摇；同时不断地挖掘内部潜力，降低运作成本，为客户提供更有价值的服务。低作堰，就是节制自己对利润的贪欲，自己留存的利润低一些，多一些让利给客户，不要因为短期目标而牺牲长期目标，以及善待上游供应商。

这种模式和稻盛经营哲学中的“利他”思维非常相似，但是华为不追求利润最大化，认为这是在透支未来和伤害战略地位。在外部环境恶化的时候，如何来挖掘自己内部的潜力和提高运营效率？华为很早的时候就提出单靠技术壁垒取胜的时代很快要转变为靠管理取胜，战略的投入和市场规模的扩大其目的是将原有的成本摊薄，并能持续把成本控制住，这样的市场才有可能真正产生效益。现在很多创业公司，只注意抢地盘，而忽视生根开花，很多昙花一现的互联网创业公司基本都是这种问题，野蛮式增长，觉得自己的产品过硬，忽视内部管理和商业价值实现，再好的商业模式也无法持久。

解读华为企业文化的价值理念坚持以客户为中心，以奋斗者为本，长期艰苦奋斗，坚持自我批判。以上这四句话，响彻寰宇。

小思考

华为的企业文化体现了哪些中华优秀传统文化的特征？

一、组织文化的概念及功能

（一）组织文化的概念

组织文化是指组织成员的共同价值观体系，它使组织独具特色，区别于其他组织。如果仔细考察的话，这种共同的价值观体系实际上是组织所重视的一系列关键特征。

广义的组织文化是指企业在建设和发展中形成的物质文明和精神文明的总和，包括组织管理中硬件和软件，外显文化和内隐文化两部分。狭义的组织文化是指组织在长期的生存和发展中所形成的为组织所特有的且为组织多数成员共同遵循的最高目标价值标准、基本信念和行为规范等的总和及其在组织中的反映。

综合之，组织文化是指组织全体成员共同接受的价值观念、行为准则、团队意识、思维方式、工作作风、心理预期和团体归属感等群体意识的总称。

组织文化有以下七个本质特征：

1. 创新与冒险

组织在多大程度上鼓励员工创新和冒险。

2. 注意细节

组织在多大程度上期望员工做事缜密、善于分析、注意小节。

3. 结果定向

组织管理人员在多大程度上集中注意力于结果而不是强调实现这些结果的手段与过程。

4. 人际导向

管理决策在多大程度上考虑到决策结果对组织成员的影响。

5. 团队定向

组织在多大程度上以团队而不是以个人工作来组织活动。

6. 进取心

员工的进取心和竞争性如何。

7. 稳定性

组织活动重视维持现状或者是重视成长的程度。

管理人物

刘道玉

刘道玉，男，1933 年 11 月 24 日出生，湖北枣阳蔡阳镇刘坡村人，著名教育家、化学家、社会活动家。1977 年，出任国家教育部党组成员兼高教司司长，为高等教育战线上的拨乱反正和恢复统一高考起到了很大的作用。1981 年至 1988 年刘道玉担任武汉大学校长，是当时中国高等院校中最年轻的一位校长。

刘道玉是中国教育改革的杰出代表，他对中国教育创新做出了不可磨灭的贡献。早在 20 世纪 80 年代初期，刘道玉就提出了高等教育改革的问题，并确立了高等教育改革在当代中国教育中的地位。

后来，刘道玉提出了“教育的创新理论体系”和它在中国当代教育事业中的地位与作用，更是抓住了中国当代教育发展中的根本问题，极具启发性，而且从这一问题的探讨，到具体在现实中的运用，且使这个问题成为中国教育改革中的一个热点，刘道玉功不可没。

“四人帮”被粉碎后，他被借调到教育部，担任部党组成员兼高教司司长，主抓高等教育的拨乱反正。在邓小平召开科教座谈会期间，他作为座谈会的组织者之一，曾建议来自武汉大学的代表查全性当面向邓小平建言，废除了“文革”中盛行的大学推荐制，从而恢复中断多年的高考招生制度。应该说，高考制度的恢复，刘道玉起了至关重要的作用。

刘道玉在1981—1988年担任武汉大学校长期间，倡导自由民主的校园文化，推动学分制、主辅修制、插班生制、导师制、贷学金制、学术假期制等改革，领风气之先，拉开了中国高等教育改革的序幕，被誉为“武大的蔡元培”。

（二）组织文化的功能

组织文化的功能是指组织文化发生作用的能力、组织这一系统在组织文化导向下进行生产、经营、管理中的作用。但是任何事物都有两面性，组织文化也不例外，它对于组织的功能可以分为正功能和负功能。组织文化的正功能在于提高组织承诺，影响组织成员，有利于提高组织效能。同时，不能忽视的是潜在的负效应，它对于组织是有害无益的，这也可以看作组织文化的负功能。

1. 组织文化的正功能

（1）导向功能。导向功能是指组织文化能对组织整体和组织每个成员的价值取向及行为取向起引导作用，使之符合组织所确定的目标。组织文化只是一种软性的理智约束，通过组织的共同价值观不断地向个人价值观渗透和内化，使组织自动生成一套自我调控机制，以一种适应性文化引导着组织的行为和活动。

（2）约束功能。约束功能是指组织文化对每个组织员工的思想、心理和行为具有约束和规范的作用。组织文化的约束不是制度式的硬约束，而是一种软约束，这种软约束等于组织中弥漫的组织文化氛围、群体行为准则和道德规范。

（3）凝聚功能。凝聚功能是指当一种价值观被该组织员工共同认可之后，它就会成为一种黏合剂，从各个方面把其成员团结起来，从而产生一种巨大的向心力和凝聚力。而这正是组织获得成功的主要原因，“人心齐，泰山移”，凝聚在一起的员工有共同的目标和愿景，推动着组织不断前进和发展。

（4）激励功能。激励功能是指组织文化具有使组织成员从内心产生一种高昂情绪和发奋进取精神的效应，它能够最大限度地激发员工的积极性和首创精神。组织文化强调以人为中心的管理方法。它对人的激励不是一种外在的推动而是一种内在的引导，它不是被动消极地满足人们对实现自身价值的心理需求，而是通过组织文化的塑造，使每个组织员工从内心深处产生为组织拼搏的献身精神。

（5）辐射功能。辐射功能是指组织文化一旦形成较为固定的模式，它不仅会在组织内发挥作用，对本组织员工产生影响，而且也会通过各种渠道对社会产生影响。组织文化向社会辐射的渠道是很多的，但主要可分为利用各种宣传手段和个人交往两大类。一方面，组织文化的传播对树立组织在公众中的形象有帮助；另一方面，组织文化对社会文化的发展有很大的影响。

（6）调适功能。调适功能是指组织文化可以帮助新进成员尽快适应组织，使自己的价值观和组织相匹配。在组织变革的时候，组织文化也可以帮助组织成员尽快适应变革后的局面，减少因为变革带来的压力和不适应。

知识拓展

商鞅立信

商鞅变法的条令已经准备就绪，尚未公布，担心老百姓不相信自己，就命人在都城市场的南门前竖起一根高三丈长的木头，招募能搬到北门的人，就奖赏十两黄金。人们看到后对此感到奇怪，没有人敢去搬动木头。商鞅又下令说："能把木头搬到北门的赏五十两黄金。"有一个人把木头搬走了，当即就赏给他五十两黄金，以表明决不欺骗百姓。最后终于发布了法令。

2. 组织文化的负功能

组织文化对组织运行除了有上述正功能外，也有潜在的负面影响。

（1）变革的障碍。如果组织的共同价值观与进一步提高组织效率的要求不相符合时，它就成了组织的束缚。这是在组织环境处于动态变化的情况下，最有可能出现的情况。当组织环境正在经历迅速的变革时，根深蒂固的组织文化可能就不合时宜了。因此，当组织面对稳定的环境时，行为的一致性对组织而言很有价值。但组织文化作为一种与制度相对的软约束，更加深入人心，极易形成思维定式，这样，组织有可能难以应对变化莫测的环境。当问题积累到一定程度，这种障碍可能会变成组织的致命打击。

（2）多样化的障碍。由于种族、性别、道德观等差异的存在，新聘员工与组织中大多数成员不一样，这就产生了矛盾。管理人员希望新成员能够接受组织的核心价值观，否则，这些新成员就难以适应或被组织接受。但是组织决策需要成员思维和方案的多样化，一个强势文化的组织要求成员和组织的价值观一致，这就必然导致决策的单调性，抹杀了多样化带来的优势，在这个方面组织文化成为组织多样化、成员一致化的障碍。

（3）兼并和收购的障碍。以前，管理人员在进行兼并或收购决策时，所考虑的关键因素是融资优势或产品协同性。近几年，除了考虑产品线的协同性和融资方面的因素外，更多的则是考虑文化方面的兼容性。如果两个组织的文化无法成功地整合，那么组织将出现大量的冲突、矛盾乃至对抗。所以，在决定兼并和收购时，很多经理人往往会分析双方文化的相容性，如果差异极大，为了降低风险则宁可放弃兼并和收购行动。

组织文化的功能，如图 6-1 所示。

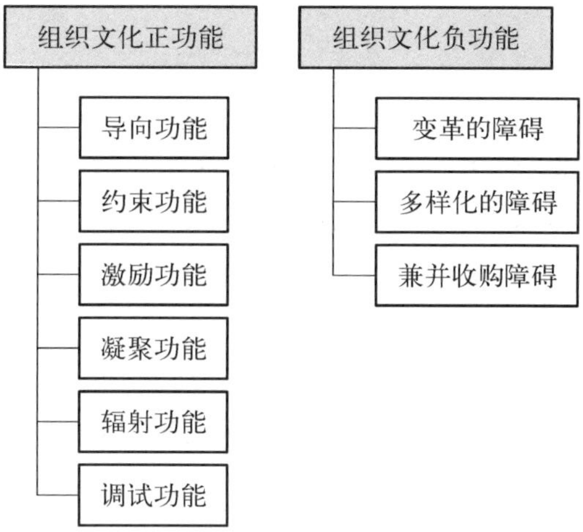

图 6-1 组织文化的功能

二、组织文化的内容与结构

（一）组织文化的主要内容

组织文化的主要内容主要体现在组织哲学和价值观、组织精神、组织伦理、组织风尚、组织目标和制度、组织礼仪和形象等方面。组织哲学即组织经营成功之道，是组织在生产经营过程中形成的世界观和方法论；组织价值观，是组织在追求经营成功过程中所推崇的基本信念和奉行的目标、宗旨；组织精神代表或反映组织的追求、志向和决心的总体倾向；组织伦理是协调组织与国家、组织与组织、组织与员工之间经济利益关系的准则；组织风尚是组织、组织员工所表现出来的行为特点；组织目标代表一个组织的发展方向和未来；组织礼仪是组织有系统有计划的日常例行事务所构成的动态文化；组织形象则是指社会大众和组织员工对本组织的整体评价。

小案例

锦江集团的企业文化

锦江集团是一个以饭店为主体的多元化涉外集团，有中国特色和锦江风格的“锦江集团饭店管理模式”是锦江集团宾馆文化的显著标志。

1. 在赶超世界先进管理水平上，锦江集团是中国唯一榜上有名的。

2.“利”在“义”面前淡化，这在锦江集团有着深厚的基础。

3. 视政治任务为第一，视社会效益为第一。锦江集团饭店的全方位服务不光是方法、程序和标准，更是服务意识和服务道德，与社会主义精神紧紧相连，注重发挥思想政治工作优势。

4. 注重中国传统文化，注重饮食的饭店文化。

5. 吸收外国先进管理方法与经验，参与国际竞争与合作。

6. 全方位服务——锦江模式的核心。

（二）组织文化的结构

组织文化的结构，是指组织文化系统内各要素之间的时空顺序、主次地位与结合方式。它表明了各个要素如何联系起来，形成组织文化的整体模式。

组织文化的结构，可以分为物质、行为、制度、精神四个层次结构。最外层是组织文化的表层，即物质文化；第二层是幔层，也叫浅层，即组织行为文化；第三层是中层，即制度文化；第四层是核心层，即精神文化。组织文化结构，如图 6-2 所示。

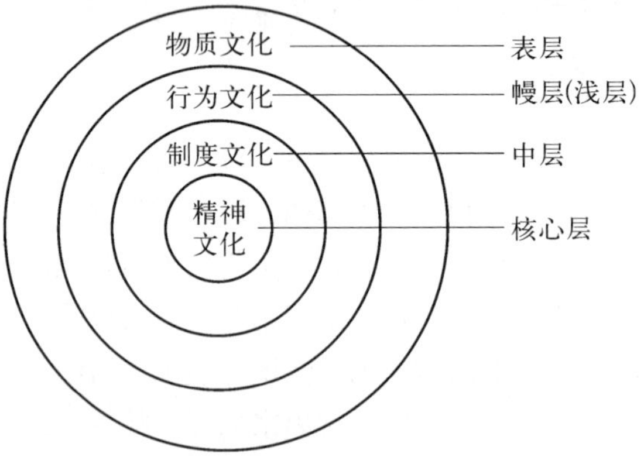

图 6-2　组织文化结构示意图

1. 组织文化的物质层

组织文化的物质层即组织的物质文化，是指由组织职工创造的产品和各种物质设施等构成的器物文化，以物质形态为主要表现的表层组织文化，包括工作环境、建筑、广告、产品包装与设计等。

2. 组织文化的行为层

组织文化的行为层也叫组织的行为文化，是指组织成员在生产经营、学习、娱乐活动中产生的，包括组织经营、教育宣传、人际关系活动、文娱体育活动等。从人员结构上划分，包括管理者行为、模范人物的行为、一般员工的行为。

3. 组织文化的制度层

组织文化的制度层即组织的制度文化，是指组织领导体制、组织结构和组织管理制度等方面，它是人与物、人与组织经营制度的结合部分，是一种约束组织和员工行为的规范性文化。组织制度文化是组织文化的重要组成部分，制度文化是一定精神文化的产物，它必须适应精神文化的要求，同时制度文化是精神文化的基础和载体，并对组织精神文化起反作用。

4. 组织文化的精神层

组织文化的精神层即组织的精神文化，是指组织在生产经营过程中，受一定的社会文化背景、意识形态影响而长期形成的一种精神成果和文化观念，包括组织精神、组织经营哲学、组织道德、组织价值观念、组织风貌等内容，是组织意识形态的总和。组织精神文化是一种更深层次的文化现象，是组织物质文化和行为文化的升华，在整个组织文化系统中处于核心地位。

三、创造与维系组织文化

组织文化并不是凭空冒出来的，一旦形成，就很难消失。组织文化的形成受哪些因素影响？在组织文化建立后，又有哪些因素强化和维系它的存在呢？

（一）组织文化的影响因素

组织文化的形成，与下列四个方面因素相关。

1. 组织的创始人

公司经常说组织文化，其实就是“老板文化”，这是有一定道理的，一个组织在成长初期，其创始人的行为风格会直接影响组织文化的特点，部分特征将贯穿于组织的整个生命周期，特别是一些优秀的组织文化特点更加容易得以传承与发展。

2. 组织自身的发展

一个组织在成长过程中都会呈现不同成长特点，组织文化中优秀的部分一般会得以发展，而阻碍组织发展的部分会消亡，但这种“消亡”是需要一定的外力推动——变革。当组织文化不适合组织发展要求的时候，就必须进行变革，这也意味着组织文化也是变革的一部分，也要随组织的不断发展而进行优化。否则有可能会影响组织运作，甚至影响组织的生存。

3. 组织员工

组织员工受组织文化的影响，同时也能反作用于组织文化，例如：高层管理人员的综合素质、行为举止要与组织文化保持相对的一致性，这样才能使文化得以传播与发展，否则，组织文化会在高层管理人员的影响下慢慢发生变化，并演变成新的组织文化类型。全体员工要认可组织文化本身的精髓，文化才能发展，否则，组织文化可能会发生变化，要么员工改变了文化，要么组织文化导致人员流失、运营艰难、组织倒闭。

4. 组织对文化的传播力度

组织文化得以沉淀，还有赖于组织对其进行内外部宣传，这样可以得以强化发展。

（二）组织文化的形成与保持

1. 组织文化的形成

组织现行的惯例、传统、做事情的一般方式，在很大程度上都是由于它以前的努力，还有这些努力所带来的成功。这就促使公司来追寻组织文化的最初源头：组织的创始人。

从传统上看，组织的创始人对组织的早期文化影响巨大，他们勾画了组织的发展蓝图，他们不受以前的习惯做法和思想意识的束缚。新建组织的特点一般是规模比较小，这就有助于创始人把自己的远见强加给组织成员。

很多公司的文化在很大程度上是公司创始人风格的形象反映。如任正非、比尔·盖茨等，他们的公司都打上了创始者鲜明的烙印。

【做中学】 搜集网络信息，描述马化腾的个人特质，并分析其对腾讯组织文化的影响。

2. 组织文化的维持

组织文化一旦建立，组织管理措施就通过给员工提供一系列相似的经历而起到维系文化的作用。例如，许多人力资源管理措施可以强化组织文化。组织的甄选、绩效评估标准、奖酬措施、培训和职业开发活动以及晋升过程，可以保证组织雇用的员工与组织文化相适应，奖励那些支持和拥护组织文化的员工，而使那些敢于挑衅组织文化的员工会受到惩罚。在组织文化的维系过程中，有三个因素起着特别重要的作用：甄选过程、高层管理人员的举措、社会化方法。

（1）甄选过程。组织甄选过程的明确目标是识别并雇用那些有知识、有技术、有能力来做好组织工作的人。但一般来说，能够满足工作需要的人肯定不少，组织就会对这些人进行甄别。在这时候，能被雇用的最终决定，就显著地受到了招聘决策者对候选人是否适合于组织的判断的影响，这种努力确保了员工与组织恰当的匹配，不管是有意还是无意，都会保证所聘员工的价值观与组织价值观基本一致，至少与组织价值观的大部分相一致。这样，甄选过程通过筛选掉那些可能对组织的价值理念构成威胁的人，起着维系组织文化的作用。

（2）高层管理人员。组织高层管理者的举止言行对组织文化有重要的影响。高层管理者通过自己的所作所为，把行为准则渗透到组织中去。例如，公司是否鼓励冒险，管理者应该给自己的下属多大自由；什么样的着装是得体的。

（3）社会化。新员工进入组织以后，总是会自觉不自觉地干扰组织已有的观念和习惯。因此，组织要帮助新员工适应组织文化，这种适应过程，称为社会化。

最关键的社会化阶段是员工刚进入组织的时候，在这个阶段，组织要尽力把外来者塑造成一个合格的员工。那些不能掌握角色行为要领的员工很可能被称为“不服从者”或“反叛者”，他们的下场往往是被开除。但组织会通过各种不明显的方式，在员工的职业生涯中使每一个人完善社会化过程，这更进一步地起到了维系组织文化的作用。

（三）员工如何学习组织文化

组织文化以多种形式传递给员工，最常用的有故事、仪式、物质象征和语言。

1. 故事

许多组织都流传着小故事，它们的内容多半与组织创建者、违反组织制度、从乞丐到富翁的发迹史、反省过去的错误以及组织应急事件等有关。这些小故事能够起到借古喻今的作用，还可以为目前的组织政策提供解释和支持。例如海尔公司一直流传着当年张瑞敏举起大锤砸掉 76 台不合格冰箱的故事，这几年产品享誉全国的湖北周黑鸭食品有限公司里也一直流传着其创始人周富裕先生当年从重庆到湖北武汉创业的故事。

2. 仪式

仪式是一系列活动的重复，这些活动能够表达并强化组织的价值理念，什么目标是最重要的，哪些人是重要的。例如很多公司都会召开年终奖大会，业绩突出的员工会受到奖励。这种年会公开地奖励业绩突出的员工，起到了激励员工的作用。公司通过这种形式告诉员工，通过努力工作和足够的勇气，他们也能获得成功。

3. 物质象征

公司总部的布局，公司提供给高级管理人员的车型，公司是否给他们提供私人飞机，这些都是物质象征的例子。物质象征物还包括：办公室大小和摆设，装饰物的档次，高级管理人员的额外津贴、衣着等。这些物质象征告诉员工，谁是重要人物、高级管理人员的希望平等的程度、恰当的行为类型，例如冒险、保守、独裁、参与、个人主义等。

4. 语言

许多组织，以及组织内的许多单位都用语言来作为识别组织文化或亚文化的成员的标志。通过学会这种语言，组织成员可确证他们已经接受了这种文化，这样又有助于员工坚持这种文化的价值观。

随着时间的推移，组织往往就形成了自己特有的名词，用来描绘与业务有关的设备、办公室、关键人物、供应商、顾客、公司产品等。一般来说，新员工经过 6 个月的工作之后，那些起初让他们困惑不已的新名词，就成他们语言的一部分了，这些术语一旦为员工所掌握，就成了共同特征，把特定文化或亚文化中的成员联结在一起。

引例解析

华为的企业文化“低调务实”“灰度（开放、妥协和灰度）”“利出一孔”“深淘滩、低作堰”等，体现了中华传统文化的博大精深。华为启发了更多的中国企业家和创业者：将技术创新和儒家管理思想相结合，是完全可能获得成功的。

工作任务 3-3

描述某一知名公司的企业文化

任务分析：

要清晰地描述某一公司的企业文化，不能仅从企业管理者、企业对外宣传等渠道了解，还要从公司发展历史、重大事件、客户关系、员工关系等多方面进行了解分析。

操作步骤：

1. 确定分析的对象；
2. 广泛收集公司各种资料，包括发展历史、创始人背景、对社会事件的反应等；
3. 按组织文化构成的各方面总结归纳组织文化；
4. 班级交流。

任务二

履行组织社会责任

引例

徐工减贫案例入选全球最佳

《非洲家庭水窖项目助力实现 SDG6 清洁饮水——徐工机械“非洲水窖项目”》荣耀当选，并收录到《全球减贫案例集》当中。

据了解，“全球减贫案例征集活动”由中国国际扶贫中心联合中国互联网新闻中心、世界银行、联合国粮食及农业组织、联合国世界粮食计划署、国际农业发展基金和亚洲开发银行等机构发起，面向全球征集原创优秀减贫案例，推广分享各国减贫成功实践。

针对非洲国家埃塞俄比亚长期干旱、缺乏清洁水源的问题，徐工早在 2015 年就与中国扶贫基金会确定“非洲水窖”项目合作意向，经过大量的调研及筹备，2016 年 8 月 10 日开始动工修建第一口“生命水窖”，同年 11 月 11 日落成。

截至目前，徐工已持续与中国扶贫基金会合作三期非洲水窖项目，为埃塞俄比亚欧罗米亚州、阿姆哈拉州等地区共计建造 121 口地上和地下水窖，直接惠及 9 719 人，此外，还向埃塞俄比亚 40 所公立小学捐赠 40 个净水系统，帮助当地更多的学生可以清洁饮水、用水（图 6-3）。

图 6-3　徐工捐助的埃塞俄比亚师生

阿贝巴叶胡是徐工埃塞俄比亚第一批徐工水窖项目的受益人之一。一口约 50 立方米的储水水窖就修在他家房屋一旁的地下。阿贝巴叶胡说：“没有水窖的时候，旱季我和妻子每天天不亮就要起床，去 15 千米以外打水，一来一回大半天就过去了，没那么多时间，也没多余的水去浇庄稼，产量很低。而现在我管理庄稼的时间越来越多了，收入也肉眼可见地增多了。”这样的案例现在在非洲比比皆是。

国家乡村振兴局夏副局长在致辞中表示，我们共同发起的全球减贫案例征集活动着眼于“看得懂、学得会、干得成”，毫无保留地分享中国减贫经验。

值得关注的是，在项目实施过程中，徐工充分调动跨国企业和当地资源，克服资源协同、技术指导、安全保障、模式固化等难题，注重强调社区参与，培训当地农户修建及维护水窖的能力，“造血式”援助解决干旱地区的生产生活用水问题，并为促进农业增产、实现教育公平做出重要贡献。

徐工“非洲水窖”项目，引进中国干旱地区解决饮水问题的水窖技术，利用屋顶集水、地面集水两种方式，解决当地水资源短缺问题。作为在埃塞俄比亚首个做水窖公益项目的中国企业，从家庭水窖到学校净水系统，徐工在非洲大地成功探索出了“造血式扶贫”的中国方案，深受当地政府和百姓的称赞与欢迎。

小思考

为什么履行社会责任是企业应尽的义务？

一、社会责任概述

国家在发展，社会在进步，人民对企业等各类社会组织的期望和要求也越来越高。企业再也不能仅只追求利润，而不关注客户、员工、社区、环境和社会了，“企业社会责任”从未像今天一样如此受到公众的关注。那么什么是企业社会责任；承担企业社会责任能为企业带来怎样的竞争优势；企业应该如何承担企业社会责任呢。

（一）企业社会责任的定义

企业社会责任并无公认定义，一般泛指企业的营运方式达到或超越道德、法律及公众要求的标准，进行商业活动时亦考虑到对各相关利益者造成的影响。企业社会责任的概念是基于商业运作必须符合可持续发展的想法，企业除了考虑自身的财政和经营状况外，也要加入其对社会和自然环境所造成的影响的考量。

利害关系人是指所有可以影响、或会被企业的决策和行动所影响的个体或群体，包括但不限于：员工、顾客、供应商、社区团体、母公司或附属公司、合作伙伴、投资者和股东。在企业与相关利益者接触时，试图将社会及环境方面的考虑因素融为一体。

企业社会责任是通向企业可持续发展的重要途径，它符合社会整体对企业的合理期望，不但不会分散企业的精力，反而能够提高企业的竞争力和声誉。

（二）企业社会责任的具体体现

企业社会责任具体体现在以下几个方面：

1. 公司治理和道德标准

公司治理和道德标准主要包括尊重政治体制和社会文化，遵守法律、共同规则以及国际标准，防范腐败贿赂，对消费者和对客户负责等。

2. 对人的责任

对人的责任主要包括员工安全计划，就业机会均等，反对歧视、薪酬不公平等。

3. 对环境的责任

对环境的责任主要包括维护环境质量、使用清洁能源、共同应对气候变化和保护生物多样性等。

4. 对社会发展的广义贡献

对社会发展的广义贡献主要指广义的对社会和经济福利的贡献，这些贡献可能成为企业核心战略的一部分，成为企业社会投资、慈善或者社区服务行为的一部分。

小案例

志愿者进社区开展公益服务

为进一步提高广大职工心理健康素养和身体健康，德州市总工会于2022年8月17日来到德城区肖何庄社区，举办“汇聚文明力量共创文明城市”志愿服务进社区活动。

活动现场，邀请了德州市职工心理健康服务专家、国家二级心理咨询师，德达医养健康集团医养团队、德州市义工志愿者联合会河东阳光分会、英翔眼镜店的工作人员为肖何庄社区职工代表和社区居民进行公益服务，包括公益体检，剪发，视力检测，眼部保养，眼镜维修、清洗等服务。100余名社区居民参加活动。

“眼镜松了好几天，一直没时间出去修，今天这个公益活动正好帮我解决了这个问题，在家门口就能得到这种贴心服务，我觉得特别好。”肖何庄居民纷纷为此次志愿服务点赞，称让他们感受到了实实在在的幸福感。

这样的社区公益服务，早已经遍布全国各地，它是中国社会文明不断进步的写照。

（三）企业社会责任守则

企业履行社会责任，需要遵循一定的守则，包括企业行为守则和生产守则。

1. 行为守则

行为守则是表明一个组织基本价值观及希望其成员所应遵守的道德规则的正式文件。行为守则有时是针对整个公司，有时只针对个别部门或项目，特别是在跨国公司中，不同地区或国别的分支机构也可能有独立守则。行为守则通常描述企业对利益相关者的责任或者对员工行为的期望，明确公司所追求的道德目标、所秉持的道德观念以及能够负责的内容，内容基本涵盖以下几个方面：

（1）员工关系。包括平等就业发展机会和合理报酬、安全健康的工作环境、员工行为规定等问题。

（2）社区和环境。包括遵守各种法律法规、保护环境等问题。

（3）顾客关系。包括推销和销售的方法及产品的品质和安全等问题。

（4）股东关系。包括维护股东利益、保护中小股东权益、提供真实经营状况等问题。

（5）供应商和经销商关系。包括平等交易及保守商业秘密等问题。

（6）竞争对手关系。包括公平竞争问题等。

2. 生产守则

行业生产守则和标准主要是由行业协会和企业（尤其是跨国公司）制定的，主要是针对行业的生产行为进行规范，内容涵盖了企业社会责任领域的各个议题。

（四）企业社会责任的意义

从短期来看，承担社会责任需要一定企业资源的投入，难免会增加一定的成本负担，但从长期战略发展的眼光来看，随着消费者意识的觉醒，全球环境的变化以及世界经济的一体化，企业竞争环境和竞争规则已经发生了巨大变化。竞争规则已不再单纯是物美价廉，竞争已包含了环境和社会等利益相关者更多的要求，责任已经成为企业核心竞争力的重要来源之一。许多先知先觉的国际企业已把企业社会责任视为未来立于不败之地的“软实力”竞争力。那么承担企业社会责任究竟会给企业带来怎样的竞争优势呢？

1. 帮助树立企业形象，增强竞争力

企业承担一定的社会责任，虽在短期内会增加经营成本，但无疑有利于企业自身良好形象的树立，形成企业的无形资产，进而形成企业的竞争优势，最终给企业带来长期的、潜在的利益。现代企业之间的竞争不再停留于单纯的产品、价格、渠道、促销等方面，还包括品牌、公关、社会影响力等在内的全方位的较量。企业如果能承担社会责任，将会让公众对企业的产品或服务更加信赖，还会帮助企业建立良好的整体品牌形象，进而提升品牌竞争力。有数据研究表明，大部分人会更加信赖承担企业社会责任表现好的企业品牌，并且中高等收入的群体最为信赖承担企业社会责任表现优秀的企业品牌。

小案例

取之社会，回馈社会

在鸿星尔克的官网上，写着这样一句话：“一个企业不应该只是关心自己企业的利益，还应该有强烈的社会责任感，回馈社会，帮助弱势群体。在鸿星尔克看来，企业是社会不可或缺的一部分，从社会中获取资源，就应该回报社会、负有一定的社会责任。”作为社会的一份子，承担起社会责任是每一个企业发展的底线。在不断创造经济价值的同时，企业还需要看到社会和国家的需要，奉献出自己的一份力量，与社会共同成长进步。

2021年，鸿星尔克因捐赠物资，受到了巨大关注，网友称赞其为“国货之光”，充分体现了大家对于鸿星尔克社会责任感的认可和回应。社会担当在很多年前就被刻入了鸿星尔克的基因，他们奉行“取之社会、回馈社会”的理念，更是把社会责任纳入了企业文化内核。

从企业成立以来，鸿星尔克就持续向慈善机构或其他平台捐款捐物，先后参与“资助中小学教育”“向灾区捐款”等几十项社会公益。近年来，鸿星尔克还与福建省残疾人福利基金会联合开展了“鸿星助力·衣路有爱”项目，已经累计向困难残疾人家庭发放总价值1.8亿元的物资，为数万名贫困残疾人送去了温暖。2022年7月，鸿星尔克官方微博发布消息称，向福建省残疾人福利基金会捐赠1亿元物款，用于帮助困难残疾人和家庭改善生活质量；设立“鸿星有爱·助残同行”项目，资助孤独症群体及其家庭、关注并扶助“一户多残”家庭，以及残疾退役军人等困难群体。

饮水思源，在回馈社会的道路上鸿星尔克从没有停止，也不会停止，他们用实际行动书写企业担当，把企业的温度传递到了更多的地方。

2. 促进企业创新

对社会责任的关注将促使企业转向对产品、设计、流程、管理和制度等环节进行创新，促进其盈利方式和增长方式的转变，提高生产效率，节约能源的消耗，改变生产方式，从粗放型积极向集约型转变，进一步拓宽创新领域，改善经营环境，减少资源的占用和浪费，节省生产成本，发展循环经济，提高环境保护的能力，获得更大的利润。例如诺基亚建造的中国园“绿色大楼”，因为使用了大量环保材料建筑，虽然费用增加了不少，但却实现了节水37%、节能20%。诺基亚打造的“星网绿色产业链”，将公司各部门及供应商集聚在开发区一千米范围内，不断降低交通工具二氧化碳排放及原材料包装物的使用，更降低会议差旅、原材料及零配件的运输成本。

3. 为企业的可持续发展赢得良好外部环境

企业主动承担社会责任可以为自身创造更为广阔的生存空间。社会责任是企业利益和社会利益的统一，企业承担社会责任的行为，是维护企业长远利益，符合社会发展要求的一种“互利”行为。随着世界经济的一体化，我国对外贸易越来越多，但与此同时，就需要面临进口国家利用社会责任标准所设置的贸易壁垒和市场障碍。例如申请成为沃尔玛的中国供应商必须达到它制定的企业社会责任标准，才有机会取得订单，成为它的合作伙伴。

4. 推动优秀企业文化建设

企业社会责任，作为企业文化的新内容，重新塑造和创新了企业文化的价值观念，推进了企业文化的相关建设。而企业文化作为企业的一种价值体系，又将企业社会责任建设提升到新的理论高度和较高的文化层次。

二、企业如何履行社会责任

企业社会责任是企业对所有者、员工、客户、供应商、社区等利益相关者以及自然环境所承担的责任，以实现企业与经济社会可持续发展的协调统一。这成为中国企业履行社会责任的一个重要起始点。企业社会责任不能只看作为一项花钱和投入的事情，企业的环境保护行为和社会责任承担也不只是被动的合法合规措施，而是自觉自发地融入了企业发展的核心战略之中，成为可持续发展的重要支撑力量。那么企业具体应该怎样履行企业社会责任呢?

（一）企业社会责任融入企业发展战略中

根据一项调查显示，70% 以上的企业在履行社会责任时没有明确的战略和计划，大部分企业只停留在根据政府要求和社会需求来投入资金和资源的层面上，基本上没有设定与自己战略相匹配的企业社会责任战略。而国外不少成功经验证明：企业只有将社会责任融入企业发展战略，才能取得深远而又有效果的影响。因此，企业在制定发展战略时，不应该仅仅局限于创造利润本身，还应该考虑与社会、环境的和谐关系，把社会责任纳入企业的发展战略中，提高承担社会责任的主动性，把履行社会责任作为企业基业常青、实现可持续发展的战略选择，并将社会责任理念融入企业的使命、价值观和愿景，使社会责任真正成为企业发展的内在要求和重要动力。

小案例

以责任显担当

2021 中国企业社会责任云峰会上，民族品牌企业康师傅控股凭借推动绿色发展、助力乡村振兴、数字化快速响应急难救助的杰出表现，从众多企业案例中脱颖而出，获评“社会责任优秀案例”。

作为农产品深加工龙头企业，康师傅在助力乡村振兴方面探索了众多举措。一方面，康师傅通过每年数百万吨的农产品采购直接带动逾四千万农民提高收入，在满足消费者对营养健康需求的同时，加大对农产品采购量，让农民“钱袋子”

鼓起来；另一方面，康师傅也不断探索惠及农村的新模式：升级打造“企业＋基地＋农户”的产业链模式、启动内蒙古康巴诺尔国际农业产业园项目，通过辅导农户种植、严格控制产地端品质与检测监管，推动农业技术升级，拉动地方经济，成功带动当地近万名农民就业。

按照国家提出的新发展理念，康师傅将可持续发展理念升级为“家园常青，健康是福”，并且根据全球首份由联合国机构发布的全面指导企业实现碳中和的报告《企业碳中和路径图》推荐的“3699”路径，在企业的碳中和战略上确定了“开展碳基线盘查”“设定减排目标”“设计减排举措”三步走的路线图。

2021 年，康师傅启动了集团全面碳盘查专项，目前已经完成了第一阶段的数据核查，为后续进一步科学减碳打下基础。同时康师傅也将碳盘查延伸到产业链上下游，希望能够成为行业减碳的标杆和典范。

在注重健康饮食的当下，康师傅率先洞察到消费者健康意识提升的趋势，创新研发了无糖茶等新产品，契合了大众消费升级新需求，满足消费者对营养健康饮食的追求，用“欢乐饮食”为创造美好生活服务，为健康中国建设贡献康师傅力量。在产业结构调整的同时，也明显减少了碳排放，根据测算，每生产 100 万瓶 500 毫升无糖冰红茶，相比于传统的含糖冰红茶，在用糖方面的碳排放可减少约 29 吨，相当于 1 300 棵树一年的吸收量。

（二）建立健全社会责任管理体系

履行企业社会责任是一项持续的管理行为，不是一次性地作秀或应对检查的活动。在国外，约有 60% 的大公司在公司内部设有专门的社会责任部门和专职负责人员，负责处理各种利益相关者对企业发生的不正当经营行为所提出的质疑，以及企业对社会的公益行为。不仅如此，国外公司还制定了社会责任履行计划、系统的项目设计、科学的决策机制和完善的执行程序与控制系统。而在我国只有不到 1% 的企业设有专门的社会责任部门，大多数企业的社会责任是由工会、总经理办公室、行政部门等其他部门兼管。因此，只有建立社会责任工作机构，健全完善社会责任工作制度，制定相关工作流程和标准，才能明晰权责，真正把企业社会责任落到实处。

（三）建立与利益相关者的沟通机制

企业履行社会责任的关键就在于建立与利益相关者的沟通机制，识别利益相关者有哪些，以及他们的利益需求，进而确定本企业社会责任工作的重点，明确社会责任工作的实现目标和推进措施，并定期地与利益相关者沟通反馈，调整优化企业社会责任具体措施，唯有如此，才能将履行社会责任融入企业日常经营管理中。也正是建立了“识别需求—满足期望—沟通反馈—调整优化”这样的与利益相关者沟通机制，企业履行社会责任才不会偏离方向。

（四）发布企业社会责任报告

企业社会责任报告在一定意义上是衡量一个企业社会责任状况的重要标志，也是企业和相关利益者沟通信息和接受监督建议的重要渠道。2010 年 9 月国际标准化组织审议通过了“ISO26000 社会责任指南”，该指南是一个社会责任指导性文件，标准适用对象包括政府、企业和所有社会组织。根据已形成的草稿，标准包括社会责任的 7 个方面内容，即：组织治理、人权、劳工权益保护、环境保护、公平经营、消费者权益保护以及参与社区发展。同时，标准强调任何组织都应通过加强与利益相关方的沟通和交流，全面履行社会责任。

发布社会责任报告在一定意义上是衡量一个企业社会责任状况的重要标志，也是企业和相关利益者沟通信息和接受监督建议的重要渠道。近年来，我国企业向社会公开发布企业社会责任报告或可持续发展报告的数量呈逐年增加的趋势，从“金蜜蜂中国社会责任报告数据库”上显示的数据看，我国企业已发布 22 859 份社会责任报告，其中 2021 年发布 2 701 份。

小案例

《互联网行业从业人员职业道德准则》发布

2021 年 12 月 30 日，中国网络社会组织联合会第一届会员代表大会第三次会议审议通过《互联网行业从业人员职业道德准则》（以下简称《准则》），倡导互联网行业从业人员规范职业行为，加强职业道德建设。

《准则》主要包括六个方面的内容。

一是坚持爱党爱国，坚持用习近平新时代中国特色社会主义思想，特别是习近平总书记关于网络强国的重要思想武装头脑、指导实践、推动工作，增强“四个意识”、坚定“四个自信”、做到“两个维护”，热爱党、热爱祖国、热爱社会主义，坚决拥护党的路线方针政策。

二是坚持遵纪守法，强化法治观念、树立法治意识，带头遵守法律法规，严格落实治网管网政策要求，遵守公序良俗，抵制不良倾向，保守国家秘密，维护网络安全、数据安全和个人信息安全，推动互联网在法治轨道健康运行。

三是坚持价值引领，树立正确的政治方向、价值取向、舆论导向，大力弘扬和践行社会主义核心价值观，唱响主旋律、传播正能量、弘扬真善美，崇德向善、见贤思齐，文明互动、理性表达，推动构建清朗的网络空间。

四是坚持诚实守信，始终把诚信作为立身之本、从业之要，传播诚信理念，倡导诚信经营，重信守诺、求真务实、公平竞争，做到不恶意营销、不虚假宣传、不造谣传谣、不欺骗消费者。

五是坚持敬业奉献，立足本职、爱岗敬业，注重自我管理和自我提升，培养良好的职业素养和职业技能，发扬奉献精神，履行社会责任，始终把社会效益摆在突出的位置，实现社会效益与经济效益的统一。

六是坚持科技向善，坚决防范滥用算法、数据等损害社会公共利益和公民合法权益，充分发挥科技创新的驱动和赋能作用，运用互联网新技术新应用新业态，构筑美好数字生活新图景，助力经济社会高质量发展。

三、政府如何引导企业履行社会责任

企业履行社会责任不能仅靠道德自律和舆论氛围，履行好的企业能够尝到经济利益的甜头，而缺乏社会诚信、造成“负外部性”的企业则应受到足够严厉的惩罚。在这个过程中政府有必要加强法律监管，引导企业履行好社会责任。

（一）引导和支持企业树立社会责任观念

1. 引导和支持企业社会责任，为企业实践社会责任提供良好的社会环境

目前不少企业对社会责任望而生畏，片面地理解社会责任的内涵，认为那纯粹是一种成本的投入，不会带来回报。事实上，节能环保、提高员工素质、改善企业形象都可以为企业带来潜在或可见的经济回报。

2. 通过奖励等方式引导企业积极履行社会责任

政府可以设立“社会责任奖”，媒体可以宣传获得年度最具责任感的企业和企业主名单。对于表现优秀的企业，政府可以合理地运用经济杠杆的调节作用，对这些企业实行适当的财政补贴，给予税收和招商引资方面的优惠政策，引导资金注入有责任感的企业。政府在采购、投资和对企业的资助等方面，可以优先考虑这些企业。

（二）推进企业社会责任制度化

加强和完善相关法规，加大执法力度，以法律手段促使企业履行社会责任。强化企业社会责任，实际上是强化企业的守法行为，使企业在生产经营过程中严格遵守劳动保护法、生产安全法和环境保护法等。在遵守国家各项法律的前提下创造利润，为社会作贡献。

（三）建立企业社会责任评价体系

建立企业社会责任评价体系。对任何一个企业的评价可以从经济、社会和环境三个方面出发，经济指标仅仅被认为是企业最基本的评价指标。关于企业社会责任的评价有多种多样，例如道琼斯可持续发展指数、多米尼道德指数、《商业道德》《财富》等都将企业社会责任纳入评价体系。所以，跨国公司都把履行企业社会责任作为实现企业和公民形象的条件，并且将企业社会责任作为一个制度化、规范化的管理体系，有明确的计划、有专门的负责部门、有一定的经费保障、有可操作的规范化的管理程序。

（四）完善企业社会责任监督机制

1. 严厉打击无视企业社会责任的各种行为

执法部门应该严厉打击各种假冒伪劣产品、取缔不符合基本的安全生产条件的企业、查处违反有关劳工、环保等社会责任方面和法律法规的企业，政府部门也应该对于那些不履行社会责任的企业予以定时公开并限时整改或停业整顿，必要时可以借助司法力量来强制执行。

2. 规范监管主体自身的行为

对于监管主体，政府一是要规范各行政监管主体的职责，并建立相应的责任制度和责任追究制度，以真正落实企业社会责任监管主体的责任。二是各监管主体应定期对法律法规的落实情况进行检查。三是建立信息沟通和披露机制，对信息披露的真实程度、详细程度和披露方式进行适当规范，形成综合监管体系。

（五）充分发挥中介组织在企业社会责任落实中的作用

在推动企业社会责任过程中，应该充分发挥中介组织的桥梁和纽带作用，有效地协调政府和企业的关系，同时从实际出发、研究和制定符合行业实际的社会责任标准，进行公开、公正的第三方认证。更重要的是要配合政府行使社会监督的职能，确保企业社会责任的全面履行。

引例解析

作为负责任的企业，徐工集团在自身发展的同时，积极践行社会责任，充分调动跨国企业和当地资源，克服资源协同、技术指导、安全保障、模式固化等难题，“造血式”援助解决非洲国家干旱地区的生产生活用水问题，为促进农业增产、实现教育公平做出重要贡献，通过助力发展中国家农村可持续发展和减贫事业，践行企业社会责任。

工作任务 6-1

分析评价一家公众公司的社会责任

任务分析：

可以从社会责任的四个方面分析评价。

操作步骤：

1. 选取一家公众公司；
2. 调查了解公司发展历史、文化、对重大事件的应对方式等；
3. 从企业社会责任的四个方面分析评价其社会责任。

任务三

培育管理道德

引例

离职前的100天

明星职业经理人刘峰受聘“天马集团”，担任CEO一职。其任职期间的最大挑战是推动天马在纳斯达克上市，而达成这一目标的关键，在于让天马拥有足够庞大的分销网络。为了在职业生涯上续写光辉的一笔，刘峰拉来市场销售经验丰富且与自己相交甚笃的职业经理人王兵，担任公司分管销售的副总。王兵上任后，采用了“激进式”的扩张策略，在收纳加盟商时，盲目求多求快，并未按照公司的标准进行严格筛选，甚至为了多拉加盟商，对回报政策进行虚假承诺。天马终于成功上市，刘峰的任期也将届满，并提前100天主动申请功成身退。此时，部分加盟商发现上当，开始闹事，控诉天马。刘峰收到消息，左右为难，是瞒下冲突，到期走人？还是面对问题，力求解决？但又能怎样解决？牺牲违规操作的王兵吗？还是励精图治，从根治起？但留给他的只有100天呀！

小思考

职业经理人如何在遵守管理道德和注重公司利益方面取得平衡？

一、管理道德概述

（一）道德与管理道德

道德，是指依靠社会舆论、传统习惯、教育和人的信念的力量去调整人与人、个人与社会之间关系的一种特殊的行为规范，是规定行为是非的惯例和原则。一般来说，道德是社会基本价值观一个约定俗成的表现，人们一般都会根据自己对社会现象的理解、社会认同的形态，形成与社会大多数人认同的道德观，大多数人能够知道该做什么、不该做什么，哪些是道德的、哪些是不道德的。

道德一般可分为社会公德、家庭美德、职业道德三类。其中职业道德，是同人们的职业活动紧密联系的符合职业特点所要求的道德准则、道德情操与道德品质的总和，是从事一定职业的人在职业劳动和工作过程中应遵守的与其职业活动相适应的行为规范。职业道德是从业人员在职业活动中应遵守或履行行为的标准和要求，以及应承担的道德责任和义务。

管理道德作为一种特殊的职业道德，是对管理者提出的道德要求，对管理者自身而言，可以说是管理者的立身之本、行为之基、发展之源；对企业而言，是对企业进行管理价值导向，是企业健康持续发展所需的一种重要资源。

管理故事

《道德经》与现代管理

老子哲学对改善现代管理具有深刻的智慧启迪。在无为与自然的关系中，老子把无为视为实现自然理想的道路、方法，把自然视为无为方式所要达到的目标或理想境界。

老子依据道德本体论形成了“无为—自然”理念，然后又将其推演、贯彻于人类社会，作为人类社会中效法道德典范的圣人来看，圣人通过无为、好静、无事、无欲等方式、方法取得了民众自化、自正、自富、自朴的效果。老子揭示得道的根本法则是“道常无为而无不为”。其目的则是“无不为”“民自化”。

老子无为思想作为一种管理方法论，就是要求管理者在思想观念上持无知态度。这种无知态度绝非无所用心，懒惰懈怠，消极等待，而是要管理者防止不顾客观实际、单凭主观意志想问题办事情的虚妄态度。在老子看来，矛盾法则及其各种反理现象昭示，主观意志越是强执于某种事情越难成功，主观上淡然待之反易成功。要顺应人的自然本性，保障人类自然存在、自由生活的权利，使国家社会和谐有序。在老子看来，道为国之本，失道必亡国，持道则能久。在《道德经》六十章要求人君“以道莅天下”。坚持以道治国，能使万物自然而然地向其归化。老子深信，匡世治国必须走正道，用正法。他在八章要求“正善治”。第五十七章要求“以正治国”。所谓“正”，就是遵循正道，顺从民意。大公无私，端方正直治理国家。清静之治即无为之治，老子主张以静处事。在十六章中说：“归根曰静”。他注意到清静优于躁动，这个静不是不动，而是一切都是自然而然，不是人为的，自然是大道，是万事万物的总根源。就是要按照社会发展规律和自然规律来管理国家和社会各项事务。

《道德经》可归纳为“虚无、自然、朴素、恬淡、平易、清静、无为、柔弱、不争”，其中蕴含着中国道教博大的治世处世，成人成事的精深的哲学智慧。

（二）管理道德的内容

作为组织管理活动中的管理道德，包含了管理目标、管理手段、人际关系、人事管理四个方面的内容。

1. 组织管理目标的道德

任何管理都是组织的管理。但是，组织管理者的思想道德水平如何，又直接关系到管理水平的高低和管理目标的实现。因为组织者在制定管理目标时，不仅要考虑到管理目标的可行性，而且要考虑到管理目标的道德性，才能使管理目标成为有效的目标。组织管理者为了使其管理目标可行，或多或少地都要考虑到它的目标的道德性。正如古希腊思想家德谟克利特所说："应当认定国家的利益高于一切，以便把国家治理好。决不能让争吵破坏公道，也不能让暴力损害公益。因为治理得好的国家是最可靠的保证，一切都系于国家。国家健全就是一切兴盛，国家腐败就一切完蛋。"

2. 实现组织管理目标的手段的道德

手段是为实现一定目的或目标而采取的一定的途径、方法、办法和策略的总和。任何组织管理目标的实现，都要通过一定的手段。至于采取什么样的手段，达到什么样的效果，则取决于组织管理者对手段的选择。而所选择的手段是否正当，即手段是否道德，会直接影响管理目标的实现。一些组织管理者为达到其私利而采取不正当手段的做法，例如偷工减料、偷税漏税、走私贩私、制假造劣、哄抬物价、进行虚假广告宣传等，长久而言最终会妨碍其组织目标的顺利实现。

3. 人际关系管理的道德

人际关系管理是社会管理的重要内容。一定社会的人际关系管理，除受社会性质决定之外，还受血缘、地缘、业缘等因素的影响，从而造成这种管理的复杂性和管理层次的多样性。调整和协调不同的人际关系或同一种人际关系中的不同层次的人际关系，需要有不同层次的道德规范，即处理和协调邻里人际关系、老乡人际关系与处理和协调家庭人际关系、夫妻人际关系的道德规范是各不相同的。中国长期流传的"清官难断家务事"的说法，虽是老话，却也说明了人际关系管理的复杂性。

4. 人事管理的道德

任何的组织管理，都是通过人来执行其管理职能，通过人的活动来实施的。因此，如何管理好人，如何用人，不仅要考虑人的知识、经验和能力，而且要考虑人的思想道德素质。中国自古以来一直流传着"人存政存，人亡政息"，"天下大乱，往往系于用人"的说法。这种说法虽然不是至理名言，但却包含着较为深刻的道理。现代企业的用人制度，更应该重视德的要求，必须坚持用人的德才兼备和知人善用的原则，反对"任人唯亲""以权谋私"的做法，力求人事管理科学化、规范化、道德化。

小案例

惠普的“电话门”事件

如果有一天，你发现自己的隐私正被公司采用非法手段监控，你会怎么办？

托马斯·帕金斯选择了离开。帕金斯是惠普公司的董事，当他获悉公司对包括自己在内的部分董事的私人电话和邮件进行跟踪时，愤然离职。一个月后，他了解到公司在电话跟踪时居然采用了“Pretexting”，于是向美国证券交易委员会举报了相关负责人的非法行为。

“Pretexting”是一种通过欺诈获得不知情人信息的技术和方法，翻译的术语为“假托”，出现于20世纪90年代，多被用于金融欺诈。此事被曝光后，西方企业界“爆炸”了，有人在美国国会上甚至将该“电话门”事件与“安然”事件并列。

“如果惠普创始人比尔·休利特和戴夫·帕卡德能够活到今天，他们会感到惊骇，会感到不安。”在美国国会的听证会上，惠普的CEO赫德再次向“电话门”中的受害者道歉。

在惠普骄傲的企业文化中，“相信、尊重个人，尊重员工”一直是其光荣的宣言，该文化从两位创始人在车库起家时就开始渗透，并被管理专家纳入“惠普之道”的核心中。

然而，“电话门”中不惜以非法手段践踏“惠普之道”的不是别人，正是惠普的“最高舵手”，公司董事长帕特丽夏·邓恩。

在邓恩看来，过去两年中，惠普董事会中出现了“内鬼”，“内鬼”一而再，再而三地私自将属于公司机密的消息透露给媒体。这是她所无法忍受的，于是下令调查，并纵容了所找来的两家调查公司使用“假托”技术，窃取了多位惠普董事和9名记者的家庭电话记录。

“电话门”曝光后，在外界强烈批评的压力下，邓恩被惠普董事会解聘。

（三）管理道德的特点

1. 管理道德具有普遍性

管理道德是人们在参与管理活动中依据一定社会的道德原则和基本规范为指导而提升、概括出来的管理行为的规范，它适用于各个领域的管理。无论是行政管理、经济管理、企业管理、文化管理，还是单位、部门、家庭和邻里的人际关系管理，都应当遵守管理道德的原则和要求。

2. 管理道德具有特殊的非强制性

人类最初的管理，属于公权的、人人都可以平等参加的管理，没有强制性。与之相应的，调整管理行为的规范，即管理道德也没有强制性。正如恩格斯所指出的：“酋长在氏族内部的权力，是父亲般的、纯粹道德性质的，他手里没有强制的手段。”人类社会进入阶级社会以后，管理被打上阶级的烙印，具有阶级的性质和内容。它依靠国家或组织的权力实行管理活动，具有强制的性质。但是，与此相适应的管理道德并没有改变其非强制的性质。不过，管理道德在内容上侧重于调整和约束组织管理者的管理行为，在社会作用上则侧重于依靠被管理者的舆论影响管理者的行为，从而调整管理者与被管理者之间的关系，使其具有特殊性。

3. 管理道德具有变动性

人类的管理活动是随着人类的社会实践的发展而不断变化的，作为调整管理行为和管理关系的管理道德规范，也必然随着管理的变化和发展而不断改变自己的内容和形式。原始社会的公共事务管理性质单纯、形式单一、内容简单、发展极其缓慢，与之相应的管理道德的内容也简单、规范也少、发展也缓慢。到了近代，随着管理内容的复杂化、管理方式的制度化和管理目标的多样化，与此相应的管理道德的内容也随之增加和丰富，形式也多样化。特别是当代科学管理的迅速发展，进一步推动了管理道德的变化和发展。

4. 管理道德具有社会教化性

道德教化是一个古老的概念，重视教化是中国传统文化的一个优良传统。中国古代的思想家大都重视德治，所以都强调道德教化的作用。孔子主张用“仁爱”的道德原则教化人，认为人只要做到“仁”，就能自爱，就能“爱人”，对人宽容、忠恕。孟子发展了孔子的仁爱思想，提出“亲亲而仁民，仁民而爱物”的思想，认为“仁”就是“爱之理，心之德”。此外，儒家还把公正、廉洁、重行、修养、举贤任能等都看作“仁爱”教化的结果，要求管理者都应具备这些道德品质。现代企业组织应当吸收中国传统文化中的合理的道德教化思想，高度重视管理道德的教化作用。尤其应当强调组织管理者的道德示范和引导作用，使管理道德的意识、信念、意志、情感更加深入人心，并化为人们的自觉行为。

二、影响管理道德的因素

影响管理道德的因素很多，既有外部因素的影响，也有内部因素的影响。

（一）外部因素的影响

外部因素的影响主要包括早期教育因素、企业的管理体制及制度因素、企业文化因素、社会大环境因素等。

1. 早期教育因素的影响

个人早期受的教育、生活环境，尤其是在其幼、童年时期所处环境的熏陶、所受教育的程度对其今后的观念的形成起到至关重要的影响，通过这时期感知、认知事物，其个人的道德观初步形成。“孔融让梨”就是早期教育对其道德影响的表现。

2. 企业的管理体制及制度因素的影响

企业的管理体制是否有利于企业发展，企业领导者是否为管理者创造一个工作、发展的平台，企业是否做到组织结构科学合理、规章制度是否健全完善、人才培训培养机制是否激励有效等，都对管理道德的形成起到较大影响。正如张瑞敏评价他在海尔充当的角色时，认为“第一是设计师，在企业发展中如何使组织结构适应企业发展；第二是牧师，不断地布道，使员工接受企业文化，把员工自身价值的体现和企业目标的实现结合起来。”

3. 企业文化因素的影响

一个企业有较强的、积极向上的企业文化就可以抵御外来风险，化解内部冲突。走上市场经济之路以来，许多企业注重实施企业文化建设，形成具有企业自身特色的文化，如海尔文化，不仅使海尔的知名度进一步提升，而且使企业的凝聚力进一步增强，员工的亲和力进一步增强，从而形成了海尔人良好的职业道德、行为准则。

4. 社会大环境因素的影响

一定时期社会上大多数人的世界观和价值观也会从外部影响，甚至改变个人的管理道德观。尤其是在社会转型期，多种因素综合导致了一些人的道德观危机，如社会不同层次的管理道德问题、职业圈子中的管理道德问题、企业内部日常管理中面临的管理道德问题等。

（二）内在因素的影响

内在因素的影响主要包括管理者自身的意志、能力、信念因素、自身责任感因素等。

1. 个人意志、能力和信念因素的影响

个人意志坚强、个人能力较强、个人信念坚定的管理者对事物判断比较准确，无论身处顺境还是逆境，无论是外部诱惑如何，其大多数会在道德准则判断与道德行为之间保持较强的一致性，不会因一时之事、一念之差而作出不正确的选择；反之则会在道德准则判断与道德行为之间作出不正确的选择。

2. 个人责任感因素的影响

责任感是每个人对工作、企业、社会等所作出行为的负责态度，有较强责任感的人，是一个能自觉承担社会责任、积极履行职责和正确行使职权的管理者，敢于、勇于对自己行为负责，很少出现违背道德准则的情况；反之，缺乏责任感的人，对自己行为的后果不愿承担责任，甚至认为“事不关己”，推卸责任，则缺乏最基本的道德素质。

上述几种因素基本上决定了一个人管理道德观的形成，不同的道德观导致了相应的管理行为，造成各种各样的管理道德问题。

三、企业如何培育管理道德

（一）抓好管理道德教育

1. 提高管理道德认识

提高管理道德认识包括管理者对其管理的地位、性质、作用、服务对象、服务手段等方面的认识。对管理道德价值的认识是培育管理者管理道德的前提，就是要认识管理道德的实质、内涵，充分认识到管理道德对个人、企业乃至社会的重要性。只有提高对管理道德的认识，才能在思想上重视、在行动上实施，在发展中提升。

2. 培养管理道德情感

培养管理道德情感是指管理者在处理自己和职业的关系及评价管理行为过程中形成的荣辱好恶等情绪和态度。主要包括对所从事管理工作荣誉感、责任感，对服务对象的亲切感，热爱本职工作，敬业乐业等。管理道德情感一经形成，就会成为一种稳定而强大的力量，积极影响人们管理道德行为的形成和发展。

3. 锻炼管理道德意志

锻炼管理道德意志是指人们在履行管理义务的过程中所表现出来的自觉地克服一切困难和障碍，作出抉择的力量和精神。是否具有坚毅果敢的管理道德意志，是衡量每个管理者管理道德素质高低的重要标志。

4. 坚定管理道德信念

坚定管理道德信念是指管理者对所从事管理工作应具备的道德观念、道德准则和道德理想和发自内心的真诚信仰。管理者一旦牢固地确定了管理道德信念，就能自觉地坚定不移地履行自己的义务，并能据此来鉴别自己或他人的行为。培养和确立终生不渝的管理道德信念，是每个管理者管理道德修养的中心环节。

（二）提炼、规范管理道德准则

管理道德建设的过程，是管理者管理道德素质形成和不断完善的过程，这需要管理者把管理道德认识、管理道德情感、管理道德意志和管理道德信念等与所从事的管理工作、企业的实际情况等结合起来，注重吸收西方道德观中合理的成分，广泛继承中华民族传统道德观的精华，提炼出体现管理特色的管理道德准则，使管理者了解、明确管理道德规范，认清管理道德的标准和行为准则，以利于管理者形成良好的管理道德。

通过提炼管理道德标准，实行管理道德的规范化管理，使管理者自觉地对照管理道德准则时刻检查自己、规范自己行为，将管理道德准则内化为管理道德认识，从而培养成良好的管理道德行为习惯，既有利于管理者自身建设与发展，又有利于企业管理水平提高与发展。

（三）树立典型，加强引导

在管理道德建设过程中，树立典型、发挥榜样示范的作用是重要的。典型引导是激励人们自觉规范道德行为的有效途径。

1. 注重发挥企业领导者管理道德的表率作用

企业领导者是企业的精英，是高层管理者，其模范、表率行为对其他管理者管理道德的形成具有更直接的效果。对企业领导者来说，管理价值、道德价值高于物质利益，企业领导人应把国家、员工赋予的职位当作为国家、企业贡献、为员工服务的机会，"先天下之忧而忧，后天下之乐而乐"，勇于负责，不计得失，自强不息，以身作则，讲真话、办实事、言必信、行必果，树立领导者良好的管理道德，这对推动整个层面管理道德的形成起着举足轻重的作用。

2. 树立典型人物，做好舆论导向，发挥引导作用

杜富国、其美多吉等现实生活中涌现出来的典型人物，他们的感人事迹、表现出来的道德品质是人们所景仰的，在这些典型人物身上也充分体现出了优秀的管理道德。因此，大力宣传典型人物，把道德规范人格化，有利于使管理者以典型人物为榜样，学习典型人物的人格，激发自身去追求典型人物所拥有的优秀的理想人格，并且以这种理想人格为标准来塑造自己，促进管理者管理道德水平的形成和提高。

（四）将管理道德行为列入岗位考核内容

管理者是否具有管理道德，不是看其是否会背诵管理道德的多少规范条款，而要看他是否能理解管理道德，把管理道德要求与自己的工作相结合，落实到实际行动中、具体工作中，形成稳定的职业行为。管理道德规范化、制度化，就会成为管理者的习惯行为，就会在管理工作中发挥巨大作用，也必将在企业内形成良好的道德风尚，使企业步入良性的发展轨道。因此，企业应将管理道德建设纳入管理者岗位考核内容之一，加强检查、考核、奖惩，使每一个管理者不断地自我对照准则检查，不断地修正自己的行为方向，最终养成良好的管理道德。

管理者是管理道德的主体，管理道德是对管理者行为的规范和制约，一个合格的管理者也必然是一个有道德的管理者，做有道德的管理者，应该是每一个管理者的职业准则。在当今时代，管理者和企业应注重开展和加强管理道德培育，提高管理者的管理道德，使管理者有所为、有所不为，养成良好的管理道德行为，才能有效地提升企业管理水平，获取更大的效益，实现长远发展。

四、职业经理人的管理道德

作为企业的中坚力量，职业经理人深受来自社会、市场、企业、股东、员工等多重

压力，要应对瞬息万变的市场竞争，面对自己的工作交际圈，必须以良好的心态和最佳角色在充满竞争与挑战的现代职场生涯中获益。在职业经理人的诸多的素质与能力要求中，最被看重的是其管理道德。

一位发明家发明了一项专利，他根据这个专利写了一份经营计划书，列出了如果实施后五年的盈利目标，并提出实施这个项目大概需要两千万元。做好计划书后却苦于找不到合适的投资人，于是他找到某知名大学的一位教授，说：您认识的人比较多，看能不能帮我找一个合适的投资人。这教授帮他找了一位农民企业家，这企业家在农产品的深加工方面很有成就，几年下来也赚了不少钱，觉得这项目不错，计划书也做得很详尽，于是决定投资。

可是一下子把两千万元投进去又觉得有很大风险，在了解了发明家有个 13 岁的女儿，想到自己也有个 13 岁的女儿，就对这发明家说：这样吧，你把你女儿送到我家给我女儿做个伴，两人一起上学，所有的费用我全包了。言外之意是让发明家的女儿到他们家做人质，以防资金有什么风险。

结果这发明家宁肯不要这两千万元，也没有把自己的女儿送到那企业家那里。

一个项目的投资，对于一个职业经理人来说，所有的风险只是浪费自己的时间，而对于投资者来说就不仅限于时间了。现代公司管理体制下产生的职业经理人体制，实际上是一个信托代理机制，这种机制一旦建立，职业经理人（即受委托人）便对投资人（即委托人）之间形成了一种责任代理关系，这种代理关系不光是一种法律关系，更重要的是经理人的所应负的道德责任。

职业经理人的管理道德是一个称职的职业经理人在经理人生涯中必备的素养。具体体现在以下几个方面：

（一）职业道德

由于组织目标实现的需要，职业经理人一般都会赋予相当大的权利，比如一定的财务管理权利、核心技术知情权和管理权、大客户资源的维护和其他一些核心层的管理权。这些权利一旦没有一个很好的监管机制，在某些条件下可以作为某些经理人在执行职权时为自己谋利的便利。而对于经理人来说，监管有时会与组织目标之间有一些矛盾。这就要求经理人自身要有必要的职业道德，在执行中必须以公司利益为重，不能做违背公司利益的事情。

小案例

雷锋精神

“一别六十载，从未曾离开”，1962 年，一场意外事故，雷锋不幸倒地牺牲，但雷锋精神闪亮矗立。人们一提起雷锋，就想到他的奉献精神，比如“雷锋出差一千里，好事做了一火车”，“人的生命是有限的，可是，为人民服务是无限的，我要把有限的生命投入无限的为人民服务之中去”。现如今，只要有人干了好事，人们就会把他们赞为“活雷锋”。雷锋已被完全符号化，是好人的象征，隐喻着奉献、良善以及纯粹等优秀品质。

其实，雷锋不是扁平的，而是立体的；雷锋精神不是单一的，而是丰富的。雷锋是一名士兵，驾驶员是雷锋的本职工作，而做好事只是其“业余爱好”。人们往往盯住一个存善心、行善举的雷锋，而往往忽略了一个工作称职、有着极高职业素养和职业道德的雷锋。

雷锋的岗位是平凡的，但他“干一行爱一行、专一行精一行”，在平凡的岗位上做出了不平凡的业绩。他不把工作当成负担，而是当作了一种快乐，有快乐、全心投入，才能深入其中，积极创新。据报道，雷锋当年驾驶的卡车很破旧，是连队出了名的“耗油大王”，但经过他精心维修保养，竟成为节油标兵车。

在那个时代，雷锋的内心深处也许没有职业道德这样的字眼，但他对职业道德有颇为形象的表述。“我愿永远做一个螺丝钉。螺丝钉要经常保养和清洗，才不会生锈”，“如果你是一滴水，你是否滋润了一寸土地，如果你是一线阳光，你是否照亮了一分黑暗，如果你是一颗粮食，你是否哺育了有用的生命，如果你是一颗最小的螺丝钉，你是否永远坚守在你生活的岗位上”。

这些名言提到的螺丝钉，后被赞为螺丝钉精神，即像螺丝钉一样爱岗敬业。雷锋这些朴素的表达，深刻地诠释了职业道德的真义。

（二）同业竞争

职业经理人一般掌握的核心机密是在组织的平台下实现的，因此它已经不属于个人财产，在离职后若干年内（双方可根据行业特点、机密程度协商）不得到原雇主的竞争对手那里工作。可是经理人在他的职业生涯中，不可能在多个领域都能谋到更多的利益，你让他离职后重新选择行业，他的成本要高得多，所以大多都会选择本行业甚至不惜把原来雇主的资源拿过来作为在新雇主那里谈条件的筹码，而离职以后，原雇主是没有权力干涉的。这就要求经理人在这方面要有较高的自律意识，尽量不给原雇主在与竞争对手的竞争中造成损失。

（三）商业秘密保密操守

经理人在离开公司后，不得带走原雇主的商业机密（例如技术、专利、销售渠道、核心骨干、客户关系等），如果将这些带到新的雇主那里，也被视为不遵守商业秘密保密条款。

（四）全心全意为组织目标服务

经理人在组织实现目标的时候，应该全心全意为组织的目标服务，积极为投资者创造价值。在前面文中的故事里，发明家在这个项目的论证中提出的计划可能也会有风险防范机制，可是当风险真正来临的时候，他可以主动或被动离职，没有任何风险，但企业家作为投资人，需要对职业经理人的风险进行评估。

中国企业发展正进入转型阶段，如果将人才作为资本来看待，职业经理人这种特殊的人力资本对于企业战略性发展及战略制定和实施起关键作用，而对于职业经理人来说，所应具备的素质中职业道德操守是第一位的。中国职业经理人市场化逐步形成，但在经理人队伍中却存在着严重的职业道德危机，这一问题在一定程度上制约了中国企业的战略性思考和发展。

引例解析

经理人到刘峰这个级别上，“能”是次要的，“德”是主要的，或者说能进到这个级别的，能力都不弱，但德行却参差不齐。老板或股东们该选谁？自然是品德优良的，否则如何放心把资金交到职业经理人手里？可以说，“德”是职业经理人最亮的一块招牌！

刘峰要做的，不是去试图立那个立不起来的自己“光辉业绩”的“鸡蛋”，而是打破这个“鸡蛋”，树立起关于自己商业道德的品牌！首先，他应该与王兵积极地沟通，明确告诉他，这个残局要他们一起去收拾，这是对公司负责，也是对自己的声誉负责，并且自己会承担主要责任；其次，他应该向天马董事会坦承自己在经营管理上存在的失误，提出申请，不带薪留任一年，为公司解决当前的加盟商问题。

工作任务 6-2

从国美控股权之争评析职业经理人管理道德

任务分析：

收集国美控股权争夺案例资料，分析在此事件中职业经理人的管理道德。

操作步骤：

1. 收集案例资料；
2. 分析此事件中职业经理人的主要行为；
3. 评析职业经理人管理道德。

项目七

管理创新与组织变革

知识目标

1. 掌握管理创新的基本手段和思路。
2. 理解危机管理的内在机理。

能力目标

1. 能够基于自身实际开展管理小创新。
2. 能够进行危机公关分析和方案设计。
3. 能够运用管理变革的常见工具。

素养目标

1. 拓展创新思维，提升学习效果并为职业生涯做准备。
2. 增强学习、生活和工作中的风险意识、底线意识。

典型工作任务

1. 进行管理创新。
2. 开展危机管理。
3. 探索变革管理。

任务一

开展组织创新

引例

2018年的最后一天，腾讯网宣布正式启用全新的品牌标识，以绿、黄、红三色轨迹线环绕的小企鹅标识替代了过去的QQ企鹅图案，中文标识“腾讯网”和英文标识“qq.com”则仅在外观上做一些改变。腾讯网业务范围内的腾讯传媒、QQ游戏等业务，都同期统一更换新标识，用以全面体现腾讯网的品牌内涵和经营理念。腾讯网不再局限于时尚、休闲领域，叩开了通才型网站综合类门户网站的大门。2018年是腾讯网值得永久纪念的，品牌的统一对于腾讯而言是一个拐点，网站内容建设也步入良性发展道路。更为重要的是，从Alexa网站访问量排名来看，腾讯网的访问量在2021年一路超越并领先老牌3大门户的新浪、搜狐和网易，并直逼百度，短短3年时间，腾讯网从无到有，从小到大，从弱到强，缔造了中国商业门户网站发展的神话。

腾讯网的成功并非偶然，准确地说，这是必然——正当国内其他门户网站还在为新闻信息你拼我打的时候，腾讯网就从传播模式上彻底改变：其他门户网站通过海量新闻信息、放大新闻价值，有的甚至打“擦边球”等手段，获取网民的关注，因为这些老牌的门户网站都有自己的优势——品牌效应，都已经培养了网民的阅读习惯，这些对于新生代的腾讯网来说都是弱势。

作为徘徊在“三大门户”外的腾讯网，要进入新闻资讯领域，必须遵守行业规则、必须采用行业标准——海量模式。腾讯网要想在新闻信息业领域取得突破、打破格局，就必须进行差异化，在新闻策略上，尤其是要与第一名的新浪和第二名的搜狐“表现不同”。事实上腾讯也一直在这样做。腾讯网清楚地知道，自己必须创新才能打破维持多年的门户网站格局，而第一名的新浪和第二名的搜狐都会随时密切关注腾讯等新一代网站的发展动向，尤其是在新闻创新方面的任何举动，都会遭到它们的模仿，并用自身影响来推广。怎样来破解这个悖论呢？于是腾讯网拿出自己的看家本领——腾讯QQ即时通信软件，原来是通过即时通信软件对所有注册用户弹出广告来获取收益。腾讯网掌门人马化腾深深懂得中国互联网用户的喜好，能够在较好的时间把握网民的适度忍耐。当广大网民对弹出广告十分厌恶，被网民评为“最龌龊的流氓手段”，网络媒体深陷在网络广告商与网民之间的尴尬位置时，腾讯早已停止对QQ注册用户的弹出广告，改为弹出新闻，被称为“迷你”的弹出小网页每天精选一些重要新闻和娱乐休闲内容，制作成原来弹出广告大小的网页，当然，网页中夹带小广告是不可避免的，每天通过QQ软件发给广大用户，只要用户登录QQ软件就可收到。QQ用户至少不会像原来那样排斥腾讯每天弹出的N次广告，因为这反而成为他们获取新闻信息的来源之一。

腾讯的这个“迷你”弹出新闻模式是其他门户网站不可复制的，也成为其核心竞争力，正是这个“弹出窗口”使腾讯网找到了网站快速发展的支点，通过庞大的用户群撬动门户网站格局。这个效应已经显现，腾讯通过三年时间超越“三大门户网站”成为访问量最大的门户网站就是很好的佐证，这也成就了腾讯网稳坐门户网站访问量最大的头把交椅。

小思考

为什么产品创新需要管理创新提供支撑？请举例说明。

组织创新，是指组织有计划、有步骤地进行产品及管理等创新的过程。

一、经营管理创新

（一）以供应链管理为核心整合管理活动

中国企业正从各部门利益体系的小范围中摆脱出来，管理活动前向、后向延伸与整合，提升组织和业务的整体性。这种以供应链管理为核心的延伸与整合发展所呈现的趋势是：朝着集中计划与分散执行相结合的模式发展，即基于事件反应时间、集成高新信息技术的管理模式；减少供应商的数量，精简供应链组织，使得供应链更为紧凑和简约；重视客户服务与客户满意度，注重客户对服务水平的感受；终端消费品市场以零售商为主导的供应链管理模式等。

（二）以业务流程管理为核心，让管理简单化、柔性化

以业务流程为核心的管理强调企业组织为流程而定，突破部门职能分工界限，按照企业特定的目标和任务，把全部业务流程当作整体，将有关部门管理职能进行集成和组合，强调以全流程绩效表现取代个别部门或个别活动的绩效，实现全过程、连续性的管理和服务。

这种管理方式弱化中间主管层次的领导作用，缩短过长的管理路线，建立管理中心下移的体制；实行业务流程的“顺序服从”关系，讲求的是流程上下环节的服从，流程内的成员互相合作和配合，流程各环节从对上级负责转换为追求下一流程环节的满意，组织单元之间的绝大多数工作衔接将按照确定的顺序及规则进行。

（三）以业务营运为核心的战略化管理

这种管理方式要求企业具备更前瞻的眼光，勇于和善于预测，并积极构造战略架构；要求企业更加关注核心能力发展和资源沉淀，必须从全国甚至全球产业的角度来考虑资源配置，以核心能力为龙头，在资金、人力资源、产品研发、生产制造和市场营销等方面进行有机整合；要求企业成为产业新标准或规则的制定者，在产业的核心竞争力方面领先，由市场份额、产品或服务的竞争转向对商业机会的竞合；要求企业不必过多考虑战略目标是否与企业资源相匹配，而是根据业务的战略规划创造性地通过各种途径来整合资源，从而为顾客创造价值。

（四）企业文化管理走向量化

企业竞争的硬性成本基本趋同，关键的影响因素变成了软成本，即企业文化成本——员工的情绪、投入、敬业精神、忠诚度等。但企业文化对企业究竟能影响到什么程度？企业文化怎样才能帮助企业把资源激活？

企业文化管理开始从定性走向定量，但不是片面数据化，而是具体化和精细化。一方面，对企业的文化管理所表现出来的现状进行分析、评价量化，包括定序、定比、定量、定距等。另一方面，对照差距找到文化管理的短板，具体化和精细化管理策略。

职场攻略

培养创新思维的5个方法

1. 用“求异”的思维去看待和思考事物。在我们的学习工作和生活中，多去有意识地关注客观事物的不同性与特殊性。不拘泥于常规，不轻信权威，以怀疑和批判的态度对待一切事物和现象。

2. 有意识从常规思维的反方向去思考问题。如果把传统观念、常规经验、权威言论当作金科玉律，常常会阻碍我们创新思维活动的展开。因此，面对新的问题或长期解决不了的问题，不要习惯于沿着前辈或自己长久形成的、固有的思路去思考问题，而应从相反的方向寻找解决问题的办法。

3. 用发散性的思维看待和分析问题。发散性思维是创新思维的核心，其过程是从某一点出发，任意发散，既无一定方向，也无一定范围。

发散性思维能够产生众多的可供选择的方案、办法及建议，能提出一些别出心裁、出乎意料的见解，使一些似乎无法解决的问题迎刃而解。

4. 主动地、有效地运用联想。联想是在创新思考时经常使用的方法，也比较容易见到成效。我们常说的“由此及彼、举一反三、触类旁通”就是联想中的

“经验联想”。

任何事物之间都存在着一定的联系，这是人们能够采用联想的客观基础，因此联想的最主要方法是积极寻找事物之间的关系，主动、积极、有意识地去思考他们之间联系。

5. 学会整合，宏观地去看待。很多人擅长的是“就事论事”，或者说看到什么就是什么，思维往往会被局限在某个片区内。整合就是把对事物各个侧面、部分和属性的认识统一为一个整体，从而把握事物的本质和规律的一种思维方法。

当然，整合不是把事物各个部分、侧面和属性的认识，随意地、主观地拼凑在一起，也不是机械地相加，而是按它们内在的、必然的、本质的联系把整个事物在思维中再现出来的思维方法。

（五）以信息化应用创新为核心的管理创新趋势

国内真正具有应用集成示范效果的企业为数不多，但大多数首席信息官（CIO）认为，集成应用是信息管理的主流方向，且侧重于以下两个方面：在理念方面，面向企业管理需求，解决集成与随需应变、领域专业应用与全面集成的矛盾，在分步应用与全面集成之间找到平衡；在应用实施方面，主要是实现数据层面的集成，实现信息共享、消灭信息孤岛，部分信息管理先进的企业可能实现系统应用集成，使不同应用系统之间能够相互调用信息，但最理想层次的业务流程集成，即通过流程把所有应用、数据管理起来，使之贯穿于众多应用系统、数据、用户和合作伙伴，则由于大多数企业缺乏相当的管理基础，这一层次的集成较难实现。

（六）以竞争战略及合作模式创新为核心的管理创新趋势

（1）由人才竞争转向知识管理、创新人才两极竞争。

（2）由部门战术层次竞争转向企业整体策略层次竞争。

（3）由持续经营合作转向项目型经营合作。

（4）由资源互补合作转向资源交易合作。

管理人物

张瑞敏

张瑞敏，汉族，1949年出生，山东莱州人，全球50大管理思想家之一。海尔集团董事局名誉主席。海尔集团创始人。

张瑞敏之所以在国际上享有盛誉，不仅是因为他传奇般地把一个资不抵债、濒临倒闭的集体小厂发展为年营业额逾千亿元的全球化公司，而且他以卓有成效的管理为管理界输出了一个又一个创新的商业模式和经典管理案例，创造了富有中国特色、充满竞争力的海尔文化。从“日事日毕、日清日高”的 OEC 管理法，到每个人都面向市场的市场链管理，再到互联网时代的“人单合一双赢”模式，张瑞敏在企业管理上的不断创新赢得了世界管理界的高度评价，实现了我国企业管理从学习模仿到引领世界的突破。

张瑞敏先后应邀到哈佛大学、南加州大学、瑞士洛桑国际管理学院、日本神户大学、香港科技大学、西班牙 IESE 商学院等做演讲，交流企业兼并、财务管理、企业文化等方面内容。世界一流战略大师加里·哈默评价张瑞敏为互联网时代首席执行官（CEO）的代表，“竞争战略之父”迈克尔·波特评价其为“杰出的战略思想家”。

2015 年 11 月 5 日至 6 日，作为唯一受邀发言的中国企业家，张瑞敏参与了在维也纳举办的彼得·德鲁克全球论坛，并参加圆桌论坛活动。开幕式上，彼得·德鲁克欧洲学会会长理查德·斯特劳布隆重介绍张瑞敏为“欧洲所熟知的中国最著名的 CEO”。11 月 9 日，张瑞敏应邀到伦敦参加全球最具影响力的“50 大管理思想家”颁奖典礼，荣获 Thinkers 50 杰出成就奖之“最佳理念实践奖”（Ideas into Practice）并入选“2015 年度 Thinkers 50 榜单”，是唯一同时获得两个奖项的中国企业家。

张瑞敏始终坚信“没有成功的企业，只有时代的企业”创业 37 年以来，带领海尔集团从一个濒临倒闭、资不抵债的集体所有制小厂发展成为物联网时代引领世界的生态型企业。

打造了一个全球化企业。在张瑞敏的带领下，1984 年营业额只有 348 万元、亏空高达 147 万元的青岛电冰箱总厂，到 2020 年已发展成为全球营业额超 3 000 亿元、利税总额超 400 亿元的全球化企业。其中，海尔集团旗下上市公司之一的海尔智家荣居世界 500 强。

创立了一个世界级品牌。海尔连续 12 年蝉联欧睿国际世界白电第一品牌。在此基础上，海尔创立了物联网生态品牌，并连续三年蝉联全球品牌百强榜中唯一生态品牌。目前海尔集团除拥有海尔、卡萨帝、统帅、GE Appliances、斐雪派克（Fisher & Paykel）、AQUA、Candy 等智能家电品牌外，还创造出了卡奥斯

COSMOPlat、日日顺、盈康一生、海尔生物医疗、海纳云等生态品牌新物种。生态品牌新物种海尔生物医疗已成功上市科创板，成为科创板科技生态第一股。

首创了一个引领的商业模式。2005 年张瑞敏首次提出人单合一模式。经过 16 年持续探索精进，人单合一已经成为物联网时代引领的管理方式。2021 年 9 月 17 日，张瑞敏和欧洲管理发展基金会主席埃里克·科尼埃尔联合签署首张人单合一管理创新体系国际认证证书，标志着中国企业创造了首个管理模式国际标准，开创了中国企业从接受国际标准认证到输出国际标准认证的新时代。

缔造了一种创客文化。张瑞敏的贡献不仅仅在于有形的方面，更体现在他坚持以“人的价值最大化”为宗旨，倡导并推动持续创业创新的海尔文化，让每个平凡的员工都有机会成为自主人的创客，人人都是自己的 CEO，为实现共创价值、共同富裕做出有益探索。目前海尔创业平台已先后诞生创业企业 4 000 多家，且由于海尔平台高达 49% 的成功孵化率，让平台中走出了 161 家 A 轮以上融资企业、37 家瞪羚企业、5 家独角兽企业、18 家 Pre-IPO 企业、4 家上市企业、1 家龙头企业。

二、信息化应用创新

由单一功能应用转向集成应用，要通过信息化集成更好地将市场、经营、生产的各种信息打通，积极协调企业现有和将来的应用程序、数据及员工与合作伙伴之间的互动，以便实现对关键业务流程实时的有效管理。

由单一的管理功能转向管控与服务一体化。集成应用也带来信息管理模式的转变。过程数据的管理、调度指令的实时传送、计算机在线管理、资源优化管理等可以在业务节点（业务组织单元）和管控节点（职能管理组织单元）进行信息交换与共享，实现在线实时管控与服务。当然，这种管控与服务一体化更多地体现了业务性管理，如“三流一活动”（信息流、资金流、物流和具体的作业活动）的管控与服务，而对战略性决策管理和策略性举措管理还缺乏有效的应用。

三、竞争战略合作模式创新

由人才竞争转向知识管理、创新人才两极竞争。人才竞争更多的是理念性的诉求，但现在开始转向务实的知识管理和创新人才竞争。知识管理是对现有和潜在知识的获取、存储、学习、共享使用和创新的管理过程。通过知识管理，可以降低成本、提高效率，提高组织成员的素质和能力，从而提高组织的持续发展能力和企业核心竞争力，让企业拥有更高层次上的竞争力。创新人才的竞争实质上是知识管理的延续，是超越现有和潜在的知识竞争。通过创新人才的开拓精神、永不满足的求知欲和强烈的竞争意识，能够提供解决问题的新知识和新技术，创造和设计新的知识管理，形成新的竞争力。

由部门战术层次竞争转向企业整体策略层次竞争。随着市场不断成熟，由市场、销售部门主导的价格、品质等战术层次的竞争因素已经不是主导的决定性因素。这些因素很容易被模仿，因此吸引力正渐渐变小。为了与众多对手相区别，企业在整体策略层面开始设计竞争手段，竞争的内容出现了许多新的变化，像品牌、客户满意度服务、公益广告、企业文化等因素组合并左右顾客的选择。同时，在每一个竞争领域，由于企业的模仿能力强、竞争压力大，在同一内容的竞争中也出现了多种变化，所以在任何一个竞争领域，企业都必须跟上环境变化，不断地弥补、修改、提升、创新整体策略层面的竞争力。

由持续经营合作转向项目型经营合作。多数企业基于战略的长远框架已经搭建，即基于长远的企业利润模式已经明晰，所以持续经营型合作（法人之间合作成立需新设法人组织）形式越来越少。虽然有些跨行业或跨产业领域持续经营合作形式依然存在，但数量在急剧下降。独特性和一次性业务活动在企业实践中所占价值比重越来越大。这种环境因素和趋利性的本性使得企业趋向于选择短期合作形式即项目型经营合作，无论是同业间还是跨行业或产业，为某一营运事项成立法人组织，一旦事项完成，法人组织也就依法解散。

由资源互补合作转向资源交易合作。基于持续经营合作模式的营运基础是资源和能力的优势互补，转向项目型经营合作后，顺其自然，资源就成为一种交易性合作，而且往往成为项目型经营合作的制约要素，一方往往为寻求有效资源交易而与拥有资源的另一方主动合作，以交易的方式形成合作模式。

管理游戏

激励创新精神的拇指印

1. 形式：集体参与。
2. 时间：10～20 分钟。
3. 材料：印台，背景音乐（疯狂的、戏剧性的或有趣的音乐）。
4. 场地：不限。
5. 应用：创造力培养。

一、目的

引导游戏参与者使用他们右脑思考问题；让游戏参与者通过游戏在课间放松片刻；让游戏参与者讨论为什么有时候某些规则会阻碍我们从不同寻常的角度思考问题。

二、程序

1. 在每一张桌子上放一个印台或者每三到四个人用一个印台。请每一位游戏参与者把他们的拇指按在印台上，然后把他们的拇指印印在教材的空白处或空白纸上。

2. 要求他们用他们的拇指印画出一些具体的东西（例如，飞虫、轿车、宇宙飞碟等。）

3. 让他们彼此交换一下作品，分享一下各自的创意所在。

三、讨论

1. 当你被告知要做这个活动时，你的第一反应是什么？

2. 在活动的进行过程的当中，你的感觉如何？

3. 你以前有没有用拇指印画过图画？是在什么场合？

4. 为什么有些人不愿意玩拇指印画？

5. 你自己或其他人的哪些陈规旧俗会妨碍你尽情地沉浸在游戏的欢乐之中？

6. 这一游戏的意义在于哪里？

引例解析

瑞幸的"饮料化咖啡"、业务模式定位和"价值成长"是典型的产品创新和管理创新，系统化的创新设计和实施使企业脱胎换骨，重新站立于行业的顶端。

工作任务 7-1

开展管理创新分析

小案例

欧睿国际 14 连冠 海尔全球创牌的新成果

20 年前，很多国内企业在出海前都要做这样一个选择题：要品牌，还是要规模？彼时，选择前者似乎就是选定了长期主义，意味着在别人通过 OEM 生产（代加工）迅速获取巨大利润、市场规模时，你必须持续向外投入，经历数年甚至数十年的品牌"基础建设"，才能最终进入丰盛的收获期。

作为行业里有名的长期主义者，海尔智家用时间和实践给出答案。2023 年 1

月6日，世界权威调研机构欧睿国际数据显示，2022年海尔全球大型家用电器品牌零售量第一，实现全球14连冠。同时，海尔冰箱、洗衣机、冷柜、酒柜也继续保持全球第一。其中，海尔冰箱已经连续15年全球第一、海尔洗衣机连续14年全球第一、海尔冷柜连续12年全球第一、海尔酒柜连续13年全球第一。

即便是在不确定性因素增加、市场普遍承压的2022年，海尔智家依然展现出了世界级品牌“高增量、高规模”的共性。中怡康数据显示，海尔智家年内综合市场份额达到27.2%，稳居行业第一，且实现行业排名前三的第一净增长率。

海外与国内的双重第一，并不单单是数量的第一、规模的第一，而更是一种品牌的竞争力和影响力。海尔智家用事实证明了品牌和规模并不矛盾，当品牌在全球站稳脚跟，规模也将随之而来。

20世纪90年代，品牌出海方兴未艾，摆在中国企业面前有两条路：一是贴牌代工，见效快、投入少、门槛低，还能享受海外市场的规模红利；二是自主创新做品牌。

当时，绝大多数制造企业选择了相对容易的第一条路，但海尔智家却毅然选择后者，在海外坚持研发、制造和营销“三位一体”的本土化创牌模式。这无疑是一条困难且短期看不到效果，需要长时间和大量投入才能走通的道路，也因此，海尔智家的海外自主创新在很长一段时间里不被外界理解，甚至被淹没在一片“唱衰”声中。

但先苦才有后甜。如今，海尔连续14年位居全球大型家用电器品牌零售量第一，在全球各地均实现了高增长，且成为各个国家的主流品牌。

当海尔智家通过自主创牌实现在全球家电市场规模的绝对引领，反观当初那些选择贴牌出海的企业，仍然只能充当“大牌代工厂”抑或“品牌幕后人”。海尔智家用自己的经历，不断证明着海外自主创新模式的先进性、前瞻性。

2022年前三季度海尔智家实现营收1 847亿元，较2021年同比增长8.9%，海外业务收入同比提升。同时，海尔智家在全球各个国家和地区均实现了逆势增长。在欧洲，家电市场销量下降8.8%，海尔销量逆势增长4.2%；在澳大利亚，海尔智家双品牌已连续3年提速高于行业增长，高端增长超30%；在日本，行业销额增速缓慢，海尔智家双品牌增速远超行业8倍多；在泰国，面对行业整体下滑趋势，海尔智家逆势增长15%，成为市场前三。

在海外创牌过程中，海尔智家“三位一体”的本土化战略功不可没。

一是在布局方面，本土化帮助海尔智家建立起生于全球、长于全球的品牌认可。

海尔智家的海外创牌，一开始就对海外的供应链和渠道进行投入。如今，海尔智家在全球已经拥有“10+N”开放式创新体系：全球十大研发中心、33个工业园、133个制造中心、108个营销中心，超过23万个销售网点，产品遍及160多个国家和地区，服务全球10亿用户家庭。这些本土化布局，让海尔牌在全球立住脚跟。

二是在用户方面，量身定制的产品创新、服务迭代让海尔智家牢牢树立起全球口碑，实现在差异化的全球市场，以差异化解决方案创造高端市场的差异化引领。

不同国家、区域市场的用户群体有着不同的生活习惯和消费偏好，而基于本土化研发、制造、营销的运营体系，海尔智家各大品牌能够根据当地需求对接当地资源，实现因地制宜的科技创新和产品升级。如针对俄罗斯用户研发的2米高冰箱、针对北美用户单次大批量洗衣习惯推出的“大滚筒”洗衣机，以及专为印度市场推出的“不弯腰冰箱”等。

过去30多年，海尔为家电行业贡献了一个世界引领的产品品牌。进入物联网时代，海尔又要创造一个全球引领的生态品牌。与其他同业苦苦做横向延伸不同，海尔智家完成了从卖产品向卖场景、卖生态的纵向跃迁。通过推出全新的智慧家庭场景品牌及生态品牌升级，持续满足消费者日新月异的新需求。

通过发布场景品牌，海尔智家重新定义了新时代的智慧体验。2020年9月，海尔智家发布全球首个场景品牌三翼鸟，依托5大能力，为消费者提供阳台、厨房、卫浴、全屋空气、全屋用水、视听等全场景解决方案，创造全屋便捷、贴心、主动的智慧家居新体验。并且，通过搭建全球领先的智慧家庭服务平台，三翼鸟还能为消费者带来局部焕新或全屋整装的全流程一站式定制服务。

通过落地生态品牌，海尔智家持续打破行业边界、延长服务丰富性和完整度。联合各行业资源方共同服务用户，海尔智家实现了从定制产品到定制场景、定制生活的业态颠覆。

目前，海尔智家已建成包括衣联网、食联网、空气网、水联网等在内，连接消费者、资源方的行业最大智慧家庭场景生态，具备了覆盖用户衣、食、住、娱各类需求的全生命周期服务能力，持续建立竞争壁垒。

从自主创牌、高端品牌再到场景和生态品牌，随着时代的变迁，海尔智家也在逐步蜕变和进化，不断释放出引领时代脉搏的品牌力量。

在数字化来袭的时代浪潮中，海尔智家聚焦第一效率，以全流程数字化转型自我重构。通过目标、组织、机制、流程的4个数字化重构，其进一步实现了企业数字化到数字化企业的转型。2022年前三季度海尔智家整体费率再优化0.8%，这为海尔智家的高质量增长提供了强大的内生动力。同时，2022年第三季度财务报告显示，海尔智家又实现了营收、利润强劲双增长，且利润增幅两倍于营收增幅，尤其是第三季度单季归母净利润增长20.3%，创下新高。

2022年11月，海尔智家入围国家首批“数字领航”企业，位居榜首，成为数字领航企业标杆。

讨论题：

1. 海尔智家创新内涵是什么？

2. 开展技术创新需要在管理上如何改革，才能满足创新的需要？

任务分析：

本案例是有关海尔企业的经营策略创新和新产品开发，本质上是海尔建立以市场需求为导向的企业文化，根据顾客需要来进行新产品开发和管理创新。

操作步骤：

1. 分析海尔智家全球本土化布局、本土化开发的管理内涵；

2. 分析海尔智家的全流程数字化转型在管理上的意义。

任务二

实施危机管理

引例

海底捞危机公关

2017 年 8 月，法制晚报的媒体记者卧底海底捞暗访，通过拍摄老鼠钻食品柜、火锅漏勺掏下水道、扫帚簸箕与餐具一起洗等照片，揭露了餐饮行业的标杆企业——海底捞的卫生状况堪忧的问题。在事件爆发三个小时左右，海底捞给出了一个堪称企业危机公关范本的案例，业内人士将海底捞的危机公关策略概括为：锅我背、错我改、员工我养。

与其他企业的危机公关不慎会引发二次危机不同，海底捞的危机公关不但成功挽回了海底捞的声誉，而且还因为态度端正、应对得人心而广受赞誉，成功为本次危机止损。

海底捞危机公关策划中体现的几个原则：

1. 速度原则

“当真相还未穿上鞋子，谣言已经跑遍了世界”，这句谚语传达了危机发生之后反馈速度的重要性。很多企业发现危机之后，往往会贻误时机，或者 24 小时后才给出反馈，与此相反，海底捞的反应速度非常之快，堪称样板。就在危机发生 3 个多小时，海底捞就已经发布了道歉声明，并在当天给出全套整改和处理措施。对“黄金时间”的精准把握，让海底捞一定程度上控制了网络舆情的蔓延，也为本次危机公关的成功奠定了基础。

需要指出的是，速度第一原则，不仅仅是指企业的反馈要及时，更重要的是，企业发现危机之后要第一时间组织相关人力，第一时间核实相关信息，第一时间策划危机公关方案，第一时间给出回应。表面上看，海底捞在很短的时间内做出了道歉声明看似寻常，其实不然，这种速度反映了海底捞在应对危机时的系统应对能力，这一点对所有餐饮企业乃至所有行业都有重要的借鉴意义。

2. 真诚沟通

海底捞在危机发生之后，第一时间进行了核实，确定问题属实后，主动承认错误，并感谢媒体的监督，这种处理态度为海底捞赢得了广泛的民心。其实，餐饮行业的卫生状况，一直备受诟病，这不仅仅是海底捞一家的问题，很多餐饮企业可能都存在类似的问题，但是海底捞并未因此推脱责任、敷衍塞责，而是勇于承担、果断认错，这种勇气和担当是非常难得的。

3. 承担责任

危机发生之后，认错只是第一步，如何处理问题、承担责任才是解决问题的关键。很多企业之所以不愿意认错，一个重要的原因就是不愿承担责任。海底捞危机发生之后，非但没有像很多企业一样将锅甩给员工或门店，反而由董事会出面，积极地承担错误，切实做到了"锅我背、错我改、员工我养"。同时，海底捞还公布了后续整改的负责人职位、姓名、电话、事件最新进展的信息获取渠道，让整个危机变得再透明不过，这对遏制危机的进一步传播，起到了非常关键的作用。

这一态度，不仅快速取得了网民的广泛信任与好感，而且，还安抚了公司内部员工，让全员感觉到公司为自己、为门店承担、负责的立场，海底捞身体力行的做法，不仅仅成功地挽回了企业声誉，更重要的是凝聚了企业内部人心，可谓一举两得。

4. 权威性

为了消除粉丝及各方的担忧和疑虑，海底捞聘请专业的第三方公司对自身各个角落的卫生进行全面排查，杜绝类似问题的二次发生。更进一步，海底捞还积极展开透明厨房活动，将之前隐藏在背后的厨房，用摄像器材实时拍摄出来并播放给门店的食客监督。这种将自己置身于群众的广泛监督下的改正做法，极大地加强了食客对海底捞的信任。

危机发生过后，海底捞依然门庭若市。很多食客坦言，与其他的火锅店相比，海底捞整改后的透明厨房更令人放心。由此可见，海底捞不仅没有受到此次危机的重大影响，反而成功地危中取机，赢得了网民的赞誉、食客的信任、内部员工的信赖。自此，海底捞危机公关案例，成功地为中国危机公关发展写下了浓墨重彩的一笔。

小思考

"海底捞"的危机公关案例体现了怎样的企业文化和管理理念？

一、危机管理的含义

危机管理是指企业为应对各种危机情境所进行的规划决策、动态调整、化解处理及员工培训等活动过程。其目的在于消除或降低危机所带来的威胁和损失。通常可将危机管理分为两大部分：危机爆发前的预测预防管理和危机爆发后的应急善后管理。

危机管理又被称为危机沟通管理，原因在于，加强信息的披露与公众的沟通，争取公众的谅解与支持是危机管理的基本对策。

危机管理是专门的管理科学，它是为了对应突发的危机事件，抗拒突发的灾难事变，尽量使损害降至最低点而事先建立的防范、处理体系和对应的措施。对一个企业而言，可以称为企业危机的事项是指当企业面临与社会大众或顾客有密切关系且后果严重的重大事故，而为了应对危机的出现在企业内预先建立防范和处理这些重大事故的体制和措施，则称为企业的危机管理。

根据一项对《财富》杂志排名前 500 强的大企业董事长和 CEO 所作的专项调查表明，80% 的被调查者认为，现代企业面对危机，就如同人们必然面对死亡一样，已成为不可避免的事情。其中有 14% 的人承认，曾经受到严重危机的挑战。

通常，每一次危机本身既包含导致失败的根源，也孕育着成功的种子。发现、培育，以便收获这个潜在的成功机会，就是危机管理的精髓。而习惯于错误地估计形势，并使事态进一步恶化，则是不良的危机管理的典型。简而言之，如果处理得当，危机完全可以演变为契机。

二、企业危机管理的内容

危机管理是企业在探讨危机发生规律，总结处理危机经验的基础上形成的新型管理范畴，是企业对危机处理的深化和对危机的超前反应。企业危机管理的内容包括：在危机出现前的预测与管理、危机中的应急处理以及危机的善后工作。在我国，危机管理具有特殊性。

（一）危机前的预防与管理

危机管理的重点就在于预防危机。正所谓“冰冻三尺非一日之寒”，几乎每次危机的发生都有预兆性。如果企业管理人员有敏锐的洞察力，能根据日常收集到的各方面信息，对可能面临的危机进行预测，及时做好预警工作，并采取有效的防范措施，就完全可以避免危机发生或把危机造成的损害和影响减小。出色的危机预防管理不仅能够预测可能发生的危机情境，积极采取预控措施，而且能为可能发生的危机做好准备，拟定计划，从而从容地应对危机。危机预防要注意以下几方面问题：

1. 树立正确的危机意识

要树立生于忧患，死于安乐，居安思危，未雨绸缪的意识。这是危机管理理念之所在。预防危机要伴随着企业经营和发展长期坚持不懈，把危机管理当作一种临时性措施和权宜之计的做法是不可取的。在企业生产经营中，要重视与公众沟通，与社会各界保持良好关系；同时，企业内部要沟通顺畅，消除危机隐患。企业的全体员工，从高层管理者到一般员工，都应居安思危，将危机预防作为日常工作的组成部分。全员的危机意识能提高企业抵御危机的能力，有效地防范危机产生。

2. 建立危机预警系统

现代企业是与外界环境有密切联系的开放系统，不是孤立封闭体系。预防危机必须建立高度灵敏准确的危机预警系统，随时收集产品的反馈信息。一旦出现问题，要立即跟踪调查，加以解决；要及时掌握政策决策信息，研究和调整企业的发展战略和经营方针；要准确了解企业产品和服务在用户心目中的形象，分析掌握公众对本企业的组织机构、管理水平、人员素质和服务的评价，从而发现公众对企业的态度及变化趋势；要认真研究竞争对手的现状、实力、潜力、策略和发展趋势，经常进行优劣对比，做到知己知彼；要重视收集和分析企业内部的信息，进行自我诊断和评价，找出薄弱环节，采取相应措施。

3. 成立危机管理小组，制定危机处理计划

成立危机管理小组，是顺利处理危机，协调各方面关系的组织保障。危机管理小组的成员应尽可能选择熟知企业和本行业内外部环境，有较高职位的公关、生产、人事、销售等部门的管理人员和专业人士参加。他们应具有富于创新、善于沟通、严谨细致、处乱不惊、具有亲和力等素质，以便于总揽全局，迅速作出决策。小组的领导人不一定非公司总裁担任不可，但必须在公司内部有影响力，能够有效控制和推动小组工作。危机管理小组要根据危机发生的可能性，制定出防范和处理危机的计划。包括主导计划和不同管理层次的部门行动计划两部分内容，危机处理计划可以使企业各级管理人员做到心中有数，一旦发生危机，可以根据计划从容决策和行动，掌握主动权，对危机迅速做出反应。

4. 进行危机管理的模拟训练

企业应根据危机应变计划进行定期的模拟训练。模拟训练应包括心理训练、危机处理知识培训和危机处理基本功演练等内容。定期模拟训练不仅可以提高危机管理小组的快速反应能力，强化危机管理意识，还可以检测已拟定的危机应变计划是否切实可行。

5. 广结善缘、广交朋友

运用公关手段来建设和维系企业与公众的关系，以获得更多支持者。公关是社会组织为了生存发展，通过传播沟通塑造形象，平衡利益，协调关系，优化社会心理环境，影响公众的手段。通过公关活动，企业可以争取获得良好的外部经济环境。一旦危机发生后，可以与社会公众、传媒保持良好的沟通与互动，减少危机带来的负面影响。

管理故事

曲突徙薪

有位客人到某人家里做客，看见主人家的灶上烟囱是直的，旁边又有很多木材。客人告诉主人说，烟囱要改，木材须移，否则将来可能会有火灾，主人听了没有作任何表示。

不久主人家里果然失火，四周的邻居赶紧跑来救火，最后火被扑灭了，于是主人烹羊宰牛，宴请四邻，以酬谢他们救火的功劳，但并没有请当初建议他将木材移走，修改烟囱的人。

有人对主人说："如果当初听了那位先生的话，今天也不用准备筵席，而且没有火灾的损失，现在论功行赏，原先给你建议的人没有被感恩，而救火的人却是座上客，真是很奇怪的事呢！"主人顿时省悟，赶紧去邀请当初给予建议的那个客人来吃酒。

管理心得：一般人认为，足以摆平或解决企业经营过程中的各种棘手问题的人，就是优秀的管理者，其实这是有待商榷的，俗话说"预防重于治疗"，能防患于未然之前，更胜于治乱于已成之后，因此企业问题的预防者，其实是优于企业问题的解决者。

（二）危机中的应急处理

危机事件往往时间紧，影响面大，处理难度高。因此，危机处理过程中要注意以下事项：

1. 沉着镇静

危机发生后，当事人要保持镇静，采取有效的措施隔离危机，不让事态继续蔓延，并迅速找出危机发生的原因。

2. 策略得当

选择适当的危机处理策略。危机处理主要策略包括：

（1）危机中止策略。企业要根据危机发展的趋势，审时度势，主动中止部分生产经营活动，承担某种危机损失。例如，关闭亏损工厂、部门，停止生产滞销产品。

（2）危机隔离策略。由于危机发生往往具有关联效应，一种危机处理不当，就会引发另一种危机。因此，当某一危机产生之后，企业应迅速采取措施，切断危机同企业其他经营领域的联系，及时将爆发的危机予以隔离，以防扩散。

（3）危机利用策略。即在综合考虑危机的危害程度之后，造成有利于企业某方面利益的结果。例如，在市场疲软的情况下，有些企业不是忙着促销、降价，而是利用危机造成的危机感，发动职工提出合理化建议，进行技术革新，降低生产成本，开发新产品。

（4）危机排除策略。即采取措施，消除危机。消除危机的措施按其性质有工程物理法和员工行为法。工程物理法以物质措施排除危机，如投资建新工厂，购置新设备，来改变生产经营方向，提高生产效益。员工行为法是通过公司文化、行为规范来提高士气，激发员工创造性。

（5）危机分担策略。即将危机承受主体由企业单一承受变为由多个主体共同承受。如采用合资经营、合作经营、发行股票等办法，由合作者和股东来分担企业危机。

（6）避强就弱策略。由于危机损害程度强弱有别，在危机一时不能根除的情况下，要选择危机损害小的策略。

3. 应变迅速

以最快的速度启动危机应变计划。应刻不容缓，果断行动，力求在危机损害扩大之前控制住危机。如果初期反应滞后，就会造成危机蔓延和扩大。1996 年，美国某电视台的直播节目指控连锁超市“雄狮食品”出售变质的肉制品，结果引起该公司的股票价格暴跌。但是，雄狮食品公司迅速采取了危机应对行动。他们邀请公众参观店堂，在肉制品制作区立起透明的玻璃墙供公众监督。同时，采取了改善照明条件，给工人换新制服，加强员工培训，大幅打折促销等一系列措施，将客户重新吸引回来。经过这些强有力的实际行动，最终，食品与药品管理局对它的检测结果为“优秀”。此后，销售额很快恢复到了正常水平。

小案例

张小泉：菜刀不能拍蒜，高层言论惹风波

2022 年 7 月，一段张小泉消费者王女士与客服的对话引爆网络，“张小泉客服称菜刀不能拍蒜”相关词条登上热搜。整个事件的起因是，王女士用其 99 元购买的张小泉菜刀拍蒜时，菜刀断了。在王女士询问张小泉菜刀官方客服后，被客服告知“菜刀不能 / 不建议拍蒜”。张小泉总经理一段“消费者教育”的言论在网络上广泛传播，称“你学了几十年的切菜是错的，所有米其林厨师都不是这样切的”。

2022 年 7 月 14 日，抖音“王麻子官方旗舰店”直播用菜刀拍蒜，并用多段视频展示了王麻子菜刀拍蒜效果，引来不少网友围观。

2022 年 7 月 18 日晚间，张小泉总经理夏乾良在其个人微博视频号发布回应称：“关于最近的舆论事件，首先在这里向大家诚挚道歉。”夏乾良表示：“网传本人评价‘中国刀工不及米其林厨师’话题，视频是很久之前的采访视频，且并非视频的全部，现传视频中并未根据当时的情境和语境进行描述，从而导致大家对此产生极大的误解。众所周知，张小泉创立时，米其林还并未出现，不过我亦为自身的不当言论对消费者理解造成的错误引导，表示诚挚的歉意。”

【请思考】其实一开始事情曝光的主要原因就是客服处理不当导致的，这也给各大品牌敲响了警钟，对客服的专业培养要更为重视，他们也是品牌公关的组成；还有高管的发言，互联网时代下公开言论要谨慎，不适当的言论可能需要整个企业进行买单。

4. 着眼长远

危机处理中，应更多地关注公众和消费者的利益，关注公司的长远利益，而不仅仅是短期利益。应设身处地为受到危机影响的公众减少或弥补损失，维护企业良好的公众形象。2022 年发生的“海天味业”食品添加剂事件，本来是开展食品安全科普的极佳契机，但由于当事企业应对不力，对公司的经营和未来发展产生了极大的消极影响。

5. 信息通畅

建立有效的信息传播系统，做好危机发生后的传播沟通工作，争取新闻界的理解与合作。这也是妥善处理危机的关键环节，主要应做好以下工作：

（1）掌握宣传报道的主动权，通过召开新闻发布会以及使用互联网、电话传真等多种媒介，向社会公众和其他利益相关人及时、具体、准确地告知危机发生的时间、地点、原因、现状，公司的应对措施等相关的和可以公开的信息，以避免小道消息满天飞和谣言四起而引起误导和恐慌。

（2）统一信息传播的口径，对技术性、专业性较强的问题，在传播中尽量使用清晰和不产生歧义的语言，以避免出现猜忌和流言。

（3）设立 24 小时开通的危机处理信息中心，随时接受媒体和公众访问。

（4）要慎重选择新闻发言人。正式发言人一般可以安排主要负责人担任，因为他们能够准确回答有关企业危机的各方面情况。如果危机涉及技术问题，就应当由分管技术的负责人来回答。如果涉及法律，那么，企业法律顾问可能就是最好的发言人。新闻发言人应遵循公开、坦诚、负责的原则，以低姿态、富有同情心和亲和力的态度来表达歉意，表明立场，说明公司的应对措施。对不清楚的问题，应主动表示会尽早提供答案。对无法提供的信息，应礼貌地表示无法告知并说明原因。

6. 要善于利用权威机构在公众心目中的良好形象

为增强公众对企业的信赖感，可邀请权威机构（如政府主管部门、质检部门、公关公司）和新闻媒体参与调查和处理危机。2022 年 5 月，奥迪广告文案创意涉嫌抄袭网红博主。当事企业很快迅速发出回应声明，承认了错误，并表示向创意代理公司问责以及全网下架了相关视频。奥迪在公关上有效把握了黄金时间，既回应了消费者的期待，也展现了奥迪负责任的品牌形象。

（三）危机的善后总结

危机总结是整个危机管理的最后环节。危机所造成的巨大损失会给企业带来必要的教训，所以，对危机进行认真、系统的总结十分必要。危机总结可分为三个步骤：

1. 调查

调查是指对危机发生原因和相关预防处理的全部措施进行系统调查。

2. 评价

评价是指对危机管理工作进行全面的评价。包括对预警系统的组织和工作内容，危机应变计划，危机决策和处理等各方面的评价，要详尽地列出危机管理工作中存在的各种问题。

3. 整改

整改是指对危机管理中存在的各种问题综合归类，分别提出整改措施，并责成有关部门逐项落实。

（四）危机管理的类型

不同性质的危机，处理方法有所差异。在处理危机前，企业首先应认清到底发生了什么性质的危机。关于危机的分类十分庞杂，出现这种情况的原因主要有：一是诱发危机的原因复杂而多变；二是不同的学者为了便于开展研究，根据不同的标准对危机进行了分类。

不同的危机会对企业带来不同种类和程度的危害。对于食品企业来说，危机管理不同于日常管理，它具有管理难度大、风险高的特点，为了更好地进行危机管理，有必要对危机管理进行分类，使危机管理工作更具针对性，并认识到危机带来的危害，将其破坏性降低到最低程度。

1. 公共危机管理

任何危机和突发事件均会不可避免地带来不同程度的公共问题，给人们带来生理上、心理上一定范围或一定时间的影响与危害；同样公共危机事件如果处理不当或处理不及时，可能会诱发社会问题，影响社会稳定。

现代食品企业的生产能力不断扩大，销售也日益全球化，危机的发生范围也日益扩大。要注意，当公共危机突然降临时，积极的行动要比单纯的广告和宣传手册中的华丽词汇更能够有效地恢复和建立公司的声誉，在当前这种强调企业责任的大环境中，仅仅依靠言辞的承诺，而没有实际行动，只能招来消费者和公众更多的质疑和谴责。

对于公司处理公共危机方面的做法和立场，舆论赞成与否往往都会立刻见诸传媒报道。如果公司在信息沟通上慢了一步，公共舆论就会将你淹没，并置你于死地。因此必须要当机立断，快速反应，果断行动，与媒体和公众进行积极沟通，从而迅速控制事态，否则会扩大突发危机的影响范围，甚至可能失去对全局的控制。

在食品商业活动中，经营管理不善、市场信息不足、同行竞争，甚至遭受恶意破坏等，加之自然灾害、事故，都使得现在大大小小的企业危机四伏。所有这些危机都将作为一种公共事件，任何组织和个人在危机中采取的行动，都会受到公共的审视，如果在公众危机处理方面采取的措施失当，将会使企业的品牌价值和信誉受到致命打击，难以生存。

2. 企业营销危机管理

当今变化复杂的市场环境中，企业营销不仅要面对激烈的营销竞争，而且要应对各种突如其来的危机。忽视这些危机或不能对危机采取有效的防御和应对措施，都会对企业带来重大的损失。

市场调研是危机管理的主要依据，它是必不可少且相当重要的，而市场调研的关键就是针对性强，不然将会影响决策的正确程度，还可能导致整个计划的失败。

企业的竞争是市场的竞争。市场竞争是终端的竞争。企业营销作为一门实用科学必须从科学角度出发，遵从市场规律。开发市场不是无序的，在任何一个行业或者同一个细分市场上都有多个产品或品牌在竞争。

面对一个看似饱和、过度竞争的市场，新人或者落后者的机会在哪里？如何与行业领导者对决？如何在强手如林的商战中赢得一席之地、生存、发展并且壮大？这是众多企业面临的共同的和最重要的商业课题，同时也是企业应对营销危机必须要思考的重要课题。

3. 企业人力资源危机管理

企业自身素质的提高是需要经过长期的培训与锻炼的，因此这就需要企业建立基于共享的远景战略性人力资源管理体系，包括建立人力资源危机管理系统。

不论是企业内部原因还是外部原因引发的危机，最终都会涉及企业的人力资源，人力资源要么成为企业危机产生的原因，要么成为危机的关联因素。我们可以通过对相关管理指标的衡量来判断人力资源管理危机的主要类型。

当组织中的销售额、利润、人均劳动生产率等指标连续下降到低于行业平均水平时，说明组织雇佣过剩，员工收益和工作热情都会降低，人力资源效率危机就会出现。而人均成本、工资增长、人员流失率指标的不断增长，则意味着成本增高大于利润增长，可能出现薪酬调整危机和人才短缺等问题。而当出勤率、员工满意度明显降低则可能意味着组织中的离职危机倾向升高。在员工素质的指标方面，如果学历结构不合理，相当部分的员工基本素质可能与岗位要求不匹配，则组织中可能出现管理及企业文化方面的危机。人才结构合理性危机的出现还可以用员工年龄结构来衡量。

另外一个指标是工作效率，它的下降可能说明组织结构设计及工作流程设计不尽合理；而当员工的工作责任心持续降低时，组织可能出现了绩效考评或激励机制方面的危机。

每一个优秀企业都有其领军人物，是公司管理层的核心，特别是公司的首席执行官（CEO）、首席运营官（COO）、执行副总裁，甚至是高级技术人员、高级营销人员，这些主要领导人中的一位或几位突然跳槽或死亡也会引发危机。

4. 企业扩张危机管理

企业向来都有“求大”情结，比较热衷于追求经济总量的扩张。面对经济全球化的趋势，食品行业发展大企业和企业集团是非常必要的，但是片面追求大而全的经营方式，不考虑自身能力，盲目走扩张的道路，是不可取的。

有人认为企业规模的扩大就是提高企业的规模效益。但是“规模效益”是有条件的，如果盲目扩张，企业的成本结构就会出现经济学上的“微笑曲线”，即随着产量的增加，成本不但不继续下降，反而升高。

企业扩张，要防止过快发展，造成财务危机，避免失控发展是企业扩张中要注意的最重要的问题。要使企业持续、平稳发展，企业要将长期投资和短期发展结合起来，避免战线太长和无效投资。

求大是所有企业的共同心态，兼并重组作为低成本扩张的一条捷径，常常成为企业倾向性的选择，但是“求大容易，避险难”，企业扩张之路并非坦途，在扩张决策制定、实施以及扩张后的整合过程中，稍有不慎，便有可能带来种种风险，致使企业陷入进退两难的危机中。

5. 企业创新危机管理

高度信息化的今天，“创新”已成为价值的源泉。曾任 IBM 大中国区董事长兼首席执行总裁周伟焜说：“我们深刻地感受到，变平的世界将让每个个体都站在同一水平线上，任何企业、组织甚至个人都将参与到全球整合的业务环境中。在变平的世界中，无论业务规模是大是小，成功者将是那些将创新深植于其 DNA 中的企业，是那些不断重新审视正在发生的变化、创新的意义以及运营业务方式的企业。”

企业创新危机，一方面表现在其忽略新产品的市场潜力和新技术的引进，抱着传统产品不放，最终导致产品缺乏市场竞争力，造成企业淘汰出局的局面；另一方面企业创新本身充满着危机，如缺乏对创新风险的认知，对于技术或者产品的发展趋势作出了错误的预测，使得企业的产品完全偏离了企业总体发展方向和市场的需求。

一些在行业中根基牢固，长期位居领先地位的公司，常常会染上缺乏创新、竞争意识和进取心的 3C（自满 complacency，保守 conservation，自负 conceit）综合征。3C 综合征对于处在领先地位的公司取得进一步成功是极为有害的。

创新来自与众不同的前瞻性的思考和行动，必须时时预防 3C 思维模式影响企业的敏锐洞察力：阻碍系统性的思考，阻碍策略性的行动。企业的领导者必须经常思考：本企业所处的行业现状和未来发展趋势是怎样的？本企业的市场如何变化？本企业紧跟市场变化和需求了吗？本企业如何利用自身优势改造市场？本企业可以创造本企业想要的未来市场吗？本企业将以怎样的策略和行动来适应市场？本企业依靠什么获得和保持市场竞争优势？对这些问题的回答可以帮助公司找到自己的位置，认清面临的威胁与自己的不足，保持积极进取的心态，确立自己的发展方向和经营策略，为公司的创新活动确定基调和基础，是避免创新危机的正道。

6. 企业信誉危机管理

信誉是企业生命的支柱。企业信誉问题已经成为全球普遍关注的焦点。“信誉管理”这一说法在国外日益突出，并为大众所接受，甚至还创办了《信誉管理》杂志。很多学者认为企业之间的竞争经历了价格竞争、质量竞争和服务竞争，当今已经开始进入一个新的阶段——信誉竞争。

丧失信誉等于丧失一切。信誉是企业竞争的有力武器。企业良好信誉能够激发员工士气，提高工作效率；能够吸引和荟萃人才，提高企业生产力；能够增强金融机构贷款、股东投资的好感和信心；能够以信誉形象细分市场，以形象力占领市场，提高企业利润；能够提高和强化广告、公关和其他宣传效果。企业信誉是在企业长期运营过程中形成的，分析和研究企业信誉危机及其产生根源，并从完善外部环境、做好战略定位、确立市场信誉机制及改善管理水平等方面，提出解决信誉危机的策略，是现代企业发展的重要保证。

7. 企业公关危机管理

随着竞争环境的日益激烈，企业必须高度重视公关危机管理工作。面对公关危机，企业必须从战略的高度认识和对待这一个问题。一般来说，危机发生后，企业可采用具有不同功能的方式：司法介入、广告反击、公关控制，但是最关键的是要建立“防患于未然”的危机公关管理机制。防止公关危机加剧的重要方法之一是采取开放的手段，向媒体和消费者提供关心问题的相关信息，通过扩大企业正面信息量的方法来防止歧义的产生，消除疑虑。还要了解公众，倾听他们的意见，并确保组织能够把握公众的抱怨情绪，设法使受到危机影响的公众站到组织的一边。最重要的一点是要保持信息传播口径的一致。注意发挥舆论领袖的作用，如企业的最高领导者、行业协会、政府组织等，利用他们所具有的权威性消除影响。还要从正面阐述真相，并在必要的情况下适时对公众做出必要的承诺。

8. 企业财务危机管理

企业财务危机是指企业不能偿还到期债务的困难和危机，其极端形式是企业破产。当企业资金匮乏和信用崩溃同时出现时，企业破产便无可挽回。因此，为防止财务危机与破产的发生，每个企业都在寻求防止财务危机的方法和挽救危机的措施，而加强财务危机的预警系统是每个企业危机管理的重中之重。

财务控制是防范和化解危机的关键。失败的管理者最明显的失误往往表现在对公司财务的失控上。当一个公司缺乏对现金流的控制、没有完善的成本核算和会计信息系统时，往往会陷入财务控制不力的沼泽中。财权控制上的失误又将导致公司在投资方向、遭受损失的原因及应该采取的对策等问题上处于混沌不清的状态，这是公司陷入困境的一个常见原因。健全财务危机管理的一项重要任务，是对公司的经理人员进行财务知识培训，要求经理们必须对财务知识所包含的内容有清楚的认识，以便做出周全的决策。优秀的财务审计系统是有效预防危机的天然屏障，利用有效的财务分析方法也能有效防范危机的发生。引入现金支持、改善财务构架、降低成本是公司摆脱危机的主要方法。

9. 企业品牌危机管理

品牌是一种错综复杂的象征，它是品牌属性、名称、包装、价格、历史、声誉、广告方式的总和。每一个品牌的成长都需要无数的磨砺，并能带来巨大的利润。企业无不把自己的品牌视为企业生命。

品牌危机管理一般包括危机预警和危机处理两个方面，既要建立品牌危机预警系统，做到未雨绸缪，又要建立和演练快速反应机制，一旦危机到来，必须全力以赴，迅速化解。全球知名企业都非常重视品牌危机管理，建立先进的危机防范预警机制，有的企业还设立首席问题官职位。

强化品牌危机管理是防范品牌运营风险、保证品牌良性发展的有效手段，品牌危机管理是企业品牌管理的核心内容之一。无论是新创建品牌还是已经创建起来并在运营的品牌，要打造真正的强势品牌，都必须站在战略性高度做好品牌危机防范和管理工作，使品牌良性发展，进而推动企业良性发展。

10. 产品质量危机管理

产品质量关系到公司的生死存亡。由产品质量问题所造成的危机是企业最常见的危机，产品质量问题能够直接引发消费者的不信任和不购买，随之造成销售量的大幅下滑，引发企业经营危机和困境；有些公司虽然产品质量较高，但是因为竞争对手的产品质量提高了，或者消费者的要求提高了，也会产生危机。不断提高产品质量是公司避免和摆脱危机的重要手段之一，因产品质量问题而出现危机的公司必须依靠提高产品质量来摆脱困境。因此一旦发生质量危机，应不惜一切代价迅速召回市场上的问题产品，并利用大众传媒告知公众事实真相和退回方法。

（五）企业危机管理的作用

1. 提高企业管理层的危机意识

危机意识缺失是造成危机发生，危机事态扩大的主要原因。没有危机意识，就难以产生危机应对计划；没有危机应对计划，就难以判断危机征兆，从而有效防止危机扩散。企业危机管理理论是揭示企业危机管理基本规律的管理理论，对培育管理者的危机预防意识，树立正确的危机应对状态，形成长久危机战略理念有积极推动作用。

2. 可以有效减小危机造成的损害

作为管理学的基本理论，学习危机管理基本理论和方法，是培养、造就高级管理者必须具备的企业管理理论知识体系不可或缺的重要内容。它帮助提高管理者危机决策技能，沟通技能，协调技能和解决危机能力，最终有利于减轻企业各类危机损害程度。

3. 建立企业“整体安全装置”

要预防危机事件发生。随着企业经营环境全球化趋势，竞争压力不断增加，企业危机概率不断提高，危害也随之增大，这就需要企业管理者建立完善的危机应对计划和反应机制，使企业建立健全“整体安全装置”，预防危机事件的发生。

4. 建立新型企业学习型组织

要使企业避免危机事件发生及造成危害，就要不断学习企业管理的新理论，使企业建立学习型组织和团队，不断学习、观察、检测企业经营的各个环节是否有缺陷，如何及时采取措施纠正。这本身就是建立学习型组织的内容和方法。

引例解析

海底捞危机公关案例在国内有一定代表性。出现产品质量或者形象危机的企业一般都是先不顾一切否认产品缺陷的事实，然后试图大事化小，小事化了。结果是危机愈演愈烈，直到一发不可收拾。但是海底捞做到了第一时间认错、改错、善后，迅速平息事态。

工作任务 7-2

雪莲的危机公关

2022 年，山东雪莲食品有限公司持续冲上热搜，被网友们玩成了段子，意外地让一个老雪糕品牌，在危机公关下，获得巨大的品牌关注，成为类似白象方便面、鸿星尔克一样现象级的传播案例。

1. 雪莲塌房

起因来自一个网友发的内部爆料，说自己工作的雪糕厂，环境非常差，很多网友也纷纷吐槽这些黑心小厂子，纷纷质疑低价雪糕的品质。其实这里说的也不是雪莲，但是因为带个“莲”字，也可能是包装上太过相似，不知道怎么的就把雪莲给搭上了，本来人们对脏乱差就比较敏感，所以，“雪莲塌房了”这一话题，很快就冲上了热搜。

2. 雪莲我吃定了

事情爆出来以后，雪莲第一时间，也就是 6 月 29 日，开通抖音，晒厂房设备，晒卫生环境，晒各种资质证件，一应俱全，实力打脸，粉丝们怀着一份歉意和敬意，开始纷纷声援，粉丝一夜之间就到了 20 多万名，随后，雪莲发布了一份公告，澄清了所有争议，此时，“雪莲我吃定了”再次登上热搜。

3. 再续热榜

7 月 2 日，雪莲负责人再次回应一包冰块只赚 5 分钱，13 年没涨价，雪莲霸占了两个微博热搜。“雪莲 5 毛一包的定价 13 年没涨！”“一包冰块赚 5 分”，两个话题分别获得 2.3 亿次和 1.5 亿次阅读量，并引发了一场消费者对雪糕价格的大讨论。

4. 事件背后

这起传播事件，可以说是实力公关的典范，厂家的快速反应恰到好处，并通过后续及时跟进有效地扩大了企业的宣传效应。

问题：

1. 对于知名企业，类似危机从短期和长期来看会对企业产生什么影响？

2. 如何将危机公关的各种手段综合运用，才能达到良好的社会效果？

任务分析：

在互联网越来越发达的时代，企业及时对市场危机做出反应，化“危”为“机”，已经成为企业经营管理者的必修课。

操作步骤：

1. 进一步查找资料，分析案例背景和后续发展；
2. 分析案例对市场格局的潜在影响；
3. 分析此案对相关行业企业有何启示、借鉴作用；
4. 总结危机公关的手段综合运用的原则。

任务三

探索变革管理

引例

苏宁转型，错在哪里？

力夺2020年中超冠军的江苏苏宁队，捧杯后仅过了100天竟然直接解散了！这不仅是中国足球史上第一次，在世界足球史上恐怕也绝无仅有。

这一戏剧性事件的背后是大股东苏宁陷入危境，足球俱乐部解散只是其遭遇的一连串危机事件的一环，其他还有旗下上市公司苏宁易购2021年亏损超400亿元，控制权易手，戴帽ST（股票有退市风险），负债1 400亿元，资产负债率超80%，2016年收购的意大利国际米兰俱乐部、2019年收购的家乐福中国的股权也可能被出售，等等。

不得不说，苏宁走到今天的局面令人震惊。这十几年来，苏宁到底做错了什么？

一、苏宁的两次战略转型

苏宁的第一次转型发生在1997年。亚洲金融危机对业务造成冲击，张近东决定砍掉占据50%收入的空调批发业务，转型为家电综合零售连锁。这是一次成功的战略转型，到2002年苏宁已经实现全国布局，2008年超过国美，成为家电连锁零售第一。

2011年，苏宁电器的营收和利润分别是938亿元和48亿元，国美分别是598亿元和18亿元，差距已然非常明显。

然而，没人能想到巅峰背后即是转折，紧随其后的竟然是苏宁不得不开启第二次转型。

苏宁的第二次转型发生在2010年，是为了应对京东所代表的电商的冲击。主要包含三条路径：

第一条路径，也是它的主线，是主营的零售业务向“线上＋线下”转型。对标京东商城的苏宁易购网站于2010年1月正式上线，这可以看作其转型的重要一步。

2012年初，张近东提出苏宁要做“沃尔玛＋亚马逊”的战略目标，品类上要从“家电”走向“全品类”。2013年，苏宁创造出“云商”一词，用以描述苏宁眼中未来零售的主要形态——“店商＋电商＋零售服务商”，依然保持线上线下全渠道、全品类、平台型企业的转型方向。2018年，苏宁的战略布局进一步放大，确立了以易购、物流、金融、科技、置业、文创、体育、投资八大产业板块协同发展的格局，宣布要“3 年实现 15 000 家店、2 000 多万平方米商业实体落地、店面总数近 2 万家”。

第二条路径是大规模的投资与并购，其中一部分与公司的战略主题直接相关，属于战略性投资与并购。目标之一是为了扩大用户覆盖，获得入口和用户流量，比如以 6 600 万美元收购网络视频网站 PPTV；二是丰富产品品类及其相关的供应链，收购红孩子是典型案例。对天天快递的收购是为了补足苏宁在小件快递上的物流短板。此外，苏宁还做了很多财务投资甚至风险性投资，比如万达商业、今日头条、中国联通、万达体育等。苏宁主要参与的战略性投资与并购事件（部分如表 7-1 所示）。

表 7-1　苏宁主要参与的战略性投资与并购事件（部分）

序号	时　间	事　　件	金　额
1	2012 年	全资收购母婴平台红孩子	6 600 万美元
2	2013 年	收购 PPTV，进军视频领域	2.5 亿美元
3	2014 年 1 月	全资收购满座网，并将其并入自己的本地生活事业部	1 000 万美元
4	2015 年底	入股努比亚，占股 1/3	19.3 亿元
5	2016 年	通过 PPTV 收购龙珠直播	3.2 亿美元
6	2017 年	完成对天天快递的收购	42.5 亿元
7	2019 年	收购 37 家万达门店	27 亿元
8	2019 年	买下家乐福中国 80% 股份	48 亿元

第三条路径是在资本层面与一些有实力的企业进行战略性合作，主要是为了转型提供更好的支持条件。

最典型的莫过于 2015 年 8 月 10 日与阿里巴巴达成战略合作，主要内容包括：阿里巴巴投入约 283 亿元，获得苏宁云商 19.99% 的股份，成为第二大股东，苏宁云商则以不多于人民币 140 亿元认购阿里巴巴新股，约占扩大后总股本 1.1%。双方还将围绕线上和线下的渠道资源、物流网络、信息技术等展开合作，探索线上线下融合发展的新模式。

总的来看，苏宁转型朝着“线上 + 线下”方向转型，一定程度上保障了它在家电零售市场中的地位，也是今天其市场价值的核心支撑，是其后续重组的主要着力点，但在内里它变成了一个典型的“外强中干”、缺乏赢利能力和造血能力的企业，完全通过资本运作来维系其生命，一次次地注入能量，但情况越来越差，直到流动性危机的最终来临。

因此，苏宁转型总体上是失败的，而且是代价高达 600 亿元（亏损）的巨大失败。

二、苏宁转型“错”在哪里?

（1）战略节奏之错：在没有找到成功模式之前，就大规模地投资与扩张。

大概没人会质疑苏宁选择的“线上+线下”方向是错的，但是苏宁依然失败了。苏宁转型本质上就是一次创业，其历史上的二次创业。创业最大的特点，就是要面对复杂与不确定性，产品、市场、客户、竞争对手、商业模式等均可能造成麻烦，且互联互动。正因此，创业失败率从来都很高，动辄50%以上。

近十多年，人们推崇精益创业的方法来提高创业成功率。实现精益的核心在于减少供需之间的信息差、时间差、能力差，让供需之间在数量、质量及各种性能指标上形成一致。就精益创业来说，提高创业成功率的关键就是缩小这三个差。方法是推出MVP（最小可用产品）、用户交互、快速迭代，其精髓是快速尝试、快速学习、关闭差距、形成闭环，从而找到真正能够“跑通”的MVP，之后才是大规模复制。在没有“跑通”的情况下，就贸然大规模复制，只会收获失败，而这正是苏宁走的路。

（2）组织刚性之错：没能实现与“线下+线上”战略相适应的组织变革，未能充分激活中基层员工，调动自下而上的力量。

任何战略转型都需要组织与其匹配，才能让战略真正落地。战略管理中有一个著名的命题，那就是艾尔弗雷德·钱德勒提出的“战略决定结构”，完整的理解是“战略决定组织，组织支撑战略”。

对于苏宁所追求的“线上+线下”战略来说，也必然要求构建与之匹配的组织。苏宁当然也做了，比如多次调整组织结构，划小组织单元等，但是做得足够吗?

公司高层的公开发言中，谈得最多的都是战略和业务，提到“组织变革”“文化转型”这样的字眼要少得多。组织变革滞后所带来的后果是严重的，它会让组织与战略脱节，无法为后者提供足够支撑。

（3）生态虚妄之错：战略布局投入大、产出小，“化学反应”、协同效应并未发生。

苏宁的“线下+线上”战略布局隐含了对生态价值的推崇。从2012年起，苏宁即开始横向布局，2018年更是确立了八大产业，所寄望的无非是这些业务之间能产生“化学反应”。然而，并无任何数据来支持这种看起来似乎存在的“1+1>2”的协同效应。那些经常登录PPTV观看各种足球赛事的足球迷，很少会为此跳转到苏宁易购的网站去购物。

产生所谓“生态化反”（也可以理解为复杂、叠加版本的协同效应）的前提条件是相关业务要足够强大，且有很好的匹配性，不满足这些条件，一切所谓的生态价值，都只会是“水中月，镜中花”。

对于极具能动性的企业家来说，谈命运似乎残酷了些。然而，发生在苏宁身上的就是一场标准的“代际更替”，新一代模式崛起，旧一代模式故去。

小思考

以苏宁为例，总结如何尽量避免管理创新中的风险?

一、变革管理的含义

变革管理是指当组织成长迟缓，内部产生不良问题，无法适应经营环境的变化时，企业必须做出组织变革策略，将内部层级、工作流程以及企业文化，进行必要的调整与改善管理，以达到企业顺利转型。企业变革的核心是管理变革，而管理变革的成功来自变革管理。变革的成功率并不是100%，常常使人产生抗拒变革的心态。但是市场竞争的压力，技术更新的频繁和自身成长的需要，“变革可能失败，但不变肯定失败”。因此知道怎样变革对企业生存发展异常重要。

企业变革管理，最重要的是在组织高管层面有完善的计划和实施步骤，以及对可能出现的障碍与阻力有清醒的认识。帮助企业主及CEO塑造此方面的领导能力，使变革与创新成为可能。

变革管理的工作步骤包括：

（1）制造紧迫感，认真考察市场和竞争现实，明确并讨论危机，包括潜在危机或主要危机，形成统一认识。

（2）组织一个强有力的领导联盟，鼓励这支队伍协同作战。

（3）制定远景规划，建立远景规划以指导改革措施，形成策略以实现远景规划的目标。

（4）传达这种远景规划，用所有可能的媒介手段把新的远景规划策略传达下去，用领导联盟的亲身实例教育人们养成新的行为习惯。

（5）授权他人按远景规划行事，消除改革的障碍，改革严重损害远景规划的机制和结构，鼓励承担风险和非传统的观念、活动和行为。

（6）计划并实现近期的成功，计划看得见的业绩改进，实现那些改进，肯定并奖励参与改进的雇员。

（7）巩固改进成果并进行更多的改革，利用提高的信誉来改革那些不适合远景规划的机制、结构和政策，聘用、提升和培养能够完成远景规划的雇员，用新的工程、主题方向和改革者来重新激励改革进程。

（8）把新的方法制度化，明确新的行为方式和企业成功之间的关系，建立能够确保领导力的顺利发展和交替的方法和制度。

二、变革管理的模式

企业变革管理的模式是动态的，它包括PDCA模式、BPR模式和价值链模式。

（一）PDCA模式

PDCA模式是一种循环模式，它包括四个循环往复的过程，即计划（plan）、执行

（do）、检查（check）、行动（action）。首先，确定工作目标和行动计划，其次，按照计划去工作。完成计划之后，检查计划完成的结果，包括工作质量。再次，处理检查的结果，总结成功的经验和失败的教训，以及需要解决的问题。最后，根据这一轮的经验、教训和发现的问题，重新计划，并启动下一轮的 PDCA 循环。

（二）BPR 模式

业务流程重组（Business Process Reengineering，BRP）最早由美国的 Michael Hammer 和 James Champy 提出，在 20 世纪 90 年代达到全盛的一种管理思想。企业为了降低成本，提高产品质量和服务水平，应对市场激烈的竞争，满足客户的需求，必须采用流程再造的模式，在流程再造的过程中，企业的效率和整体竞争力会不断提高。

知识拓展

业务流程重组

BRP 强调以业务流程为改造对象和中心、以关心客户的需求和满意度为目标、对现有的业务流程进行根本的再思考和彻底的再设计，利用先进的制造技术、信息技术以及现代的管理手段、最大限度地实现技术上的功能集成和管理上的职能集成，以打破传统的职能型组织结构，建立全新的过程型组织结构，从而实现企业经营在成本、质量、服务和速度等方面的戏剧性的改善。

BPR 的特性有：

（1）强调顾客满意；

（2）使用业绩改进的量度手段；

（3）关注于更大范围的、根本的、全面的业务流程；

（4）强调团队合作；

（5）对企业的价值观进行改造；

（6）高层管理者的推动；

（7）在组织中降低决策的层级。

实施 BPR 的有效策略：

1. 企业管理进行规范化、集成化的系统改造，是实施 BPR 的起点

BPR 必须满足规范化和集成化的管理要求，而这种要求应当贯彻在整个 BPR 项目的实施过程中。一旦业务流程被确定再造以后，就应严格掌握流程的操作。一个作业没有完成，不能进行下一个作业，一个必要的参数没有输入，程序就停止执行。这里不仅意味着 BPR 实施过程中的软件本身要规范，更意味着企业的实施方法和供应支撑性服务的公司都要有规范的工作方法。

2. 开发整体性的业务流程再造方案，是实施 BPR 的基本思路

BPR 是战略管理、工业工程领域的技术成果，是借助信息技术而快速的发展起来的，因此，实施 BPR 应当因地制宜，系统地改造企业整体业务流程，不断削减中间环节，提高应变能力，向虚拟型企业转变，实现扁平化、整体化、分布式的管理模式。

3. 周密准备、全面规划、分阶段推进，是实施 BPR 项目的成功的关键

在实施中，应先小规模试行，要经历数据反馈和方案修正的模拟运行阶段。通常可以选择一部分比较成熟的业务进行试运行，以实现以点带面、由粗到细，保证新系统进行平稳过渡。

4. 在特定阶段，有选择地引进外脑是 BPR 项目的助推器

最大限度地发挥外脑智能是企业实施 BPR 项目时可以考虑的手段。应该始终本着从 BPR 实施的客观需要出发的思想，大胆运用敏捷的合作策略与方式，对引进外脑本身进行合理的成本收益分析，才有可能真正使之成为 BPR 成功实施的助推器。

（三）价值链模式

价值链模式将企业的研发、采购、生产、营销、服务这些业务层分解成彼此相关的战略性活动，这些活动之间相互链接，形成为企业创造效益的业务活动链。业务活动链中，任何一项业务活动的变革，必将导致其他业务活动的变革，这样才能保证企业活动有效地进行。这种变革的过程是动态连续的，而且是不断改进的。价值链模式提高了企业的整体竞争力，计划、组织、领导、控制的过程更加有效，如图 7–2 所示。

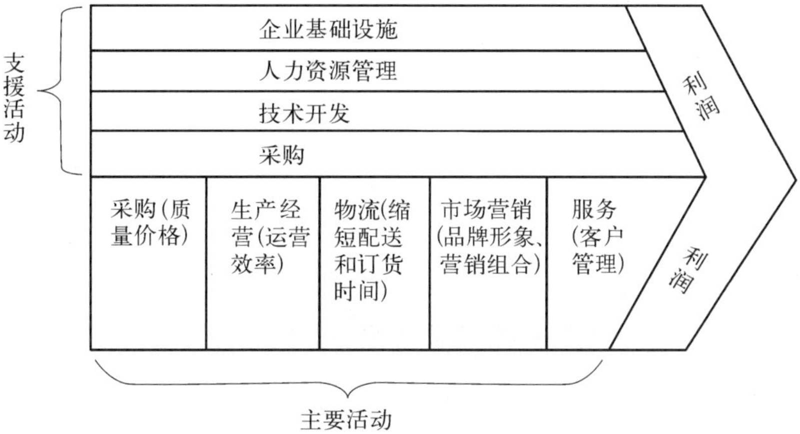

图 7–2　价值链

企业要生存和发展，必须为企业的股东和其他利益集团包括员工、顾客、供货商以及所在地区和相关行业等创造价值。如果把“企业”这个“黑匣子”打开，可以把企业创造价值的过程分解为一系列互不相同但又相互关联的经济活动，或者称为“增值活动”，其总和即构成企业的“价值链”。

任何一个企业都是其产品在设计、生产、销售、交货和售后服务方面所进行的各项活动的聚合体。每一项经营管理活动就是这一价值链条上的一个环节。企业的价值链及其进行单个活动的方式，反映了该企业的历史、战略、实施战略的方式以及活动自身的主要经济状况。

价值链的增值活动可以分为基本增值活动和辅助性增值活动两大部分。

企业的基本增值活动，即一般意义上的“生产经营环节”，如材料供应、成品开发、生产运行、成品储运、市场营销和售后服务。这些活动都与商品实体的加工流转直接相关。

企业的辅助性增值活动，包括组织建设、人事管理、技术开发和采购管理。这里的技术和采购都是广义的，既可以包括生产性技术，也包括非生产性的开发管理，例如，决策技术、信息技术、计划技术；采购管理既包括生产原材料，也包括其他资源投入的管理，例如，聘请有关咨询公司为企业进行广告策划、市场预测、法律咨询、信息系统设计和长期战略计划等。

价值链的各环节之间相互关联，相互影响。一个环节经营管理的好坏可以影响其他环节的成本和效益。例如，如果多花一点成本采购高质量的原材料，生产过程中就可以减少工序，少出次品，缩短加工时间。

引例解析

苏宁本来是国内家电零售领域的领头羊。在互联网经济的浪潮下。苏宁比较早地涉足了电商业务，但近些年来，由于公司业务的极度扩张，在资本运作、线上线下结合、生态价值（八大产业）投资等方面的大动作，让公司陷入了一定程度的困境。

工作任务

分析探索变革管理（案例思考）

1. 苏宁在战略决策上出了什么问题？

2. 为什么基础良好的苏宁在“线上＋线下”结合这一普遍通行的商业模式上

转型不力？

3. 如果苏宁有机会继续实行变革，你有何种建议？

4. 结合你所在学校的实际，探讨学校改进教学管理，提高学习效率的途径。

任务分析：

苏宁是中国商业零售及电商领域的重要企业之一。进行分析时，要结合国内商业零售及电商市场的背景和竞争状况进行对比分析。

操作步骤：

1. 搜索相关背景资料，分析苏宁的发展及管理上的特点；

2. 分析苏宁资本运作和并购、线上 + 线下转型方面存在的问题；

3. 分析苏宁持续变革的动力和阻力；

4. 按照变革管理的思路，探讨学校教学改革的途径。

补充阅读一

管理思想的演变和发展

管理自古就有，所以研究管理首先应从管理的历史入手，研究历史上的管理，并从管理的思想、理论和方法的演变中去把握管理的本质和一般规律。对于管理的历史，可以分成四个阶段，即传统管理阶段、科学管理阶段、行为科学阶段和现代管理阶段。20世纪初泰勒的科学管理理论的出现，是管理学形成的标志。对应于后三个管理历史阶段，形成了古典管理理论、行为科学理论和现代管理理论。这里可以看到在管理的历史长河中，各种精彩的管理思想和世界上公认的有代表性的管理理论。

第一部分　早期的管理思想

人类面对最原始的来自自然界的各种环境的生存压力时，发现群体联盟要比个人单枪匹马更易于生存，于是，组织便自然而然地产生。而有了有组织的活动，就产生了管理活动。通过对一定环境下管理活动的开展和管理经验的积累总结，便形成了早期的一些管理理想。

一、中国早期管理思想

管理实践与管理理论是与各国自身的生产力发展和民族文化特点相连的。中国是世界上历史最悠久的四大文明古国之一，自古就以幅员辽阔、人口众多而著称。早在五千年前，中国已经有了人类社会最古老的组织——部落和王国，有了部落的领袖和帝王，也就有了管理问题。翻开浩瀚的史卷，《论语》《孙子兵法》《资治通鉴》《红楼梦》等名著中无处不体现对管理的精彩论述。其对管理实践和理论的研究有着非常大的价值，只是后人未能作系统的整理与提炼，未能像西方形成系统的理论，从而掩盖了我国早期管理思想对管理学的贡献。其中最有代表性的是儒家、法家、道家思想。

儒家首先提出人性本善的基本假设，进而提出仁政、德治、礼制的管理方法，最后提出要实现齐家治国平天下的管理目标。

法家首先提出人性本恶的基本假设，进而提出法制、刑治的管理方法，最后提出要达到崇君权和富国强兵的管理目标。

道家首先提出人性自然的主张，进而提出无为而治的管理方法，最后指出要实现的管理目标是至德之世。

（一）儒家的管理思想——仁政德治论

以孔子、孟子为代表的儒家，作为利益一元化管理体制的维护者，积极主张恢复周王朝初期的管理模式，并赋予了自己的理想于其中，在“人性本善”的前提下提出了以仁政、德治为主要内容的管理模式。

1. 仁政

孔子提出“仁”“仁者爱人”“民之于仁也，甚于水火”。孟子依此提出“仁政”“有不忍人之心，行不忍人之政，治天下可运之掌上”孟子进一步指出仁者无敌，“天子不仁，不保四海；诸侯不仁，不保社稷；卿大夫不仁，不保宗庙”。

2. 德治

儒家主张施仁政，其中的重要内容是反对苛政与任意刑杀，认为“苛政猛于虎”。儒家倡导用道德感化的方式来统治人民，因此主张德治。孔子主张：“道之以政，齐之以刑，民免而无耻。道之以德，齐之以礼，有耻且格。”政、刑只能起镇压作用，使人不敢犯罪；德、礼则可以笼络人心，使人知耻归心。要“为政以德”“道之以德”“齐之以礼”“使民也义”。孟子主张：“以德服人者，中心悦而诚服也。”

3. 礼制

推行仁政德治，必须要借助一定的制度规范，这就是“礼”。“礼”最初指祭祀的器物和仪式，到了周代把礼从仪式中区别开来，发展成“君君、臣臣、父父、子子”的奴隶主贵族等级制度和以奴隶主贵族的血缘关系为纽带的宗法制度。儒家认为：“人无礼则不生，事无礼则不成，国无礼则不宁。”

“礼”的宗旨——治国之本。儒家认为“礼者君之大柄也”“礼，经国家、定社稷、序人民，利后嗣者也”。

“礼”的内容——道德化的制度。它具体包括：君仁、臣忠、父慈、子孝、夫义、妻顺、兄爱、弟悌。

“礼”的本质——“和”。儒家认为：“礼之用，和为贵。”“和”指和谐、有序、互相扶持，从而形成有效的管理秩序。

儒家管理思想体系的逻辑结构：儒家首先提出人性本善的基本假设，进而提出仁政、德治、礼制的管理方法，最后提出要实现修身齐家治国平天下的管理目标。儒家管理思想是以血缘宗法关系为基础，道德伦理为本位，把整个管理和治国思想、方略都伦理化了，具有理想化的色彩。儒家管理思想忽视法律、制度、体制等的“政道”作用，主要着眼于“治道”的探讨。儒家的管理思想十分丰富，影响了中国社会几千年，甚至波及附近亚洲国家，至今还发挥着重要影响。

（二）法家的管理思想——法制刑治论

以韩非为代表的法家，作为新生地主阶级的代言人，冲破利益一元化的以血缘关系为基础的情感管理体制，试图用法律制度和法制手段建立和维护新的多元化的管理体制，在“人性本恶”的前提下提出以法制刑治为主要内容的管理思想体系。

1. 崇君权

法家推崇君权专制。管子认为：“神圣者王，仁智者君，武勇者长，此天之道，人之情也。”

法家崇君权，竭力维护最高统治者的权威，目的是推行其法制刑治的管理思想寻求实施主体和保障条件。法家不可能有现代民主思想，将法制与民主相联系。在他们所处的时代，只可能将法制与专制相联系，试图以专制君权为支撑，推行他们的管理理念和制度。

2. 倡法制

在崇君权的基础上，法家力主推行法制。商鞅认为“不别亲疏，不殊贵贱，一断于法”。管子认为“法令者，君臣之所共立也”“君臣上下贵贱皆从法”。

法家的思想主要包括以下内容：

权势是“胜众”之资。要推行法制，统治者首先要确立自己的权势。管子认为：“凡人君之所以为君者，势也。”韩非认为：“势者，胜众之资也。”它具体包括：其一权势是君主的地位保障。主能制臣用民，在于“主威之重，主势之隆也”。其二权势是君主保持威严的基础。韩非认为：“有威足以服人。”丧权失威，则是“落架的凤凰不如鸡”。其三权势是统治力量的源泉。韩非认为，君失去权势，如虎失去爪牙，无力控制百兽。势位、威严、力量，三者是法家权势思想的核心内容，其中“势”是前提，“威”是条件，“力”是手段。

法制是治世之宝。法制，主要是指以法律制度作为治国的依据。法家主张，以法为本，以法为教。韩非认为，治理国家必须“以法治国”“循法而治”“惟法为治”，反对“释法任智”“舍法上贤”“去法务德”的治理方略。他主张以法为教、以吏为师，实行“壹教”“壹刑”“壹赏”。

3. 施刑治

推行法制的手段是用严刑重罚，以刑推法，以刑护法。韩非说：“刑赏，君之大柄也。”法家主张的法制，主要是突出刑罚的重要功能，辅之以赏。它具体包括以下内容：

治民要严刑重罚。韩非认为：“夫严刑者，民之所畏也；重罚者，民之所恶也。故圣人陈其所畏以禁其邪，设其所恶以防其奸。是以国安而暴乱不起。吾是以明仁义爱惠之不足用，而严刑重罚之可以治国也。”

罚与赏要结合。例如，《商君书·修权》里的“赏厚而信，刑重而必。”管子认为：

“刑罚不足以畏其志，杀戮不足以服其心。”因此，必须要从其欲，罚与赏相结合，才能令行禁止。

赏罚要得当。赏罚必须依据“公义”，依据事实，做到赏罚得当。

法家的管理思想十分丰富，绝非上述全部内容。法家重法治、崇强力的管理方略对中国历史的发展有着重要的意义。秦朝用法家的理论统一海内，功劳卓著。汉代独尊儒术，也不是完全不用法家的方略，只是使法家的方略由显变隐，使国家暴力披上道德的外衣，以义统利，以力辅德，补德治教化之不足。

通过上面的介绍可以看到，法家的管理思想尽管是为专制皇权服务的，但他们揭示出来的法制管理的一些基本原则和方法，在今天仍然有着很宝贵的借鉴意义。

（三）道家的管理思想——无为而治论

道家是以老子的“道”的学说为中心的学派，用道来说明宇宙万物的本质、构成和变化，主张道法自然、天道无为、万物自然化生，因此认为人性自然。在管理国家上主张虔敬清静无为、无为而治、顺天则、任自然、居静行简、省欲节用、绝圣弃智、绝仁弃义。

1. 自然无为——治国之道

道家主张道法自然。道家认为，世界万物的本源是道，道的根本特征是自然无为。老子认为“道法自然”。“人法地，地法天，天法道，道法自然”“自然”是天地的运行状态，指毫无勉强、不受外在制约的自由自在的必然状态，即“自己如此”的状态。“无为”是指行为主体的状态，指不强做妄为、不贪求私欲、顺其自然的状态。

道家主张无为而治。既然天道自然，人道就要无为，治理国家就要“无为而治”。庄子认为，“无为为之之谓天”“无为言之之谓德”“无为而万物化”。“无为也，则用天下而有余，有为也，则用天下而不足”因此，“莫若无为”“以无为为常”。无为而治的具体做法包括：坚守大道，不怀私欲；顺应民性，不加干预。统治者自己要“常无心，以百姓心为心”“处无为之事，行不言之教”。

道家进一步认为“无为才能无不为”。老子认为“道常无为而无不为”。庄子认为“无为而无不为”。因为行无为之道，万物就会按其本性自然生长、自由发展，人也会实现自己的一切愿望。老子说：“道常无为，而无不为，侯王若能守之，万物将自化。”

总之，顺应大道，顺民性，不怀私欲，不用私智，不固执，不干预，不强制，不妄为，任其性命之情，才能顺百姓安居，天下大治。

2. 至德之世——理想境界

道家探讨治国之道、治国之术，目的是追求其社会的理想境界——至德之世，老子称作“小国寡民”。至德之世的特点是：

自然。道家理想社会的基本特征是自然主义。道家认为，这就是“圣治”“至治”“至德之世”。

素朴。民性素朴，无知无欲，无私无为，完全依常性本能生活。

平等。人们在自然面前一律平等，这是自然之世、自然之民必然形成的人际关系。因此，贵贱、贤不肖、智愚、上下、尊卑不分。

自由。至德之世，人人自由。这种自由既是外在的自由，不受社会规范的约束；又是内在的自由，不受自己内心私欲和追求的左右。“日出而作，日入而息，逍遥于天地之间而心意自得”。

安宁。人们相安无事，基本生活需求能够得到满足。老子说：“甘其食，美其服，安其居，乐其俗。”一是指人们之所以能觉得甘、美、安、乐，是由于人们恬淡知足，没有奢望。这种安宁，实际上是一种心理上的安宁。二是指人与自然的关系和谐，不相为害。

二、西方早期管理思想

（一）早期的管理实践

从公元前六世纪的奴隶制时代开始，罗马、埃及、巴比伦等文明古国便在政治、经济、军事等方面为人类做出了杰出的贡献。

古罗马帝国的兴盛并连续统治几个世纪，关键得益于其有效的组织和中央集权与地方分权管理相结合的分权制度。

古埃及建立了具有象征意义的金字塔式的管理方式，有严格的等级层次和分工协作管理。而诸如埃及的金字塔、罗马的水道、巴比伦的古城等伟大的建筑更是表现出了惊人的管理实践，这些巨大的工程背后一定存在着非常复杂的规划、组织、领导与控制活动，若没有一些进步的管理思想是无法实现的。

古巴比伦王国利用颁布的汉谟拉比法典，建立了强硬的中央集权统治国家，同时在该法典中还涉及了工资、会计、收据等经济管理思想。

但在这一阶段，人们并没有很好地对管理实践进行系统的研究和规律性的总结。真正关注并较好地研究有关管理问题的活动，起源于18世纪英国的工业革命。18世纪下半叶的工业革命导致了机器取代人力，加速了资本的快速积累和企业规模的日益扩大。而企业组织的发展导致了对效率与效能的关注、技术与工具的需求等。这也促使了对管理的研究。其中，对后期管理理论的形成与研究有较大影响的代表性人物有亚当·斯密（Adam Smith）、查尔斯·巴贝奇（Charles Babbage）和罗伯特·欧文（Robert Owen）。

（二）早期的管理思想及代表人物

1. 亚当·斯密

亚当·斯密（Adam Smith，1723—1790）是英国政治经济学家，他在1776年发表的代表作《国民财富的性质和原因的研究》（简称《国富论》）中，不仅对经济和政治理论有系统的研究，也有不少关于管理思想的论述，其中最具深远影响的是他的劳动分工理论和“经济人”观点。他以制针业为例提出劳动分工能大大地提高劳动生产率，其主要原因在于：一是劳动分工增加了工人的技术熟练程度；二是节省了从一种工作状态转换为另一种工作状态所需要的时间；三是发明了既方便工作又节省劳动时间的机器。他的另一个重要的观点是：人们在经济活动中追求的是个人自身的经济利益，社会利益是以个人相互之间的利益限制为基础而产生的，这就是所谓的“经济人”观点。

2. 查尔斯·巴贝奇

查尔斯·巴贝奇（Charles Babbage，1792—1871）不仅是英国著名的数学家，而且对工厂的生产和管理也十分关心。在1837年出版的《论机器和制造业的节约》一书中，对劳动分工的好处和主管人员对设备、物质、人力使用上的具体管理技术进行了较为全面的论述。此外，他还提出了通过建立一种利润分享制度，来正确处理工厂主与工人间的利益分配问题，使工人除固定工资外，还可以得到企业利润奖金与合理化建议奖金，从而建立起劳资双方的和谐关系。

3. 罗伯特·欧文

罗伯特·欧文（Robert Owen，1771—1858）是一位成功的英国企业家和空想社会主义者，最早注意到企业内人力资源的重要性，所以有人认为他是人事管理的创始人。他通过一系列的试验，提出在生产中要重视人，要缩短工人的工作时间，提高工人工资，改善工人住房和生产条件，认为重视人的作用和尊重人的地位可以使工厂获得更多的利润。

总体来讲，这一时期有关管理问题的论述和研究，还远未能形成系统的管理理论。但人们已经意识到管理在企业中的重要性，预见到管理的地位将不断提高，其管理思想为后来的管理学理论的形成奠定了坚实的基础。

第二部分　古典管理理论

早期的管理思想是管理理论的萌芽。较系统的管理理论的建立始于19世纪末20世纪初，该阶段的管理理论被称为古典管理理论。其主要理论成就有：① 美国的泰勒等人以研究工厂内部生产管理为重点，以提高生产效率为中心，提出了生产组织方法科学化和生产程序标准化方面的科学管理理论；② 法国的法约尔等人以企业整体为对象，以组织管理为核心，提出了关于管理职能和管理原则的一般管理理论；③ 德国的韦伯等人以组织结构为对象提出了行政组织理论。

一、泰勒的科学管理理论

20世纪初，随着企业的快速扩张和资本的快速累积，劳工的供应速度却比不上前二者的速度，造成劳动力的严重短缺，因此，如何能提高劳工生产力和劳动效率，成为当时环境下企业关注的焦点。在此时代背景下，出现了专注于改善生产作业效率的科学管理理论，科学管理强调加强对工作方法进行科学研究，用科学方法管理生产过程以提高工人生产率。科学管理理论的代表人物当首推科学管理之父——泰勒。

（一）泰勒生平

泰勒（Frederick Taylor，1856—1915）出生于美国费城律师家庭，18 岁开始进入钢铁厂当工人，从基层的技工干起，先后做过技工、工头、车间主任、工程师。他从小就非常喜欢科学研究和试验。长期的生产一线工作经历使他发现了一个在当时非常普遍的工厂现象——工人们上班时在“磨洋工”，而工厂主似乎也确实不知道工人到底一天应该干多少活。泰勒经过观察发现，这种现象的原因在于管理方法不科学。因此，他致力于要改变这种“磨洋工”的状况。为此，他进行了非常有名的工时研究试验、搬运生铁试验、铁锹试验和金属切削试验。

（二）科学管理的四大试验

1. 工时研究试验

泰勒认为工人偷懒的原因之一是工人有一种错误的思想，认为多干活会带来失业的高风险，原因之二是资本家也不知道工人一天能干多少活，形成了工人想干多少就干多少的局面。为此，泰勒进行了秒表测时试验，将每一个工作分解成若干个基本的动作，用秒表测试工人每一件工作的时间，然后适当地多留出一点时间，就能较精确地确定每个工人一天能干多少活。在测量工人完成一件工作的时间的同时，工人为了延长某一工作的时间，进而得到较低的工作定额，有时故意加一些不必要的动作，或故意放慢工作节奏。为此，泰勒提出首先要把各个工作的操作标准化，即对工作进行认真研究，找出最合理的工作方法，通过训练后，工人应该按这种方法工作。这就是工时研究。

2. 搬运生铁试验

1898 年伯利恒钢铁公司雇用泰勒来提高该公司的效率。当时公司的五座高炉的产出的生铁由一个约有 75 名工人的班组搬运。这些工人的工作任务之一是搬运生铁，其操作包括扛起一块约 40 公斤重的生铁，抬到斜板上，然后把生铁块滑放入车厢内，在泰勒开始研究之前，一名工人的每天搬运量约为 12.7 吨。

泰勒的搬运生铁试验是挑选一名身强体壮的工人，让其按他的方法搬运和休息，结果该工人一天完成 48.2 吨的任务。同时该工人的工资也从原来的 1.15 美元涨到 1.85 美元。然后，泰勒将此标准推广到其他工人。

3. 铁锹试验

伯利恒钢铁公司的堆料场雇用了一大批工人铲铁矿石和煤渣，试验之前，每个工人都是用自己的铁锹，一名工人铲煤渣时每锹的载重量不足 2 千克，用同样的一把铁锹铲铁矿石，每锹的负载量则超过 15 千克。为此，泰勒挑选了若干名一流的工人，付给其额外津贴，要求他们按照他的指导进行操作。

他的试验表明，要取得最好的成果，每一锹负载量应为 9 千克左右。由于材料的比重不同，为了使工人在铲不同的材料时每一锹的负载大致相同，要给工人配置大小不同的铁锹。铁锹试验的结果是，堆料场的劳动力从 400 多人减少到 140 人，平均每人每天的操作量从 16.2 吨提高到 60 吨，每吨的操作成本由 7.3 美分降到 3.4 美分，每个工人的工资从 1.15 美元涨到 1.88 美元。

4. 金属切削试验

在进行时间研究时泰勒发现，确定机加工工人的工作时间时，金属切削的速度对时间的影响特别大，于是他就开始进行金属切削试验。这项试验延续了 26 个月，进行了 3 万多次的试验，多达 80 多万磅的钢铁被切成铁屑，在该试验基础上，泰勒发明了高速钢，并获得专利。

（三）科学管理理论的主要内容

泰勒在管理方面的主要著作有《车间管理》《科学管理原理》和《计件工资》，在这些著作中，泰勒提出了以下主要的管理思想：

1. 实行差别计件工资制

差别计件工资制是指每一件产品的工资额是不一样的，取决于工人一天完成的总的工作量。如果超额完成了当天的定额，则按高标准计算工资，如果未达到当天的定额，则按低标准计算工资。

2. 科学管理是一场思想上的革命

以前劳资双方的兴趣集中在所取得的盈利的合理分配问题上。泰勒提出通过科学管理，提高劳动效率，就能使双方把注意力从盈利的分配转到增加盈余上，提高效率是工人能取得较高工资、资本家能获得较多利润的前提。只有劳资双方共同努力，把饼做得更大，每个人才能分到更多。

3. 制定科学的操作方法

泰勒制定了科学的操作方法，以便合理地利用工时，提高工效。同时科学地选择和培训工人，这是提高效能的关键。

4. 用科学的管理方法来代替传统的经验管理

泰勒提出在管理实践中要通过建立各种明确的规定、条例、标准使一切科学化、标准化。

5. 将计划职能与执行职能分开，实行职能工长制，即将管理与劳动分开

泰勒认为，当时的管理者实际上同时在做两件事：一是计划职能，即先做出计划，规定标准的操作方法和操作规程，制定定额，下达计划，并监督计划的执行；二是执行

职能，即执行已有的计划，但要在同一时间同时做好这两件事几乎是不可能的。所以应该由一部分人专门负责计划的制定，而由另一部分人专门去执行计划。那么，从事计划职能的人被称为管理者，执行计划的人被称为劳动者。

6. 提出例外管理原则

提出例外管理原则的目的是解决总经理职责权限问题。在设置了计划职能与执行职能之后，总经理应避免处理工作中的细小问题，而只有例外的问题才交由他处理，这样，他才会有更多的时间去考虑更重要的问题。

实践证明，这种旨在提高劳动效率的改革在当时收到了很好的效果，生产效率得到了普遍提高，出现了高效率、低成本、高工资、高利润的新局面。

对泰勒提出的科学管理思想，客观地加以评价：首先，它冲破了传统的经验管理方法，创立了科学的管理方法；通过科学的管理使生产效率成倍地提高；将管理职能与执行职能分离，为后面的管理理论的研究奠定了实践基础。泰勒提出的这些管理原则对管理学的贡献无疑是巨大的，他本人也因此被称为“科学管理之父”。但泰勒把工人看作为会说话的机器，是把人看作为纯粹的“经济人”，忽视工人的情感等社会需求，具有时代的局限性，是不可取的。

（四）其他贡献者

除了泰勒外，科学管理观点的主要贡献者还有不少，其中以吉尔布雷思（F. Gilbreth 和 L. Gilbreth）夫妇、亨利 · 甘特（H. Gantt）和福特（Henry Ford）最为著名。

吉尔布雷思夫妇最有名的研究是砌砖动作研究，他们通过对动作的研究来消除砌砖时不必要的手部与身体的动作，从而使工人的劳动效率提高了两倍多。同时他们还把动作研究推广到其他行业，并通过对动作的拍摄进行分析，保留应该的动作，剔除多余的动作，并重新制定出一系列动作的先后次序和速度大小，最后制定出标准的操作程序，应该说他们的动作研究比泰勒更细致。其研究成果集中反映在 1911 年出版的《动作研究》一书中。

亨利 · 甘特曾是泰勒的同事，其著名的贡献是设计了甘特图。这是一种条形图，其中一轴表示时间，另一轴表示工作计划及目前的进度，常用于编制工作进度计划。同时，他还提出了与泰勒的“计件工资制”不同的“计件奖励工资制”，即除了支付日固定工资外，超额完成定额部分再计件奖励，完不成定额的，只能拿到日固定工资部分。这种制度使工人有了收入保障，一定程度上能激发工人工作积极性。甘特的研究成果集中反映在《工业的领导》（1916 年版）和《工作组织》（1919 年版）。

福特是世界上将标准化思想应用于现代化大生产的开创者。他将泰勒的单工序动作研究的思想应用到整个生产过程，采用大规模流水作业方式，将“产品标准化、工序作业标准化、工人操作标准化和工具标准化”应用于流水线，结果大获成功，极大地提高了劳动效率，降低了成本。

二、法约尔的一般管理理论

泰勒及其同时代的追随者们对科学管理的研究主要局限在生产现场的操作与管理上，基本未涉及除生产现场以外的其他管理，如财务、营销、人力资源等。而法约尔正好弥补了这种不足。

（一）法约尔生平

亨利·法约尔（H. Fayol，1841—1925）1860 年毕业于矿业大学后进入矿业公司，1888 年出任公司的总经理，并成功地将处于困境中的公司改善和发展，有着非常丰富的管理大企业的经验，同时他还担任过大学管理学教授，其经历决定了他的管理思想比泰勒全面，视野更开阔。他的一般管理理论于 1916 年发表在法国工业协会公报上，并于 1925 年出版《工业管理与一般管理》一书。

法约尔认为，一个企业无论大小，其全部活动可以概括为以下六个方面：

（1）技术活动——包括生产、制造和加工等；

（2）营业活动——包括购买、销售和交换；

（3）财务活动——包括筹措和使用资金；

（4）安全活动——包括维护设备和保护工作的安全；

（5）会计活动——包括编制财产目录和资产负债表、计算成本、进行统计等；

（6）管理活动——包括计划、组织、指挥、协调和控制五个要素。

管理活动中的计划就是探索未来和制定行动方案；组织就是建立企业的物质和社会双重结构；指挥就是使其人员发挥作用；协调就是连接、联合和调和所有的活动与力量；控制就是注意一切是否已按计划执行。

这六种活动需要六种不同的能力，而这六种能力在企业各个阶层中都应具备，只是侧重点会有所不同。对基层工人来讲主要要求具有技术能力，随着职位的提高，管理能力的要求也逐步提高，且随着企业规模的扩大，管理能力愈显重要。

（二）法约尔的十四条管理原则

法约尔在他的《工业管理与一般管理》一书中首先提出了非常有名的一般管理的十四条原则，这十四条原则中有许多原则至今仍是管理者奉行不渝的管理原则。

1. 分工原则

劳动的专业化分工减少了工人所需掌握的工作项目，故可以提高劳动生产效率，同时专业化使得规模生产和成本节约有了可能。

2. 权力与责任原则

权力就是“下达命令的权力和强迫别人服从的力量”，也即指挥他人及促使他人服从的权威和力量。他特别强调权力和责任的统一，认为二者应该同时存在，有权力没有责任不行，有责任没有权力也不行。

3. 纪律原则

纪律实际上是企业领导人同下属人员之间在服从、勤勉、积极、举止和尊敬等方面达成的一种协议。纪律是领导人创造的，遵守纪律必须从领导做起，各级领导要称职，协议要明确且公平，处罚要合理且公正。

4. 统一命令原则

统一命令是指一个下级只应接受一个上级的命令，否则会使下级无所适从，不知服从谁的命令好，这样会违背纪律原则。

5. 统一领导原则

一个项目应只有一个人按照一个计划总负责，这样才能保证行动的统一。

6. 个人利益服从集体利益原则

一个组织的利益大于个人利益，组织目标高于个人目标，因此当个人利益与集体利益有冲突时，应以个人利益服从集体利益。

7. 报酬原则

员工在完成组织目标时做出了贡献，就应给予报酬，这种报酬应该尽可能公平合理，且与业绩挂钩，尽可能使员工与公司双方均满意，对贡献大的员工要给予奖励。

8. 集中化原则

权力集中在企业是一种正常现象，企业的重大决策总是只由少数人做出。至于决策的集中程度则取决于具体情况而定。

9. 等级链原则

等级链是企业自上而下的等级系列，显示了执行权力的路线和信息传递的渠道。与此同时，法约尔还认识到，完全遵守等级链会带来官僚作风和工作的低效率。为克服该问题，他提出了非常著名的跳板原则——法约尔跳板原则：当两个部门的下属有必要发生沟通时，只要他们对应的上司同意就可以进行，不需要更高级的上司的同意，当交往发生后，他们应该也只需要向他们各自的上司汇报即可。这样既保证了等级链，又提高了工作效率。

10. 秩序原则

秩序是指人和物必须各有其位。管理人员要了解每个岗位的职责，并安排合适的人到合适的岗位，使人尽其能。对物资和设备也应做到有序布置。

11. 平等原则

每一个人都有平等的愿望，而平等是公平与友好的结果，公平就是在执行各项规章制度时要一视同仁，友好是指领导应该善意地对待自己的下属。

12. 人员保持稳定原则

一个人要有效地从事某项工作需要相当长的一段时间，而培训新人又需要花费较长的时间和较高的费用，尤其是培养管理人员。一个成功的管理人员必须是稳定的，不必要的人员流动对企业是一种损失和浪费。因此，任何组织都应鼓励职工尤其是管理人员长期为企业服务。

13. 主动性原则

给员工以发挥主动性的机会将促使员工提高自己的思考能力和创新精神，这对组织来讲将是一种巨大的发展动力。

14. 集体精神原则

一个企业内集体精神的强弱取决于企业内员工之间的和谐与团结，全体成员的和谐与团结是企业发展的力量，所以管理人员应尽一切可能保持和巩固员工的团结。

法约尔的组织管理理论是西方管理思想与理论发展史上的一个里程碑，法约尔也因此被称为“管理理论的创始人”。有关的组织管理理论为后来的管理理论的发展勾勒出了基本的理论框架，为以后管理学教育创造了条件和基础，使管理具有一般科学性。

三、韦伯的行政组织理论

组织管理理论学派的另一个代表人物是韦伯。韦伯出生于德国，对社会学、宗教学、经济学和政治学有广泛的兴趣。他在管理思想方面的贡献主要体现在《社会组织与经济组织理论》一书中，在该书中他提出了理想行政组织体系理论（ideal bureaucracy），由此被人们称为“行政组织理论之父”。其主要管理思想可以归纳为以下几方面：

（一）权力论

按韦伯的说法，古往今来，组织建立在三种权威之上：一是传统的权威，这是由历史沿袭下来的惯例、习俗而规定的权力，它是以对古老传统的不可侵犯性，按传统执行权力的人的地位的正统性和对过去传统的尊崇为基础的；二是神授的权威，它是对某人的特殊和超凡的神圣、英雄主义模范品质的崇拜，以及对先知启示和超人智慧的迷信为基础的；三是合理合法的权威，它是以对法律确立的职位或地位权力的服从为基础的。韦伯认为，在这三种权力中，传统权力的效率最差，神授权力则过于带感情色彩且是非理性的，凭前两种权力建立的组织不是科学的理想组织，只有在第三种权力基础上建立的组织，才在绝对纪律性和可靠性等方面比其他任何组织都要优越。他把这种组织称为官僚制组织。

（二）理想的行政体系

韦伯所谓的“理想的行政体系”是指这种组织体系并不是最合乎需要的，而是组织的“纯粹的”形态。在这里也就是官僚制组织。其主要特征有：

（1）实现劳动分工，明确规定每个成员的权利和责任，并作为正式实施，使之合法化；

（2）各种公职或职位权力等级严密组织起来，形成指挥体系；

（3）根据正式考试成绩或在培训中取得的技术资格来挑选组织的所有成员；

（4）实行任命制，只有个别职位才实行选举制；

（5）公职人员都必须是专职的，并有固定收入保证；

（6）职务上的活动应被认为是私人事务以外的事情，公私有明确界限；

（7）公职人员必须严格遵守纪律，受规则和制度制约，而且是毫无例外地适用于各种情况。

韦伯的官僚组织理论，是适应传统封建社会向现代工业社会转变的需要而提出的，它具有里程碑的意义，影响十分深远。

第三部分 行为科学理论

行为管理思想产生的原因，是因为科学管理思想尽管在提高劳动生产率方面取得了显著的成绩，但由于它片面强调对工人进行严格的控制和动作的规范，把人看作是“活的机器”“经济人”等，过分强调提高劳动生产率的主要办法是物质刺激，而忽视了工人的社会需求和感情需求，从而引起了工人的不满和社会的责难。在这种情况下，科学管理理论已不能适应新的形势，需要有新的管理理论和方法来进一步调动工人的积极性，从而提高劳动生产率。

一、人际关系理论

行为科学的早期理论是从人际关系理论开始的，人际关系理论的代表性人物是埃尔顿·梅奥（Elton Mayo，1880—1949）。他参加了在芝加哥附近的西方电气公司的霍桑电话机厂进行的一系列试验，即引起管理学界重视的非常著名的霍桑试验。

（一）霍桑试验

霍桑试验（Hawthorne Studies）于1924年开始，历时8年，当时是根据科学管理理论中关于工人会对不同的工作条件做出相应的反应的假设进行的，目的是找到工作条件对生产效率的影响，以寻求提高劳动生产率的途径。主要的试验有：

1. 照明试验

研究人员将参加试验的工人分成二组，一组为试验组，一组为参照组。参照组始终在正常的照明强度下工作，而不断变化试验组的照明强度，看照明强度对生产效率的影响。试验的结果发现照明强度的变化对生产率的影响不明显。

2. 继电器装配实验

目的是研究工作环境中各种因素的变化对工人工作效率的影响。试验先增加休息次数、延长休息时间、缩短每日工作时间、实行五天工作制等。然后，又取消这些待遇，恢复为原来的工作状态，并将原来的集体奖励制度改为个人奖励制度。结果发现无论工作条件如何变化，产量都能得到提高，而且工人的缺勤率也减少 80%。为什么呢？工人们认为，是因为没有领班的监督，可以自由自在地工作，工人之间增加了接触的机会，也增加了感情。试验过程中试验者与工人沟通得较好，什么事都是一起商量的，工人感到备受尊重，所以特别愿意干，怕干不好对不起试验者。

这些试验结果，使梅奥否定了工人是“经济人”的假设，他提出，工人的态度对劳动成果有很大影响，生产效率的提高不在于生产条件与环境的变化，而在于人的因素。为证实这一结果的正确性与普遍性，他们又进行了广泛的调查与采访。

3. 大规模的访谈

试验者从 1929 年起又在西方电气公司进行了大规模的访谈，在两年多的时间里，他们与公司四万工人中的两万多人进行了个别谈话，了解工人对工作、工作环境、管理人员、公司和令他们烦恼的任何问题的看法，以及这些看法是如何影响生产效率的。

4. 十四名配电器装线工人试验

目的是了解非正式组织的存在对工作绩效的影响。试验的工作场地、工具和设备以及操作方法都是按照科学管理方法设计的，对工人实行的小组计件工资也符合科学管理思想，完全有可能超过他们原来的实际产量。但是试验结果却与设想大不相同。近五个月的试验结果统计，他们的产量总是维持在一定水平上，而且，每天未到下班时间，工人们就洗手不干了。如果谁多干了，其他人会暗示他放慢工作速度，大家都按这个集体标准工作，谁也不拔尖，谁也不偷懒，且他们中存在着自然领袖人物，证实了“非正式组织”的存在，且非正式组织对组织内的成员有着相当大的约束力。

试验和访谈结果表明，生产率不仅与物质实体条件有关，而且与工人的心理、态度、动机、群体中的人际关系、领导者与被领导者的关系等密切相关。

（二）人际关系理论的要点

根据霍桑试验的结果，梅奥提出了人际关系理论，他在 1933 年发表的《工业文明中人的问题》一书中进行了归纳总结，提出了以下主要观点：

（1）工人并不是把金钱当作刺激积极性的唯一动力的“经济人”，而是在物质之外还有社会和心理的需求的“社会人”。即追求人与人之间的友情、安全感、归属感、受人尊重的需求等。因此，提高劳动生产率的关键因素在于满足工人的心理需求，提高士气，从而激发其积极性。

（2）任何正式组织内部都有非正式组织的存在。非正式组织存在的基础是员工的情感需要，非正式组织的存在只可意会不可言传，相互之间联系的纽带是情感，是成员的相互关系。非正式组织对成员的行为有约束作用，对正式组织的目标实现可能是有益的，也可能是不利的。因此正式组织管理者应寻求有效的途径积极引导非正式组织成员的行为规范，使其行为对正式组织有积极的作用。

（3）管理者应树立新的管理方式，注重满足员工的需要，促进相互之间的沟通与交流，以提高士气，求得长期的合作、和谐、发展。

梅奥的人际关系思想为管理科学的研究开辟了一个新的领域，即重视人的因素，从而成为行为科学研究的先驱。但梅奥只强调要重视人的行为，并未进一步去研究和探讨人的行为规律以及如何去影响人的行为以达到组织的预定目标。行为科学学派则着重于研究这些规律。

二、行为科学理论

行为科学学派运用心理学、社会学、管理学、人机工程学等学科知识对个体、群体行为进行科学的分析，强调从人的作用、需求、动机、相互关系及社会环境等方面研究其对管理活动及结果的影响，研究决定人的行为的因素，以及如何去激励人，如何正确处理人与人之间的关系，如何有效地引导成员为实现组织目标而努力。其主要理论学派有：

（一）需要层次理论

（二）双因素理论

以上两种理论在前文中已作介绍，此处不再赘述。

（三）X、Y理论

X、Y 理论是基于对人性的不同看法划分的几种理论。其中美国麻省理工学院教授道格拉斯·麦格雷戈（Douglas Mcgregor，1906—1964）在 1960 年发表的《企业中的人的因素》中提出了关于对人性的看法的两个理论——X 理论和 Y 理论（Theory X，Theory Y）。

1. X 理论

X 理论对人性的基本假设是：

（1）人的天性是好逸恶劳，且尽可能逃避工作。

（2）人天生没有主动承担责任的愿望。

（3）人缺少集体意识，对组织和他人漠不关心。

（4）人天生宁愿受人支配，且很容易被欺骗。

（5）一般人都胸无大志，习惯于平平稳稳，墨守成规。

基于对人性的这种基本假设，管理者常用的就是“胡萝卜加大棒”式的管理方式。

即认为要想实现组织的最终目标，就必须采取以强制性为主的措施，处罚多于奖励，把人看成是赚钱的机器，认为人是“经济人”。因此，基于此假设下的管理根本无激励可言。

2. Y 理论

Y 理论对人性的基本假设是：

（1）人并不是天生懒惰的，人们之所以会产生厌恶或喜欢一项工作的情绪，是与其所处的工作条件有关的。

（2）人有积极承担责任的愿望，愿意对工作负责。

（3）人都愿意发挥自己的才能和创造性。

（4）恰当的激励手段能发挥人的工作潜力和工作积极性。

基于对人性的这种基本假设，管理者采取的管理方式就以激励为主，奖励多于惩罚，鼓励下属参与组织的决策，并有意识地创造条件，以使员工的个人潜能得到充分施展。

X 理论和 Y 理论实质上代表了对人性的两种不同的看法。

3. 超 Y 理论

超 Y 理论是在 X 理论、Y 理论之后由美国的洛尔施和莫尔斯提出的。他们通过将 X 理论和 Y 理论分别在不同的工厂和研究所做试验，发现采用 X 理论的单位和采用 Y 理论的单位结果都有效率高和效率低的情况，也就是说，并不能肯定 Y 理论一定比 X 理论好，或者 X 理论一定比 Y 理论好。由此，他们提出了超 Y 理论，其主要观点有：对不同的人应采取不同的管理方式，对不同的环境应采取不同的管理方式。比如，有的员工愿意用正规的规章制度来约束自己，愿意完成自己的定额工作，但不愿过多地参与决策或承担责任，那么，这种人通常应以 X 理论为基础来管理。反之，当员工有愿意承担责任的愿望且有工作热情和创造性，期望得到较多的个人发展空间和机会时，则应以 Y 理论为指导来实施管理。

4. 现代管理理论

如果把泰勒和法约尔的古典管理理论比作管理学的萌芽，那么现在这颗萌芽已长成一片茂密的丛林。可以说，各种各样的管理学派犹如雨后春笋，林立丛生。由于科技的迅速发展，组织所处的环境复杂多变，管理所面临的问题越来越复杂，这也给现代管理实践提出了更高的要求和挑战，尽管管理理论丛林枝繁叶茂，但新的管理理论仍不断应运而生。其中先后出现了两种有代表性的现代管理理论：系统管理理论和权变管理理论。

（1）系统管理理论。系统管理理论（System Theory of Management）是用系统论的观念来考察和研究企业的管理活动，其主要代表人物是卡斯特（F. E. Kast）和罗森茨韦克（J. E. Rosenzweig）等人。

该学派强调应用系统的观点，全面考察与分析研究企业和其他组织的管理活动、管理过程等，以便更好地实现企业的目标。

系统管理理论认为，组织是一个由相互依存的众多要素所构成的整体。其中，这些要素可称为子系统。系统的运行效果是通过各个子系统相互作用的效果决定的。组织这个系统中的任何子系统的变化都会影响其他子系统的变化。为了更好地把握组织的运行过程，就要研究这些子系统及它们之间的相互关系，以及它们怎样构成了一个完整的系统。管理者的作用就是确保组织中各个部分之间的相互协调，以实现组织的整体目标。

按照系统论的观点，系统有封闭性系统和开放性系统两种。封闭性系统不与它所处的环境发生相互作用，不受环境的影响；开放性系统则动态地与它所处的环境发生相互作用。系统管理理论认为，组织是一个开放的系统。即组织是一个与周围环境相互影响、相互作用的系统，组织与环境之间存在着相互作用。因而管理者应能及时察觉环境的变化，并适时做出正确的反应。20 世纪 60 年代是系统管理理论的鼎盛时期，但到了 20 世纪 70 年代“权变管理理论”代替了“系统管理理论”。

（2）权变管理理论。权变管理理论（Contingency Theory of Management）是在 20 世纪 70 年代开始形成的一种管理理论，而在此之前的管理研究倾向于寻求普遍适用的管理方法。权变，是指具体情况具体分析，根据不同的内外环境情况权衡变通。其核心思想是：在管理中要根据企业所处的内外条件随机应变，没有什么一成不变、普遍适用的、最好的管理理论与方法。即应根据不同的情况采取不同的最合适的管理模式、方案或方法。

该理论又被称为管理的相对论。该理论的价值在于，它强调了不存在简单的和普遍适用的管理原则。相反，管理者的工作包含着不同的和变化的情景，管理者所采取的行动应当适合所处的情景。

1976 年美国的卢桑斯（F. Luthans）教授通过环境变量与管理变量之间的函数关系系统概括了权变管理理论。他认为，管理变量 =F（环境变量）。管理变量包括管理过程变量、计量变量、行为变量和系统变量，环境变量包括外部环境和内部环境。迄今为止研究者们至少识别出 100 多种不同的权变变量，其中最普遍应用的权变变量为组织规模、任务技术的例行程度、环境的不确定性，以及个体差异。

权变理论在提出以后的几十年内，其理论价值和应用价值日益为管理实践所证实，故而得到了越来越多的人的支持，成为具有重大影响的管理学派之一。

第四部分　管理发展的新趋势

经济的全球化、知识化、虚拟化、网络化、创新化和协调化，生产方式的变革、组织的活动空间与内涵的拓展以及环境的急剧变化都为管理带来了深刻的革命性的变革，给管理理论、管理思想等注入了新的内涵，传统管理范式已受到前所未有的挑战，管理发展的新趋势可以从传统管理体系与新的管理体系的对比中进行探析。

一、传统管理范式与管理新范式的比较

在管理思想上，传统管理范式强调专业化、规范化和制度化，通过严格的等级制度和管理规则来控制和协调组织的活动，强调对员工进行外部控制，管理的基本任务是建立秩序，突出的是“管”的观念；新管理范式强调快响应、柔性化，其基本任务是应付变革、适应环境和改造环境，强调多样化、员工的相互协调和自我控制，突出的是整个管理系统的“合作”和“协调”的观念。注重情感管理、自主管理以及文化管理的人本管理将成为新型组织的核心管理思想和管理哲学。

在组织设计和管理目的上，传统管理范式构建的是传统的稳定—机械式层次结构，其权力主要来源于职位，这种等级式结构具有目标的单一性，它追求效率、稳定与连续性；而管理新范式则构建的是以“应变”为核心的新型的适应—学习型“有机”结构，其权力主要来源于知识与专业特长等个人影响力，这种网络式结构通过不断调整自身的多目标学习系统，追求的是组织的效益、创新、持续发展与员工的满意并重。

在对人的认识上，传统管理范式认为人为别人工作，更看重的是人的技术功能，而忽视了对人的社会心理系统的考虑，属典型的“见物不见人”“见技术不见人”的“经济人”看法，其理论基础是 X 理论；而管理新范式视人为“复杂人”，力求在技术功能和社会心理系统之间建立更具有人性和更能发挥人的潜能的一种理想平衡，认为人为自己工作，强调员工的新生与自我实现，其理论基础是 Y 理论。在管理要素上，传统管理范式涉及的主要要素是人、技术和组织结构；而管理新范式则强调管理范围是组织的整个投入—产出过程，涉及组织的所有要素。时间（空间）和信息也成为管理的要素。

二、管理的新趋势

（一）未来的管理哲学、管理思想

在管理哲学上，西方崇尚科学、理性，其哲学基础是还原论。它强调分析，在整体分解的基础上，对具体问题有具体的解决方法。然而，面对复杂的管理问题和现象，这种解析性的分析方法已显得捉襟见肘。而东方重整体、感情，根基于天人合一的哲学思想。好处是有时虽能把握一些整体特性，但往往难以深入具体问题具体处理。管理问题或现象大多是复杂系统问题，具有不可分性，因此管理应集二者之所长，这就是管理哲学上呈现出的趋势“既见树木，又见森林”的“总体论”。

由于管理问题或现象大都是复杂系统问题，使得人们永远无法完全预知其最终状态，加上人的认识的有限理性，人们永远不会在当前状态下确定未来的最优决策。因此追求“当前状态下可预期的最优或最满意”，即动态最优成为管理发展的新趋势。

综观管理的发展史，管理思想实现了从经验到科学、从效率到效益、从重技术到重视人本身、从寻求普遍适用的管理方法到管理上的随机制宜的四次飞跃，管理的发展方向由沿着效率和人两大方向发展到将二者融为一体。

（二）未来的人

信息社会对组织来说最重要的资源是：信息、知识和创造力，而这些资源的唯一来源是人，人已成为实现快速反应与动态创新的根本。由于经验型管理将在更大程度上被系统的、科学的智能化管理所取代，因此未来管理将更注重智能，它要求管理者成为技术素质和管理素质兼备的柔性人才，其角色不再是监督者，而是员工的教练、教师和良师益友，其核心任务和职责是同时实现组织效率和个人自我满足这两个目标。管理者需增加的新的职责是：确立组织的定位，指明组织的目标；调动员工的能动性，使组织充满创造力；诚实正直，建立相互信任的氛围。管理者依靠与员工沟通协调来创造组织价值。传统组织的员工靠“手”上技能，未来的员工将更多地依靠头脑和软件去实现组织的目标。

（三）未来的组织

创新是未来组织的灵魂。未来组织的创新不仅仅表现在技术上，还涉及组织战略目标、组织结构的变革、组织文化的重构、组织资源的开发以及现场管理的柔性化过程等。如：组织再造。这是以美国 MIT 教授哈默为首的专家学者提出的思想，组织再造是对企业流程进行基本的再思考和彻底的再设计，以期取得在成本、质量、服务、速度等关键绩效上重大的改进。再造的程序包括：内外部环境分析；企业战略调整；问题诊断；目标设定；新流程设计；实施；绩效评价与反馈。根据詹姆斯·昌佩等人的总结，未来的组织不再是传统的金字塔形，而是各种适应性网络型组织形式。未来的组织将以快速应变，柔性化来实现组织的共同目标。

（四）未来的管理职能

未来决策的走势：决策日益分散化、信息化、快速化，决策不再仅仅是管理者的职责，未来高层主管甚至必须与顾客、公众分享决策权，未来决策通过分权和授权，以提高组织灵活、快速应对复杂多变情况下的整体决策集成能力。

由于影响计划过程的因素（如投资成本、风险、生产能力、技术发展、外部环境变化的影响等）和新的计划辅助手段（如决策支持系统、专家系统等）的不断涌现，未来的计划将更富有弹性，以动态地适应环境变化。

未来组织的走势：合作联盟、分散经营、重视智力基础设施的开发。未来的组织设计不仅仅考虑管理幅度和管理层级数、部门划分与职权划分，还引入时间变量以考虑组织对变化的反应速度和应变时间，通过提供扁平化、网络化、信息化的组织以及适当的分权、授权，加快组织的反应速度。未来组织结构的总趋势是以学习型组织、柔性组织等来主动应变或以少变应万变，传统的等级结构体系将被工作丰富化、参与管理和工作小组等平面结构所取代。

未来的领导重视非正式权力作用的发挥，重视“领”的本领的建设和环境的营造，更多的授权，强调内在激励，领导风格更富有弹性。领导的工作与效率将取决于其说服部下和协调人际关系的能力，员工希望有挑战性的工作，以及拥有更大的自由来完成他们的工作。由于组织目标的复杂化和多元化，信息系统将普遍用于控制过程，许多有效的控制方法将不断涌现，控制由外部控制转向内部控制，将交互式进行。未来的管理资源不仅仅涉及人、财、物，还涉及时间（空间）和信息等。

补充阅读二

管理能力测试

一、领导能力测验

第一部分 公正性

1. 假定你部门里的人告诉你，你的部下好像在挑拨你与上下级的关系，这时候，你会（　　）。

A. 即刻把那个部下赶走

B. 对告密人说：管那种闲事，还不如把自己的事情努力做好

C. 为了发现其原因，跟那个部下谈一谈

D. 为了明了到底有无事实，调查此事

2. 当你想要提拔两个人，但空缺只有一个，他们资历相同，工作成绩也难分上下，所以难以决定。这时如果其中一个人是你的挚友，另一个人并没有特别关系，现在必须要做出最后决定，你会（　　）。

A. 提拔你的挚友　　B. 为了表示公正，选定另一人

C. 给他们做某种竞争暗示　　D. 以抽签方式决定

3. 发生过错，当事者是个不谨慎而且愚笨的人，你知道在大家面前批评他是有效果的，你会（　　）。

A. 在大家面前批评他

B. 为了对自己及部下表示你是能自制的人，忍而不发

C. 为了保持全体和睦相处，把那件事情掩饰过去

4. 你所讨厌的人托请你帮助处理一件正当的事情，在有能力完成的情形之下，你（　　）帮忙。

A. 会　　B. 不会

5. 你的某部下能力、业绩突出，假使你公开表扬的话，可能会促使他调升到上级部门去，你的部门的工作会受很大影响，在这种场合你会（　　）。

A. 把他留住

B. 一面推荐他晋升，一面在自己办得到的范围内设法应付

C. 把他挽留到继任者可以胜任工作

6. 当你得知某人行为粗暴，或者做出某种行为不端的事情。在你知道的范围内，他的行为还不会影响到他向来表现良好的工作，对这种情况，你的反应是（　　）。

A. 如果自己是他的上司，那么就立刻把他开除

B. 好好跟他谈一谈，同时告诉他现在的所作所为，早晚会影响他的工作

C. 用态度来让他知道，你在责备他的行为并准备处理这件事

第二部分　对部下的了解

1. 请把你过去的或者现在的上司想一想，你对他的意见是（　　）。

A. 因不了解他而不知如何去获得他的信任

B. 经常想得出他行动的理由

C. 认为他举止古怪，无法知道他如何消磨大部分时间

2. 你的部下某人因为在同事间人缘不好，你一直照应他，可是他以怨报德，向你的上司搬弄是非，对你不利。假使因为这件事你很生气的话，你的想法是（　　）。

A. 我想对别人好，可是他却从我的背后插一刀

B. 真是个无情无义的小人，他跟任何人都没办法交往

C. 马上想办法好好教训他一顿

3. 你的部下某人想要讨好你，你会（　　）。

A. 为了使他避免受到同事的歧视，提醒他不要太露骨

B. 表示接受以更助长他的行为

C. 对你的部下表示，不要讨好你也可以得到你的体贴

4. 你晋升为公司的领导者，在庆祝会里同事们庆祝你的高升，但你注意到有一个人对你的晋升不满意，同时你也知道，他也希望获得这个职位，那么你会（　　）。

A. 判定他是缺乏自制力的人

B. 认为他有人格缺陷

C. 帮助他克服改变不满的情绪

第三部分　应变能力

1. 假定你是 14 岁、12 岁、10 岁的三个孩子的家长。现在要去爬山，依照往年惯例都是由你带路，今年你的长子要求走在前头带路，这个时候，你会（　　）。

A. 产生“我渐渐老了”的想法，感到有一点惆怅

B. 对自己孩子的成长感到满足

C. 觉得还是由自己带路比较安全

2. 现在有一位新进员工和一位老员工同时违反纪律规定，你会（　　）。

A. 公平处罚

B. 对有关人员说明应该按照不同情况酌情处分，而给老职员较轻的处罚

C. 认为老职员应该没有申辩余地，要加重处罚

第四部分　权威的利用

1. 你有一位新来的部下，有较强的才干。某日他忽视你，一直跟你的上司谈话，这时你会（　　）。

A. 把他开除

B. 告诉他，你希望他不再有这种过分出头的事情发生

C. 不放在心上

2. 你的部下向你提出一份全体连署的陈情书，他们要求废止"一星期休假视为非公休"的规定，那么你会（　　）。

A. 认为这是大多数人的意见，接受他们的请求

B. 声明工作状况有改进的话，很乐意废止这个规定

C. 为了避免将来的麻烦，设法调查发起人

3. 你的公司现在开始实施新政策，你要把这件事情告诉你的部下的时候，你认为（　　）。

A. 主张先试行一段时间

B. 为了保持你的部下对你的好感，主张反对新政策

C. 需要对你的部下声明，必须严格执行

二、管理素质测试

下面 72 个题目是综合数字国际大公司的测试题目编写而成的，测试范围包括了管理者的沟通能力、决策能力、创新能力、员工管理能力、计划能力、执行能力、应急能力、判断能力、分析能力、适应能力、组织能力等多方面。

题　　目	选　　项				
	很强	较强	一般	较弱	没有
1. 对紧急情况做出判断，敏捷果断地采取相应的行动。					
2. 准确把握从情况分析、问题确定到采取行动的时机。					
3. 在面临多种选择的情况下，能果断地提出明确的意见。					
4. 言谈平易近人。					
5. 引见介绍方式随和、有趣。					

续　表

题　目	选　项				
	很强	较强	一般	较弱	没有
6. 谈话恰当投机。					
7. 提炼表述观点的书面表达能力。					
8. 用提问和反馈的方式判断对方对交谈内容的理解情况。					
9. 听取他人的意见。					
10. 对完成任务的手段和途径要不断地发展和创新。					
11. 勇于打破常规。					
12. 能判断工作中出现哪些情况时需要创造性的新方法。					
13. 详细制定个人和集体实现目标的工作计划。					
14. 根据变化了解情况，不断对计划进行修订。					
15. 在对工作集体评定成绩时能做到公平合理。					
16. 在集体工作中树立起良好的合作精神。					
17. 在紧急情况下保持客观性。					
18. 当自己的观点受到攻击时，保持冷静。					
19. 直截了当地表述自己的观点。					
20. 把握矛盾以寻求协调、解决的时机。					
21. 对好消息和坏消息一视同仁。					
22. 帮助雇员提高工作能力和工作效率。					
23. 认识和承认别人的贡献。					
24. 集思广益，改进工作方法。					
25. 对雇员的思想感情状况能有所关心。					
26. 对雇员们的长处和短处能有所了解。					
27. 对集体和个人都能确立明确可行的工作目标。					
28. 对雇员们的长处和短处能有所了解。					
29. 帮助雇员最大限度地为公司事业作出贡献。					
30. 根据每个雇员的贡献大小，适当地在报酬上拉开档次。					
31. 考虑每个人的利益，寻求一种大家都能接受的方案。					

续　表

题　目	选　项				
	很强	较强	一般	较弱	没有
32. 寻找一种不使任何人难堪的方式。					
33. 风度机智、潇洒。					
34. 领会对方的潜台词。					
35. 制定方案时能考虑他人的意愿。					
36. 对提出的要求做出解释。					
37. 在策略上有现实的头脑。					
38. 对上级的目标、命令、策略和行动严格保密。					
39. 把握对自己管理程序提出挑战的契机。					
40. 与高级领导打交道时，轻松自如，善于从领导的指责中解脱出来。					
41. 对有价值的业务有明确的判断力。					
42. 能分清工作环境中可控制和不可控制的因素。					
43. 高效、统筹地利用时间。					
44. 把握将工作委派他人和亲自参与的时机。					
45. 识别资料或情况中互相矛盾、不合理之处。					
46. 识别事实之间的微妙联系。					
47. 综合各类材料产生新结论。					
48. 对抽象概念的准确理解力。					
49. 接纳和采用各方提供的解决问题的好方法。					
50. 为提炼正确的结论，接纳从各种彼此无关的渠道发来的材料。					
51. 对工作任务是否有把握完成有现实明确的认识。					
52. 面临多种选择时，考虑各个方案的相互联系，以及可能的后果。					
53. 根据情况变化不断对工作方法进行调整，并借鉴和应用过去的经验。					
54. 在资料不充分的情况下做决定。					
55. 处理疑难多、非规范性的问题。					

续 表

题 目	选 项				
	很强	较强	一般	较弱	没有
56. 面对重重困难表现出百折不挠的精神。					
57. 对争端采取明确、直率和果断的态度。					
58. 敢于受命于危难之时。					
59. 在非常情况下强行作出决定或采取行动。					
60. 克服各种障碍推行自己的主张。					
61. 在出现争端时有气度承认对方意见的价值。					
62. 迅速、准确、细致地处理文字工作。					
63. 记录并保留有关工作记、职员消费、设备及时间表的有关资料。					
64. 搞好日常大事记工作。					
65. 精确地把握计划与时机。					
66. 对专业技术较为通晓。					
67. 保持必要的专业水平，了解专业技术的最新动态。					
68. 将专业技术运用于工作之中，而不是管理之中。					
69. 了解那些与本部门工作有关的外部技术动态。					
70. 提供当前最新技术资料。					
71. 对雇员能进行经常性的有关技术方面的培训。					
72. 为培训提供设备，消除技术上的障碍。					

主要参考文献

[1] 周三多. 管理学：原理与方法 [M]. 7 版 . 上海：复旦大学出版社，2018.

[2] 罗宾斯 . 管理学 [M]. 15 版 . 北京：中国人民大学出版社，2022.

[3] 吴照云. 管理学 [M]. 6 版 . 北京：中国社会科学出版社，2023.

[4] 蒋永忠，张颖. 管理学基础 [M]. 2 版 . 大连：东北财经大学出版社，2021.

[5] 陈文汉. 管理学基础 [M]. 3 版 . 北京：中国人民大学出版社，2020.

[6] 单凤儒. 管理学基础 [M]. 6 版 . 北京：高等教育出版社，2017.

[7] 张议元. 管理学 [M]. 北京：清华大学出版社，2012.

[8] 张金成. 管理学基础 [M]. 2 版 . 北京：人民邮电出版社，2015.

[9] 孙耀吾，等. 管理学教程 [M]. 长沙：湖南大学出版社，2007.

[10] 长春理工大学经济管理学院. 管理学实践教学指导书 [EB/OL]. 2010 年 11 月 2 日 . http://www.docin.com/p-93609063.html.

郑重声明

高等教育出版社依法对本书享有专有出版权。任何未经许可的复制、销售行为均违反《中华人民共和国著作权法》，其行为人将承担相应的民事责任和行政责任；构成犯罪的，将被依法追究刑事责任。为了维护市场秩序，保护读者的合法权益，避免读者误用盗版书造成不良后果，我社将配合行政执法部门和司法机关对违法犯罪的单位和个人进行严厉打击。社会各界人士如发现上述侵权行为，希望及时举报，我社将奖励举报有功人员。

反盗版举报电话　（010）58581999　58582371

反盗版举报邮箱　dd@hep.com.cn

通信地址　北京市西城区德外大街 4 号　高等教育出版社知识产权与法律事务部

邮政编码　100120

高等教育出版社

教学资源服务指南

仅限教师索取

感谢您使用本书。为方便教学，我社为教师提供资源下载、样书申请等服务，如贵校已选用本书，您只要关注微信公众号“高职财经教学研究”，或加入下列教师交流QQ群即可免费获得相关服务。

“高职财经教学研究”公众号

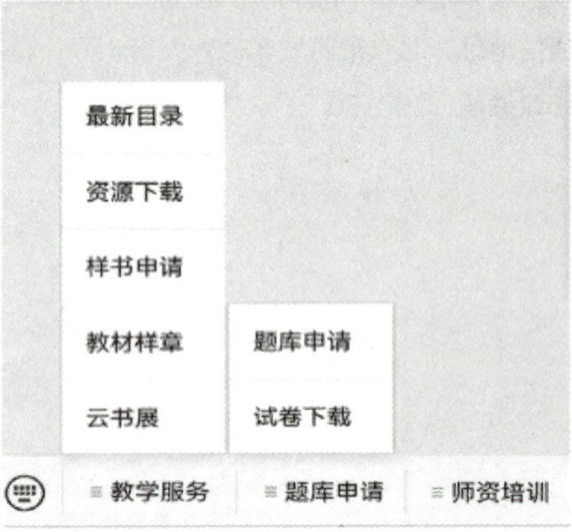

资源下载：点击“**教学服务**”—“**资源下载**”，或直接在浏览器中输入网址（http://101.35.126.6/），注册登录后可搜索相应的资源并下载。（建议用电脑浏览器操作）

样书申请：点击“**教学服务**”—“**样书申请**”，填写相关信息即可申请样书。

试卷下载：点击“**题库申请**”—“**试卷下载**”，填写相关信息即可下载试卷。

样章下载：点击“**教学服务**”—“**教材样章**”，即可下载在供教材的前言、目录和样章。

师资培训：点击“**师资培训**”，获取最新会议信息、直播回放和往期师资培训视频。

联系方式

财经基础课QQ群：374014299

联系电话：（021）56961310　　电子邮箱：3076198581@qq.com